U0115906

使 命

新時代中國共產黨的歷史使命

楊　靜　哈戰榮　著

學習貫徹黨的十九大精神系列
叢書編委會

目錄

前言

　　2017 年 7 月，習近平總書記在省部級主要領導幹部「學習習近平總書記重要講話精神，迎接黨的十九大」專題研討班開班式上發表重要話。講話中強調，黨的十九大是在全面建成小康社會決勝階段、中國特色社會主義發展關鍵時期召開的一次十分重要的大會，能否提出具有全域性、戰略性、前瞻性的行動綱領，事關黨和國家事業繼往開來，事關中國特色社會主義前途命運，事關最廣大人民根本利益。我們黨要明確宣示舉什麼旗、走什麼路、以什麼樣的精神狀態、擔負什麼樣的歷史使命、實現什麼樣的奮鬥目標。

　　為了幫助廣大黨員幹部深入學習習近平總書記重要講話精神，人民日報出版社與中國社會科學院馬克思主義理論創新智庫共同策劃了通俗理論讀物《旗幟》《道路》《精神》《使命》《目標》這套叢書，並約請中國社會科學院馬克思主義研究院鄧純東院長、金民卿副院長等專家作為學術指導。中國社會科學院馬克思主義研究院的賀新元、戴立興、楊靜、苑秀麗、曾憲奎等專家在各自研究成果的基礎上，認

真細緻地完成了五本書的撰寫。寫作過程中，鄧純東院長和金民卿副院長對五本書的寫作提綱和寫作內容給予了悉心指導。

書稿完成之際，恰逢黨的十九大勝利召開。本套叢書的編委會和作者根據十九大精神對書稿內容進行了大幅度修改和進一步完善，補充了新的提法和新的精神，並進行了詳細闡述。本套叢書作為馬克思主義中國化時代化大眾化特別是黨建理論的通俗讀物，對中國特色社會主義理論體系和中國特色社會主義道路進行了系統闡述，對黨的發展歷史和黨的精神面貌進行了脈絡梳理，對黨的歷史使命和奮鬥目標進行了深度分析。學習宣傳貫徹黨的十九大精神是當前和今後一段時期全黨全國的首要政治任務，廣大黨員幹部群眾應準確領會把握黨的十九大精神的精髓和要義。本套叢書內容權威、論述全面、語言通俗，能為此提供有益參考。

中國特色社會主義進入了新時代。走進這個偉大的時代，是我們這一代人的幸運。不忘初心，牢記使命，在新時代的征程上，我們更要堅定信心，埋頭苦幹，以永不懈怠的精神狀態和一往無前的奮鬥姿態，繼續朝著實現中華民族偉大復興的宏偉目標奮勇前進。

第一章

從「三個偉大」到「四個偉大」的歷史演進

　　「四個偉大」是黨的十九大報告中突出的「亮點」之一，是新時代我們黨不忘初心，牢記使命，高舉中國特色社會主義偉大旗幟，決勝全面建成小康社會，奪取新時代中國特色社會主義偉大勝利，實現中華民族偉大復興中國夢的有力抓手，是習近平新時代中國特色社會主義思想的主線靈魂，對「舉什麼旗、走什麼路、以什麼樣的精神狀態、擔負什麼樣的歷史使命、實現什麼樣的奮鬥目標」等事關中國特色社會主義前途和命運的重大問題做出了及時回答和總體規劃。

　　從發展的角度看，「四個偉大」中每一個「偉大」的提出都不是一蹴而就的，都經歷了一個歷史發展過程，都有其特定的歷史背景和內涵，並隨著時代發展而不斷豐富。可以說，從「兩個偉大」相結合到「三個偉大」並舉，再到「四個偉大」的明確，是我們黨把馬克思

主義基本原理同中國具體實際和時代特徵相結合的探索過程，是我們黨堅持和發展中國特色社會主義時將理論與實踐相結合的創新過程，更是十八大以來以習近平同志為核心的黨中央把握時代脈搏、放眼未來，統攬全域、系統謀劃，形成新時代中國特色社會主義思想的過程。因此，弄清楚從「三個偉大」到「四個偉大」的歷史演進，對我們深刻理解「四個偉大」的豐富內涵、理論意義及當代價值具有重大的意義。

第一節　「三個偉大」的提出與意義

在黨的十八大報告中，胡錦濤同志在論述奪取中國特色社會主義新勝利時第一次將「偉大鬥爭」「偉大工程」和「偉大事業」作為一個整體提出。「三個偉大」是針對堅持和發展中國特色社會主義的長期性、艱巨性，提升黨的建設科學化水準以及全面建成小康社會而講的，在當時的背景下，具有統一思想、凝聚共識、鼓舞士氣的重大作用。「三個偉大」的提出也為五年後習近平總書記從堅持和發展中國特色社會主義所需的條件和保障、所要實現的目標和任務的角度提出「四個偉大」創設了條件、開啟了思路、積累了經驗、做了理論準備，無論是其理論意義，還是實踐意義，或是方法論意義，都很重大。

一、「三個偉大」的提出

黨的十八大報告第一次把「偉大鬥爭」「偉大工程」和「偉大事

業」作為一個整體提出，核心是進一步從推進中國特色社會主義「偉
大事業」出發，要求必須以改革創新精神全面推進黨的建設新的「偉
大工程」、必須準備進行具有許多新的歷史特點的「偉大鬥爭」，為
我們要進行的「偉大事業」提供強有力的保障，掃除羈絆和障礙。這
是在新的形勢下為奪取中國特色社會主義新勝利而做的戰略安排和長
遠規劃。

　　「偉大鬥爭」是具有許多新的歷史特點的偉大鬥爭。「發展中國
特色社會主義是一項長期的艱巨的歷史任務，必須準備進行具有許多
新的歷史特點的偉大鬥爭。」[1]中國特色社會主義的發展是一個長期過
程，必然要經歷不同的發展階段，每個發展階段所面臨的困難和問題
也是不斷發展變化的，而且越是發展到了更高的階段，面臨的新情況
新問題就越多越複雜，不斷表現出許多新的歷史特點，如當前發展中
不平衡、不協調、不可持續的突出問題；科技創新能力不強、產業結
構不合理、農業基礎依然薄弱、資源環境約束加劇、制約科學發展的
體制機制障礙問題；深化改革開放和轉變經濟發展方式中遇到的深層
次問題；城鄉區域發展差距和居民收入分配差距大引發的社會財富分
配不公平問題；教育、就業、社會保障、醫療、住房、生態環境、
食品藥品安全、安全生產、社會治安、執法司法等事關群眾切身利益
的問題；一些領域存在道德失範、誠信缺失等人與人交往中的信譽問
題；一些幹部領導科學發展能力不強，一些基層黨組織軟弱渙散，少
數黨員幹部理想信念動搖、宗旨意識淡薄，形式主義、官僚主義問題

---

1 胡錦濤：〈堅定不移沿著中國特色社會主義道路前進　為全面建成小康社會而奮鬥〉，
《人民日報》2012 年 11 月 18 日。

突出，奢侈浪費現象嚴重等黨自身需要儘快解決的建設問題，等等。[1]
鬥爭是為了解決發展道路上的各種困難和問題，如果這些困難和問題
得不到及時解決，偉大事業的推進就會受阻，甚至中斷。因此，必須
結合變化了的形勢，根據新出現的問題，持續進行具有許多新的時代
特點的偉大鬥爭是很必要而且也很重要的。

　　「偉大工程」是黨的建設新的偉大工程。中國共產黨是中國特色
社會主義事業的領導核心，也是中國特色社會主義事業取得勝利的根
本保證，只有不斷以改革創新精神全面推進黨的建設新的偉大工程，
才能成功地堅持和發展中國特色社會主義。我們黨擔負著團結、帶領
全國人民全面建成小康社會、推進社會主義現代化、實現中華民族偉
大復興的重任，如果黨堅強有力，能同人民保持血肉聯繫，國家就繁
榮穩定，人民就幸福安康；反之，國家就四分五裂，人民就流離失所，
基本的生存都難得到保障，國家繁榮穩定、人民幸福安康就無從談起。
因此，形勢的發展、事業的開拓、人民的期待，都要求我們必須以改
革創新的精神全面推進黨的建設新的偉大工程，全面提高黨的建設科
學化水準、執政能力和抵禦風險的能力。儘管我們國家的經濟建設取
得了重大成就，但不可否認市場經濟的利益交換原則滲入黨內政治生
活，產生了消極影響，黨的領導弱化、觀念淡薄、組織渙散、紀律鬆
弛的問題在相當程度上存在，而且有些表現得非常突出，大大降低了
黨在人民群眾心中的形象、削弱了黨的執政地位和領導權威。如果聽
之任之，黨的執政地位就無法得到加強、人民的利益就無法得到保

---

1 胡錦濤：〈堅定不移沿著中國特色社會主義道路前進 為全面建成小康社會而奮鬥〉，
《人民日報》2012 年 11 月 18 日。

障、中國特色社會主義偉大事業就可能中斷、國家和民族的命運將不堪設想。特別是在新形勢下，我們黨面臨的「四大考驗」更加複雜和嚴峻，面臨的「四種危險」更加緊迫和尖銳，要確保我們黨始終成為中國特色社會主義事業的堅強領導核心，就要以改革創新的精神全面推進黨的建設新的偉大工程。

「偉大事業」是堅持和發展中國特色社會主義。十八大報告在回顧中國近代以來的歷史，展望中華民族的未來時，提出了全面建成小康社會，加快推進社會主義現代化，實現中華民族偉大復興的目標，必須堅定不移地走中國特色社會主義道路、發展中國特色社會主義理論體系、完善中國特色社會主義制度，並對其理論源流做了充分說明，對其內涵做了詳細解釋，對其主題做了明確規定，對其目標做了長遠規劃，對其意義做了高度評價，那就是「建設中國特色社會主義，總依據是社會主義初級階段，總佈局是五位一體，總任務是實現社會主義現代化和中華民族偉大復興。中國特色社會主義，既堅持了科學社會主義基本原則，又根據時代條件賦予其鮮明的中國特色，以全新的視野深化了對共產黨執政規律、社會主義建設規律、人類社會發展規律的認識，從理論和實踐結合上系統回答了在中國這樣人口多、底子薄的東方大國建設什麼樣的社會主義、怎樣建設社會主義這個根本問題，使我們國家快速發展起來，使我國人民生活水準快速提高起來。實踐充分證明，中國特色社會主義是當代中國發展進步的根本方向，只有堅持和發展中國特色社會主義才能發展中國」。[1] 中國特色社會主

---

1 胡錦濤：〈堅定不移沿著中國特色社會主義道路前進 為全面建成小康社會而奮鬥〉，《人民日報》2012 年 11 月 18 日。

義事業是全體中華兒女共同的事業，也是面向未來的事業，只有不斷奪取中國特色社會主義新勝利，才能共同創造中國人民和中華民族更加幸福美好的未來。

二、「三個偉大」的歷史追溯及其發展

儘管「三個偉大」是在十八大報告中提出的，但是從發展的角度來看，每個「偉大」的提出都有各自的歷史背景，並隨著理論與實踐的發展而不斷豐富。因此，從發展的角度探究每個「偉大」的提出及其發展脈絡，將有助於我們深刻理解「三個偉大」何以能在黨的十八大上提出、具有什麼意義，以及每個「偉大」之間存在什麼關係等重大問題。

（一）豐富發展中的中國特色社會主義「偉大事業」

最早提出「建設有中國特色的社會主義」的是鄧小平同志，他在1982年黨的十二大開幕詞中說：「我們的現代化建設，必須從中國的實際出發。無論是革命還是建設，都要注意學習和借鑑外國經驗。但是照抄照搬別國經驗、別國模式，從來不能得到成功。這方面我們有過不少教訓。把馬克思主義的普遍真理同中國的具體實際結合起來，走自己的道路，建設有中國特色的社會主義，這就是我們總結長期歷史經驗得出的基本結論。」[1]這是「建設有中國特色的社會主義」首次

1《鄧小平文選》（第3卷），人民出版社 1993年版，第2-3頁。

被明確提出。鄧小平同志在當時提出的「建設有中國特色的社會主義」猶如一盞指路的明燈，為其後中國特色社會主義的建設及其成就的取得指明了方向，其理論內涵也隨著改革開放的深入推進而不斷豐富發展。1987 年黨的十三大明確了中國正處於社會主義初級階段，並制定了黨的建設有中國特色的社會主義的基本路線，即「領導和團結全國各族人民，以經濟建設為中心，堅持四項基本原則，堅持改革開放，自力更生，艱苦創業，為把我國建設成為富強、民主、文明的社會主義現代化國家而奮鬥」。[1]1992 年，鄧小平同志在南方談話中提出了「社會主義的本質」，「是解放生產力，發展生產力，消滅剝削，消除兩極分化，最終達到共同富裕。」[2] 這一本質的概括，解決了當時理論界長期以來關於這一問題的爭論，實現了認識上的統一，為解放思想和改革開放掃清了思想障礙，中國特色社會主義建設的探索步伐開始不斷加快。同年，黨的十四大明確提出了建設有中國特色社會主義的主要內容，「在社會主義的發展道路問題上，強調走自己的路，不把書本當教條，不照搬外國模式，以馬克思主義為指導，以實踐作為檢驗真理的唯一標準，解放思想，實事求是，尊重群眾的首創精神，建設有中國特色的社會主義」，並對社會主義的發展階段、根本任務、發展動力、外部條件、政治保證、戰略步驟、領導力量和依靠力量、祖國統一等一系列問題做出了系統闡述。[3]1997 年黨的十五大確立了鄧小

---

1 〈沿著有中國特色的社會主義道路前進〉，《人民日報》1987 年 11 月 4 日。
2 《鄧小平文選》（第 3 卷），人民出版社 1993 年版，第 63 頁。
3 江澤民：〈高舉鄧小平理論偉大旗幟　把建設有中國特色社會主義事業全面推向二十一世紀〉，《人民日報》1997 年 9 月 22 日。

使命

平理論的歷史地位和指導意義，指出鄧小平理論形成了新的建設有中國特色社會主義理論的科學體系，又進一步明確什麼是社會主義初級階段有中國特色社會主義的經濟、政治和文化以及如何建設等問題。

　　2002 年黨的十六大以前，中國特色社會主義主要被表述為「有中國特色的社會主義」和「有中國特色社會主義」，到十六大以後被改稱為「中國特色社會主義」。黨的十六大提出了「三個代表」重要思想，成為中國特色社會主義理論體系的重要組成部分，並指明全面建設小康社會的目標，就是要讓「經濟更加發展、民主更加健全、科教更加進步、文化更加繁榮、社會更加和諧、人民生活更加殷實」。[1]其後，2007 年黨的十七大將「科學發展觀」明確為中國經濟社會發展的重要指導方針，成為發展中國特色社會主義必須堅持和貫徹的重大戰略思想，與此同時提出了「中國特色社會主義理論體系」，即「中國特色社會主義理論體系，就是包括鄧小平理論、『三個代表』重要思想以及科學發展觀等重大戰略思想在內的科學理論體系」[2]，而「改革開放以來我們取得一切成績和進步的根本原因，歸結起來就是：開闢了中國特色社會主義道路，形成了中國特色社會主義理論體系。高舉中國特色社會主義偉大旗幟，最根本的就是要堅持這條道路和這個理論體系」。[3]根據形勢的發展，十七大又在十六大確立的全面建設小康

1 江澤民：〈全面建設小康社會 開創中國特色社會主義事業新局面〉，《人民日報》2002 年 11 月 18 日。
2 胡錦濤：〈高舉中國特色社會主義偉大旗幟　為奪取全面建設小康社會新勝利而奮鬥〉，《人民日報》2007 年 10 月 25 日。
3 胡錦濤：〈高舉中國特色社會主義偉大旗幟　為奪取全面建設小康社會新勝利而奮鬥〉，《人民日報》2007 年 10 月 25 日。

社會目標的基礎上提出了全面建設小康社會奮鬥目標的新要求，包括經濟、政治、文化、社會、生態等多個方面。2012年黨的十八大又進一步完善了以中國特色社會主義道路，中國特色社會主義理論體系，中國特色社會主義制度為主要內容的中國特色社會主義內涵，指出「中國特色社會主義道路是實現途徑，中國特色社會主義理論體系是行動指南，中國特色社會主義制度是根本保障，三者統一於中國特色社會主義偉大實踐」[1]，並對建設和發展中國特色社會主義的總依據、總佈局、總任務和基本要求進行了闡述，讓中國特色社會主義偉大事業具有了更加清晰的目標、明確的方向和發展路徑。

（二）進行具有許多新的歷史特點的「偉大鬥爭」

「偉大鬥爭」雖然是黨的十八大報告中出現的新提法，但是我們黨從來沒有放鬆過對各種「鬥爭」的強調，如從革命時期到建設時期，階級鬥爭、意識形態鬥爭、反腐敗鬥爭等各種類型的鬥爭始終得到了黨的高度重視，儘管沒有使用「偉大鬥爭」這一表述，但是在不同的發展時期，我們黨總是根據形勢的發展，進行著具有不同歷史特點的鬥爭。

中華民族自古以來就是一個勇於鬥爭的民族。上古的傳說，如「夸父追日」「女媧補天」「精衛填海」等，表明了中華民族不向任何對手屈服、敢於面對挑戰的勇氣。這些傳說至今還被廣為傳頌，說明中

---

1 胡錦濤：〈堅定不移沿著中國特色社會主義道路前進 為全面建成小康社會而奮鬥〉，《人民日報》2012年11月18日。

華民族依然珍視敢於鬥爭的品格。近代以來，我們經歷了發展的低谷，內憂外患、飽受欺凌，但是英勇的中華民族沒有屈服，在中國共產黨的團結和帶領下，經過 28 年的艱苦鬥爭，推翻了三座大山，建立了新中國。新中國成立以後，我們又馬不停蹄地進行社會主義改造的偉大鬥爭，在中國建立了嶄新的社會主義制度。雖然在歷史上我們經歷過把階級鬥爭擴大化的失誤，但我們黨敢於開展更新自我、完善自我的鬥爭，迅速把偏離的航船拉回正軌。1981 年黨的十一屆六中全會把社會主要矛盾明確界定為人民日益增長的物質文化需要同落後的社會生產之間的矛盾，從而解放和發展生產力就成為我們鬥爭的主要方向，而改革開放更是我們黨在撥亂反正後進行的又一次偉大鬥爭。與此同時，我們黨也沒有放鬆其他方面的鬥爭，例如強調「在整個社會主義現代化建設進程中都要進行反對資產階級自由化的教育和鬥爭」[1]「在社會主義現代化建設過程中，和平演變與反和平演變的鬥爭將長期存在」[2]「反對腐敗是關係黨和國家生死存亡的嚴重政治鬥爭」[3]「反對『臺獨』等各種分裂圖謀的鬥爭」[4]「做好軍事鬥爭準備」[5] 等，

---

1 江澤民：〈加快改革開放和現代化建設步伐　奪取有中國特色社會主義事業的更大勝利〉，《人民日報》1992 年 10 月 21 日。
2 江澤民：〈加快改革開放和現代化建設步伐　奪取有中國特色社會主義事業的更大勝利〉，《人民日報》1992 年 10 月 21 日。
3 江澤民：〈高舉鄧小平理論偉大旗幟　把建設有中國特色社會主義事業全面推向二十一世紀〉，《人民日報》1997 年 9 月 22 日。
4 江澤民：〈全面建設小康社會　開創中國特色社會主義事業新局面〉，《人民日報》2002 年 11 月 18 日。
5 胡錦濤：〈高舉中國特色社會主義偉大旗幟　為奪取全面建設小康社會新勝利而奮鬥〉，《人民日報》2007 年 10 月 25 日。

到十八大更是結合時代特點提出了「具有許多新的歷史特點的偉大鬥爭」，既體現了以往的各種鬥爭，又提出了新時期「偉大鬥爭」的新特點，進一步繼承和發揚了我們黨敢於鬥爭、勇於鬥爭、善於鬥爭的優秀品格。

歷史車輪滾滾向前，中國特色社會主義的建設和發展不會總是面對相同的矛盾，總會有「具有許多新的歷史特點」的矛盾出現，這就需要進行具有許多新的歷史特點的「偉大鬥爭」來解決。應該說，敢於鬥爭是中國共產黨人鮮明的政治品格，善於鬥爭是中國共產黨人高超的政治智慧，無論是在革命年代還是建設時期，我們黨都是在不斷的鬥爭中贏得一個個新的勝利的。特別是十八大以來，隨著國際國內形勢廣泛而深刻的變化，經濟社會發展呈現出新的階段性特徵，使我們肩負起新的歷史使命，使我們在推進社會主義現代化、實現中華民族偉大復興過程中面臨著許多前所未有的新形勢、新問題，這就要求我們黨要團結帶領人民建設中國特色社會主義偉大事業就必須進行具有許多新的歷史特點的偉大鬥爭。

（三）深入推進黨的建設新的「偉大工程」

黨的建設在中國特色社會主義建設中至關重要。最早把黨的建設作為「偉大的工程」提出的是毛澤東同志。1939年，毛澤東同志在《〈共產黨人〉發刊詞》中指出，「把我們黨建設好是一項偉大的工程」[1]，這也是第一次把黨的建設作為偉大的工程來強調，並提出了一系列行

1《毛澤東選集》（第3卷），人民出版社1991年版，第875頁。

之有效的黨建方法原則，如「批評與自我批評」「團結—批評—團結」「知識份子同工農群眾相結合」等，對於有效實施黨的建設的偉大工程起到了重要作用。在毛澤東同志之後，鄧小平同志絲毫沒有放鬆黨的建設。在對黨的建設的經驗與教訓總結的基礎上，鄧小平同志繼承並發展了毛澤東同志的黨建思想，提出「要把我們黨建設成為有戰鬥力的馬克思主義執政黨，成為帶領全國人民進行社會主義物質文明和精神文明建設的堅強領導核心」[1]。

鄧小平同志對黨建理論與實踐的重要發展在於他強調了制度建黨的重要性，他指出，「我們過去發生的各種錯誤，固然與某些領導人的思想、作風有關，但是組織制度、工作制度方面的問題更重要」[2]。除了完善黨的組織制度、工作制度外，鄧小平同志還特別強調了思想建黨的重要性，他強調組織機制和領導體制的完善與思想建設、組織建設、作風建設、幹部隊伍建設等應當同步推進。在總結新中國成立後到改革開放前這一時期黨建工作存在的問題時，鄧小平同志指出，新時期的黨建工作要依靠改革，通過建立和完善黨規黨紀以及開展經常性的工作來進行。

1992 年十四大正式確立「我國經濟體制改革的目標是建立社會主義市場經濟體制」，因此在新時期「建設一個什麼樣的黨、怎樣建設黨」的問題就更加凸顯出來。新的形勢和新問題對黨的建設提出了新的要求，在 1994 年的十四屆四中全會上，江澤民同志第一次把改革開放和社會主義市場經濟條件下黨的建設作為「新的偉大工程」予以強調，

---

1 《鄧小平文選》（第 3 卷），人民出版社 1993 年版，第 39 頁。
2 《鄧小平文選》（第 2 卷），人民出版社 1994 年版，第 333 頁。

黨的建設從「偉大工程」到「新的偉大工程」提法的轉變標誌著黨建工作的不斷深入發展。此後，我們黨一直強調黨的建設「新的偉大工程」，如1997年十五大報告提出，「面向新世紀，黨中央領導全黨正在繼續推進這個新的偉大工程」[1]。2001年江澤民同志又為黨的建設提出了加強執政能力建設的任務和要求，「我們黨是執政黨，黨的領導要通過執政來體現。我們必須強化執政意識，提高執政本領[2]」。而科學判斷形勢的能力、駕馭市場經濟的能力、應對複雜局面的能力、依法執政的能力、總攬全域的能力這「五種能力」構成了黨的執政能力的重要方面，提高這「五種能力」是加強黨的執政能力建設的重要任務。為了全面推進黨的建設的「新的偉大工程」，結合「三個代表」重要思想，在全黨開展了「講學習、講政治、講正氣」的「三講教育」，豐富和發展了黨的建設的理論內涵和實踐方式。

　　黨的十六大以後，黨的建設的思想、理論與實踐在以胡錦濤同志為總書記的黨中央高度重視與深入探索中得到了進一步的豐富和發展。胡錦濤同志提出了「黨的先進性建設」思想，「加強黨的先進性建設，始終是我們黨生存、發展、壯大的根本性建設」，而「開展黨的先進性建設，就是要通過推進思想建設、組織建設、作風建設和制度建設」[3]。2007年的十七大報告進一步指出，「世情、國情、黨情的

---

1 江澤民：〈高舉鄧小平理論偉大旗幟　把建設有中國特色社會主義事業全面推向二十一世紀〉，《人民日報》1997年9月22日。

2 江澤民：《江澤民論加強和改進執政黨建設（專題摘要）》，中央文獻出版社、研究出版社2004年版，第170頁。

3 胡錦濤：〈在新時期保持共產黨員先進性專題報告會上的講話〉，《人民日報》2005年1月15日。

發展變化，決定了以改革創新精神加強黨的建設既十分重要又十分緊迫[1]」。儘管改革開放以來，我們黨一直堅持自身建設的偉大工程，執政能力不斷提高，黨的先進性和純潔性得到保持和發展，並團結帶領人民取得了全面推進經濟社會建設的偉大成就，但不可否認的是，「一些幹部領導科學發展能力不強，一些基層黨組織軟弱渙散，少數黨員幹部理想信念動搖、宗旨意識淡薄，形式主義、官僚主義問題突出，奢侈浪費現象嚴重；一些領域消極腐敗現象易發多發，反腐敗鬥爭形勢依然嚴峻」。[2]因此，黨的建設的「新的偉大工程」在十八大報告中被進一步予以強調，報告指出「黨堅強有力，黨同人民保持血肉聯繫，國家就繁榮穩定，人民就幸福安康。形勢的發展、事業的開拓、人民的期待，都要求我們以改革創新精神全面推進黨的建設新的偉大工程，全面提高黨的建設科學化水準」[3]。新形勢下，黨面臨著執政考驗、改革開放考驗、市場經濟考驗、外部環境考驗，以及精神懈怠危險、能力不足危險、脫離群眾危險、消極腐敗危險，因此落實黨要管黨、從嚴治黨，推進黨的建設新的偉大工程，任務比以往任何時候都更為繁重、更為緊迫。黨的十八大除了總結、繼承和發揚原有的黨建思想、理論與實踐以外，黨建工作更被提升到了新高度，這為後來「全面從嚴治黨」的提出打下了基礎。

---

1 胡錦濤：〈高舉中國特色社會主義偉大旗幟 為奪取全面建設小康社會新勝利而奮鬥〉，《人民日報》2007 年 10 月 25 日。

2 胡錦濤：《堅定不移沿著中國特色社會主義道路前進 為全面建成小康社會而奮鬥》，《人民日報》2012 年 11 月 18 日。

3 胡錦濤：《堅定不移沿著中國特色社會主義道路前進 為全面建成小康社會而奮鬥》，《人民日報》2012 年 11 月 18 日。

三、「三個偉大」的重大意義

　　黨的十八大將「三個偉大」作為一個整體提出，既是對實踐經驗的歷史總結，也是對理論認識的發展創新，具有重要的理論意義與實踐意義。可以說，十八大報告對「三個偉大」有了更加清晰的理論定位和實踐指導，為後來「四個偉大」的提出和形成奠定了基礎。

　　首先，從每一個「偉大」深化發展的意義來看，「偉大鬥爭」的提出讓全黨進一步認識到堅持和發展中國特色社會主義的長期性和艱巨性，明確了我們黨在新時期面對困難和挑戰、解決矛盾和問題的鬥爭勇氣和方略。堅持和發展中國特色社會主義是一個長期的過程，越到發展的更高階段所要解決的問題、克服的困難越艱巨。同時，新時期的世情、國情和黨情都發生了深刻的變化，發展面臨許多新情況新問題。在這種形勢下，猶豫觀望、軟弱懈怠將會給黨和人民的事業帶來嚴重的損失，只有以更加堅定的信念和堅強的意志，堅持進行具有許多新的歷史特點的偉大鬥爭，才能把中國特色社會主義偉大事業不斷推向前進。

　　對「偉大工程」認識的深化和提出新的要求，將黨的建設提升到了一個新階段。黨的十八大發展了馬克思主義政黨學說，將「學習型、服務型、創新型」三者結合在一起，提出了黨建工作的新目標，體現出了時代特色。從理想信念、黨群關係、黨內民主、幹部人事制度改革、黨管人才、基層組織創新、反腐敗、黨的紀律八個方面著手解決我們黨面臨的突出問題，完善了黨建工作的總體佈局。把純潔性與黨的執政能力建設、先進性建設並列為黨建主線，豐富了偉大工程的內涵。十八大把黨的建設提升到了一個新階段，為此後全面從嚴治

黨做了理論與實踐的準備。

對「偉大事業」的深刻闡述深化和拓展了中國特色社會主義的內涵，為進一步堅持和發展中國特色社會主義指明了方向、明確了路徑。中國特色社會主義的內涵在「道路」和「理論體系」的基礎上，增加了社會主義制度作為基本保障；在「四位一體」的總體佈局基礎上加入了「生態文明建設」，拓展為「五位一體」；把「全面建設小康社會」升級為「全面建成小康社會」，強調使發展成果更多更公平惠及全體人民；提出了堅持走中國特色新型工業化、資訊化、城鎮化、農業現代化的「新四化」道路，等等。中國特色社會主義內涵更加清晰、方向更加明確、途徑更加科學，為「偉大事業」的順利推進奠定了基礎。

其次，從「三個偉大」作為一個整體提出的意義來看，在理論層面上，表明我們黨對於中國特色社會主義的理論探索與實踐總結達到了一個新的高度。從黨的建設「偉大工程」到「新的偉大工程」，從「有中國特色社會主義」到「中國特色社會主義」，從各個領域的「鬥爭」到「具有許多新的歷史特點的偉大鬥爭」，是我們黨不斷進行實踐總結和理論創新的過程。「三個偉大」在黨的十八大報告中集中提出，不是偶然的，而是我們黨在深刻把握中國特色社會主義發展內在要求和面臨形勢的新特徵的基礎上，理論認識不斷深化的結果。因此，「三個偉大」的形成標誌著我們黨的理論認識的新高度，為後來理論創新奠定了基礎。

在實踐層面上，「三個偉大」作為一個整體提出，具有重要的方法論意義和戰略指導意義。隨著中國特色社會主義發展進入更高的階段，進一步發展所面臨的問題越來越呈現出長期性、多樣性、複雜性，這就要求我們黨必須統籌全域、著眼長遠，運用系統思維、底線

思維、戰略思維去指導實踐。「三個偉大」相互關聯，更加明確了中國特色社會主義發展的座標，為總體發展明確了戰略方向，為具體工作明確了指向，為黨中央進一步明確中國特色社會主義發展的戰略佈局打下了基礎。

第二節　「三個偉大」向「四個偉大」的發展與演進

「三個偉大」自黨的十八大作為一個整體提出以後，五年來，分別在理論與實踐中取得重大進展，日益融合，貫穿于黨中央治國理政新理念新思想新戰略之中。在新階段、新形勢下，如何統領這一整體未來的發展成了一個迫切需要回答的理論問題。習近平總書記提出的中華民族偉大復興的「中國夢」具有明確的目標引領作用，在理論與實踐中不斷發展的「三個偉大」將落腳點日益指向了實現中華民族偉大復興的「中國夢」，而「中國夢」的實現也需要「三個偉大」的支撐。

一、「三個偉大」在實踐中不斷推進

黨的十八大以來，以習近平同志為核心的黨中央科學把握當今世界和當代中國的發展大勢，順應實踐要求和人民願望，推出一系列重大戰略舉措，出臺一系列重大方針政策，推進一系列重大工作，解決了許多長期想解決而沒有解決的難題，辦成了許多過去想辦而沒有辦成的大事。在這一過程中，「三個偉大」在實踐中不斷推進，理論上

出現了許多新提法，實踐中取得了一系列新進展。

「偉大鬥爭」不斷進行，取得重大進展。「發展中國特色社會主義是一項長期的艱巨的歷史任務，必須準備進行具有許多新的歷史特點的偉大鬥爭。」[1] 十八大以來，以習近平同志為核心的黨中央面對新形勢、新階段各種困難和問題，不回避、不退縮，直面挑戰、迎難而上，取得了一系列輝煌的成就，推動「偉大鬥爭」的理論與實踐不斷發展。一是自我完善、自我突破的鬥爭。習近平總書記多次強調，「改革開放是黨在新的歷史條件下領導人民進行的新的偉大革命」[2]。改革是對自我的革命，涉及多方群體、觸及深層利益，「有的牽涉複雜的部門利益，有的在思想認識上難以統一，有的要觸動一些人的『乳酪』，有的需要多方面配合、多措施並舉。矛盾越大，問題越多，越要攻堅克難、勇往直前」[3]。十八大以來，黨中央堅定地推進全面深化改革，堅決破除各方面體制機制弊端，不斷推進經濟、政治、文化、社會、生態文明建設取得新突破，突出的表現有：全面深化改革重要領域和關鍵環節改革取得突破性進展，主要領域改革主體框架基本確立，國家治理體系和治理能力現代化水準明顯提高；脫貧攻堅戰成效顯著、教育事業全面發展、就業狀況持續改善、社會治理體系更加完善、生態文明建設成效顯著等。二是突破國際勢力遏制的鬥爭。習近

---

1 胡錦濤：〈堅定不移沿著中國特色社會主義道路前進 為全面建成小康社會而奮鬥〉，《人民日報》2012 年 11 月 18 日。

2 習近平：〈全面貫徹落實黨的十八大精神要突出抓好六個方面工作〉，《求是》，2013 年第 1 期。

3 習近平：〈在中共十八屆三中全會第二次全體會議上的講話〉，《人民日報》2013 年 11 月 13 日。

平總書記指出：「中華民族偉大復興絕不是輕輕鬆鬆就能實現的，我國越發展壯大，遇到的阻力和壓力就會越大。」[1] 鬥爭主要來自霸權主義、強權政治、技術封鎖、國際恐怖組織、民族分裂勢力等。五年來我們深入展開全方位外交佈局、堅決反對和遏制「臺獨」分裂勢力、加快發展武器裝備，加強軍事鬥爭準備，有力地回擊了國際遏制。三是堅定信念、堅持道路的鬥爭。習近平總書記多次指出：「中國特色社會主義是社會主義而不是其他什麼主義，科學社會主義基本原則不能丟，丟了就不是社會主義。」[2] 意識形態關乎道路，「在意識形態領域鬥爭上，我們沒有任何妥協、退讓的餘地，一刻也不能放鬆和削弱意識形態工作，否則就要犯不可挽回的歷史性錯誤」。[3] 十八大以來，以習近平同志為核心的黨中央加強黨對意識形態工作的領導，全面推進黨的理論創新，更加明確和堅持了馬克思主義在意識形態領域的指導地位，中國特色社會主義和中國夢深入人心，堅持和發展中國特色社會主義的理想信念得到了進一步鞏固。

「偉大工程」不斷建設，取得顯著成效。十八大以來，以習近平同志為核心的黨中央全面加強黨的領導和黨的建設，提出了一系列新理念、新思想、新觀點，推出了一系列新要求、新規定、新做法，給黨的建設帶來了新變化、新氣象、新面貌。突出的理論創新有：第一，提出的全面從嚴治黨是黨的建設的一項重大創新。習近平總書記強

---

1 〈習近平指出建設科技強國黨委和政府的責任〉，人民網，http://politics. people.com.cn/n1/2016/0611/c1001-28425397.html。

2 習近平：〈中國特色社會主義是發展中國、穩定中國的必由之路〉，人民網，http://jhsjk.people.cn/article/27363497。

3 〈堅定文化自信，建設社會主義文化強國〉，《人民日報》，2017 年 10 月 16 日。

調，「全面從嚴治黨永遠在路上。各級黨組織要擔負起全面從嚴治黨主體責任。全面從嚴治黨，核心是加強黨的領導，基礎在全面，關鍵在嚴，要害在治」[1]。正是通過堅定不移地推進全面從嚴治黨，黨的建設才得以不斷開創新局面。第二，提出了思想建黨和制度治黨緊密結合，發展了黨建理論。習近平總書記指出：「要使加強制度治黨的過程成為加強思想建黨的過程，也要使加強思想建黨的過程成為加強制度治黨的過程」[2]。第三，提出了「依規治黨與以德治黨緊密結合」，把理想信念作為共產黨人精神上的「鈣」，提出了「補鈣論」，豐富和深化了黨建思想。第四，提出了增強「四個意識」，為黨建理論增加了新內容。習近平總書記強調，「全黨同志要增強政治意識、大局意識、核心意識、看齊意識，切實做到對黨忠誠、為黨分憂、為黨擔責、為黨盡責」。[3] 在實踐層面看，黨建工作得到了堅決的落實，取得了顯著成效。一是實現了學習教育常態化。從全黨深入開展黨的群眾路線教育實踐活動開始，到「三嚴三實」專題教育，再到「兩學一做」學習教育，無論教育形式還是教育內容都是巨大創新，大大增強了全面從嚴治黨的效果。二是制度治黨取得明顯成效。黨的十八屆六中全會審議通過的《關於新形勢下黨內政治生活的若干準則》和《中國共產黨黨內監督條例》及後續印發的《中國共產黨巡視工作條例》等黨

---

1 習近平：〈堅持全面從嚴治黨依規治黨　創新體制機制強化黨內監督〉，《人民日報》2016 年 01 月 13 日。

2 習近平：〈習近平在黨的群眾路線教育實踐活動總結大會上的講話〉，《人民日報》2014 年 10 月 09 日。

3 習近平：〈習近平在慶祝中國共產黨成立 95 周年大會上的講話〉，《人民日報》2016 年 9 月 2 日。

建制度性規定，大大增強了黨建工作的規範化、程式化和制度化。三是猛藥去屙、嚴厲反腐。「不得罪腐敗分子，就必然會辜負黨、得罪人民。」[1]十八大以來以習近平同志為核心的黨中央以鐵腕反腐、「老虎」「蒼蠅」一起打，使腐敗現象得到了有效遏制。四是強化巡視利劍作用。從「四個著力」出發，明確巡視方針，加大巡視力度，展開專項巡視，為黨建工作注入了新的內容。[2]五年來「黨中央勇於面對黨面臨的重大風險考驗和黨內存在的突出問題，以頑強意志品質正風肅紀、反腐懲惡，消除了黨和國家內部存在的嚴重隱患，黨內政治生活氣象更新，黨內政治生態明顯好轉，黨的創造力、凝聚力、戰鬥力顯著增強，黨的團結統一更加鞏固，黨群關係明顯改善，黨在革命性鍛造中更加堅強，煥發出新的強大生機活力，為黨和國家事業發展提供了堅強政治保證」。[3]

「偉大事業」不斷推進，取得輝煌成就。在理論方面，黨的十八大以來，黨對中國特色社會主義的認識進一步深化，形成了一系列新理念、新思想、新戰略。一是提出了「文化自信」，體現了我們黨對文化作用及其發展規律認識的新境界，同時也是中國特色社會主義理論的又一個新發展，中國特色社會主義的內涵在道路、理論體系和制度的基礎上得到了進一步發展完善。二是提出了「四個全面」戰略佈局，進一步完善了治國理政的戰略框架。習近平總書記指出：「協調推進

---

1 習近平：〈不得罪成百上千的腐敗分子，就要得罪十三億人民〉，人民網，http://jhsjk.people.cn/article/29040698。

2 石仲泉：〈十八大以來党的建設在創新中發展〉，《人民日報》2017 年 06 月 28 日 。

3 習近平：〈決勝全面建成小康社會 奪取新時代中國特色社會主義偉大勝利〉，《人民日報》2017 年 10 月 28 日。

全面建成小康社會、全面深化改革、全面推進依法治國、全面從嚴治黨，推動改革開放和社會主義現代化建設邁上新臺階」[1]。這「四個全面」立足實際、針對難題，廓清了治國理政全貌，抓住了治國理政的關鍵，拎起了中國發展的總綱，確定了工作的方向、重點。[2] 三是提出了新發展理念，實現了發展理念的新飛躍。習近平總書記指出：「發展對堅持和發展中國特色社會主義具有決定性意義，我們必須堅持以經濟建設為中心，堅持以新發展理念引領經濟發展新常態，破解發展難題，厚植發展優勢，不斷為堅持和發展中國特色社會主義奠定強大物質基礎」[3]。牢固樹立並切實貫徹創新、協調、綠色、開放、共用的發展理念，是關係中國發展全域的一場深刻變革，進一步明確了中國「十三五」乃至更長時期的發展思路、發展方式和發展著力點。四是提出統籌「國內國際兩個大局」「推進世界治理更加公平、合理發展」和構建「人類命運共同體」，發展了新時期外交思想。習近平總書記指出：「各國要樹立命運共同體意識，真正認清『一榮俱榮、一損俱損』的連帶效應，在競爭中合作，在合作中共贏。在追求本國利益時兼顧別國利益，在尋求自身發展時兼顧別國發展。相互幫助不同國家解決面臨的突出問題是世界經濟發展的客觀要求。讓每個國家發展都能同

---

1 習近平：〈在江蘇調研時的講話〉，《人民日報》2014 年 12 月 15 日。
2 胡振良：〈十八大以來中國特色社會主義理論的新發展〉《當代世界社會主義問題》，2017 年第 1 期。
3 習近平：〈習近平在紀念紅軍長征勝利 80 周年大會上的講話〉，《人民日報》2016 年 10 月 22 日。

其他國家增長形成聯動效應，相互帶來正面而非負面的外溢效應」[1]。

在實踐方面，五年來黨團結帶領人民，高舉中國特色社會主義偉大旗幟，堅定不移沿著中國特色社會主義道路前進，正如習近平總書記所指出的，「我們全面加強黨的領導，大大增強了黨的凝聚力、戰鬥力和領導力、號召力。我們堅定不移貫徹新發展理念，有力推動我國發展不斷朝著更高品質、更有效率、更加公平、更可持續的方向前進。我們堅定不移全面深化改革，推動改革呈現全面發力、多點突破、縱深推進的嶄新局面。我們堅定不移全面推進依法治國，顯著增強了我們黨運用法律手段領導和治理國家的能力。我們加強黨對意識形態工作的領導，鞏固了全黨全社會思想上的團結統一。我們堅定不移推進生態文明建設，推動美麗中國建設邁出重要步伐。我們堅定不移推進國防和軍隊現代化，推動國防和軍隊改革取得歷史性突破。我們堅定不移推進中國特色大國外交，營造了我國發展的和平國際環境和良好周邊環境。我們堅定不移推進全面從嚴治黨，著力解決人民群眾反映最強烈、對黨的執政基礎威脅最大的突出問題，形成了反腐敗鬥爭壓倒性態勢，黨內政治生活氣象更新，全黨理想信念更加堅定、黨性更加堅強，黨自我淨化、自我完善、自我革新、自我提高能力顯著提高，黨的執政基礎和群眾基礎更加鞏固，為黨和國家各項事業發展提供了堅強政治保證」。[2]

---

1 習近平：〈習近平對世界如是說〉，人民網，http://jhsjk.people.cn/article/27842860。
2 〈高舉中國特色社會主義偉大旗幟　為決勝全面小康社會實現中國夢而奮鬥〉，《人民日報》2017 年 7 月 28 日。

二、「三個偉大」在理論上緊密聯繫

　　「偉大鬥爭」「偉大工程」「偉大事業」這「三個偉大」提出和形成的時間雖不盡相同，各自都有其特定的內涵和發展軌跡，但是在中國特色社會主義建設的偉大實踐中，其內涵不但日益豐富，而且逐漸融為一個系統整體，並在理論和實踐上提出了進一步發展指向的新問題。這既是實踐發展的客觀要求，也是理論認識的進一步昇華。

　　首先，隨著理論認識的深化和實踐的發展，「三個偉大」在理論和實踐上日益融合成為一個不可分割的整體。從理論層面看，「三個偉大」相互支撐，越來越體現出整體性。第一，「偉大事業」需要通過「偉大鬥爭」來推進。十八大以來，「偉大鬥爭」的內涵不斷豐富和深化，在新中國成立特別是改革開放以來中國發展取得的重大成就基礎上，黨和國家事業發生歷史性變革，但新的問題也不斷湧現出來，如產業結構升級、居民收入差距擴大、生態環境達到臨界點等巨大壓力。新的矛盾、問題更複雜、更艱巨，正如習近平總書記所說，「容易的、皆大歡喜的改革已經完成了，好吃的肉都吃掉了，剩下的都是難啃的硬骨頭」[1]。只有通過「偉大鬥爭」，才能將中國特色社會主義事業推向新的發展階段。第二，「偉大工程」是「偉大事業」的保障。把推進中國特色社會主義偉大事業同推進黨的建設新的偉大工程相結合，是我們推進改革開放的重要經驗。[2]十八大以來，習近平總

1　＜習近平接受俄羅斯電視臺專訪＞，人民網，http://jhsjk.people.cn/article/24303725。
2　胡錦濤：＜高舉中國特色社會主義偉大旗幟　為奪取全面建設小康社會新勝利而奮鬥＞，《人民日報》2007年10月25日。

書記更加強調要堅持把推進黨的建設偉大工程同推進黨領導的偉大事業緊密結合起來，「黨的建設必須緊緊圍繞和服務黨領導的偉大事業，按照黨的政治路線來進行，圍繞黨的中心任務來展開，朝著黨的建設總目標來加強，著力提高黨的創造力、凝聚力、戰鬥力，為抓好發展這個黨執政興國的第一要務、建設富強民主文明和諧的社會主義現代化國家、堅持和發展中國特色社會主義提供根本保證」[1]。「黨和人民事業發展到什麼階段，黨的建設就要推進到什麼階段。這是加強黨的建設必須把握的基本規律。」[2]第三，「偉大工程」是進行「偉大鬥爭」的關鍵。習近平總書記強調：「實現黨的十八大確定的各項目標任務，進行具有許多新的歷史特點的偉大鬥爭，關鍵在黨，關鍵在人」，並明確提出「信念堅定、為民服務、勤政務實、敢於擔當、清正廉潔的新時期好幹部標準」[3]。在新形勢下，黨必須面臨各種考驗，化解各種危險，都需要做好進行偉大鬥爭的準備。習近平總書記強調：「與國內外形勢發展變化相比，與黨所承擔的歷史任務相比，黨的領導水準和執政水準、黨組織建設狀況和黨員幹部的素質、能力、作風都還有不小差距。特別是新形勢下加強和改進黨的建設面臨『四大考驗』、『四種危險』，落實黨要管黨、從嚴治黨的任務比以往任何時候都更

1 〈中共中央加強改進新形勢下黨建若干重大問題的決定〉，中央政府門戶網站，http://www.gov.cn/jrzg/2009-09/27/content_1428158.htm。

2 習近平：〈在慶祝中國共產黨成立 95 周年大會上的講話〉，人民網，習近平系列重要講話資料庫，http://jhsjk.people.cn/article/28517655。

3 習近平：〈建設宏大高素質幹部隊伍　確保党始終成為堅強領導核心〉，人民網，http://jhsjk.people.cn/article/22020855。

為繁重更為緊迫」。[1]

　　從實踐層面看，只有從「三個偉大」作為一個整體的角度去把握十八大以來推出的一系列重大舉措，才能更好地理解以習近平同志為核心的黨中央治國理政新理念新思想新戰略。比如，全面深化改革是一場深刻的革命，是「偉大鬥爭」的一個重要組成部分，而全面深化改革是有方向、有立場、有原則的，「我們當然要高舉改革旗幟，但我們的改革是在中國特色社會主義道路上不斷前進的改革，既不走封閉僵化的老路，也不走改旗易幟的邪路」[2]，這表明全面深化改革既要堅持走中國特色社會主義道路，又為中國特色社會主義的堅持和發展提供動力支撐，不僅如此，全面深化改革還會不斷推進黨的建設新的「偉大工程」，「改革開放是當代中國發展進步的活力之源，是我們黨和人民大踏步趕上時代前進步伐的重要法寶，是堅持和發展中國特色社會主義的必由之路」[3]。再如，全面從嚴治黨是十八大以來黨的建設新的「偉大工程」的總體思路和戰略部署，又是協調推進中國特色社會主義建設「四個全面」戰略佈局的重要組成部分，還涉及反腐敗鬥爭，經受「四大考驗」、面對「四種危險」，是具有許多新的歷史特點的偉大鬥爭的重要方面。由此不難看出，「三個偉大」在理論與

1 習近平：〈緊緊圍繞堅持和發展中國特色社會主義學習宣傳貫徹黨的十八大精神〉，人民網，習近平系列重要講話資料庫，http://jhsjk.people.cn/article/19615998。

2 習近平：〈習近平關於協調推進「四個全面」戰略佈局論述摘編〉，人民網，http://jhsjk.people.cn/article/27804605。

3 習近平：〈習近平關於協調推進「四個全面」戰略佈局論述摘編〉，人民網，http://jhsjk.people.cn/article/27804605。

實踐中不斷融合，日益形成你中有我、我中有你、相互貫通、相互支撐的系統整體。

其次，在「三個偉大」形成的系統整體中，每一個「偉大」的定位都日漸明確。「偉大事業」是根本方向，「偉大鬥爭」是基本手段，「偉大工程」是有力保障，三者統一於堅持和發展中國特色社會主義大業。第一，「偉大事業」是根本方向，決定了另外兩個「偉大」的性質。習近平總書記多次強調：「道路問題是關係黨的事業興衰成敗第一位的問題，道路就是黨的生命」[1]。中國特色社會主義道路是實現社會主義現代化的必由之路，是指引中國人民創造美好生活的必由之路，無論是「偉大鬥爭」還是「偉大工程」都必須按照中國特色社會主義道路的方向推進。第二，「偉大鬥爭」是基本手段，是另外兩個「偉大」得以推進的方式。建設「偉大工程」要通過各種考驗和危險，推進「偉大事業」要克服各種困難和挑戰，「奪取堅持和發展中國特色社會主義偉大事業新進展，奪取推進黨的建設新的偉大工程新成效，奪取具有許多新的歷史特點的偉大鬥爭新勝利，我們還有許多『雪山』、『草地』需要跨越，還有許多『婁山關』、『臘子口』需要征服，一切貪圖安逸、不願繼續艱苦奮鬥的想法都是要不得的，一切驕傲自滿、不願繼續開拓前進的想法都是要不得的」[2]。第三，偉大工程是有力保障，確保另外兩個「偉大」順利推進有堅強的領導核心。

---

1 習近平：〈中國特色社會主義是發展中國、穩定中國的必由之路〉，人民網，http://jhsjk.people.cn/article/27363497。

2 習近平：〈在紀念紅軍長征勝利 80 周年大會上的講話〉，人民網，http://jhsjk.people.cn/article/28798737。

無論是「偉大鬥爭」還是「偉大事業」，沒有中國共產黨的領導就會難以保證前進的方向，也無法保證推進的力度。習近平總書記多次強調，辦好中國的事情，關鍵在黨，「堅持和完善黨的領導，是黨和國家的根本所在、命脈所在，是全國各族人民的利益所在、幸福所在」。[1]

「三個偉大」日益融合成為一個系統整體，是每個「偉大」各自在理論與實踐中發展的結果，也是我們黨對實踐經驗不斷進行總結，從「兩個偉大」結合到「三個偉大」並舉，不斷進行理論創新的結果。2016 年黨的十八屆六中全會通過的《關於新形勢下黨內政治生活的若干準則》第一次把「三個偉大」並列提出，「為更好進行具有許多新的歷史特點的偉大鬥爭、推進黨的建設新的偉大工程、推進中國特色社會主義偉大事業，經受『四大考驗』、克服『四種危險』，有必要制定一部新形勢下黨內政治生活的準則」[2]。但是「三個偉大」成為一個系統整體，只是發展過程中的一個節點，隨著實踐的開展和認識的深化，必然產生進一步發展的要求。特別是，當前中國特色社會主義又站在一個新的發展起點上，如何統領這一系統整體未來的發展就成了一個迫切需要回答的理論問題。

理論應當成為實踐的先導，才能在新的起點上進一步指導實踐。「三個偉大」明確了堅持和發展中國特色社會主義的根本方向、基本手段和有力保障，將會把中國特色社會主義不斷推向前進，這時，與

---

1 習近平：《在慶祝中國共產黨成立九十五周年大會上的講話》，人民出版社單行本，第 22 頁。

2 〈關於新形勢下黨內政治生活的若干準則〉，新華網，http://news.xinhuanet.com/politics/2016-11/02/c_1119838382.htm。

「三個偉大」聯繫最密切的實現中華民族偉大復興的「中國夢」便提出了。

三、「三個偉大」的落腳點是實現「偉大夢想」

「中國夢」就是「實現中華民族偉大復興的中國夢，就是要實現國家富強、民族振興、人民幸福，既深深體現了今天中國人的理想，也深深反映了我們先人們不懈奮鬥追求進步的光榮傳統」。[1]由此可見，「中國夢」的提出具有深刻的理論基礎和現實背景。「中國夢」能夠成為統領「三個偉大」的目標，既是理論認識不斷深化也是實踐不斷發展的結果。

「偉大鬥爭」「偉大工程」「偉大事業」這「三個偉大」雖然相互支撐、緊密結合，能夠形成一個系統整體，但是還缺少一個明確的目標指引作為統領。中國特色社會主義是黨和人民的偉大事業，偉大事業需要偉大目標的引領才不會迷失方向，黨的建設的偉大工程，按照實現目標的要求完善自身才能把思想擺正，偉大事業和偉大工程在偉大鬥爭中推進，只有明確的目標定位才能使鬥爭更有效。因此，「三個偉大」要想進一步發展都需要一個目標指引，特別是作為一個整體，「三個偉大」與目標指引融為一體才能更有效地發揮系統功能。而這個目標指引就是實現中華民族偉大復興的「中國夢」。

首先，實現中華民族偉大復興的「中國夢」是中國共產黨人責無

---

1 習近平：〈習近平在十二屆全國人大一次會議閉幕會上發表重要講話〉，人民網，習近平系列重要講話資料庫，http://jhsjk.people.cn/article/20816352。

旁貸的歷史使命。中國共產黨一經成立，就把實現共產主義作為黨的最高理想和最終目標，義無反顧肩負起實現中華民族偉大復興的歷史使命，90 多年來，幾代中國共產黨人不忘初心，矢志不渝，領導中國人民從半殖民地半封建社會到民族獨立、人民當家作主，從高度集中的計劃經濟體制到充滿活力的社會主義市場經濟體制、從封閉半封閉到全方位開放，綜合國力大幅躍升，人民生活明顯改善，國際地位顯著提高，這意味著近代以來久經磨難的中華民族實現了從站起來、富起來到強起來的歷史性飛躍。習近平總書記多次強調，現在，我們比歷史上任何時期都更接近中華民族偉大復興的目標，比歷史上任何時期都更有信心、有能力實現這個目標。[1]

其次，實現中華民族偉大復興的「中國夢」具有很強的目標引領作用。實現中華民族偉大復興一直是我們黨的重要目標引領。黨的十五大對社會主義初級階段內涵的闡述提到，社會主義初級階段「是逐步縮小同世界先進水準的差距，在社會主義基礎上實現中華民族偉大復興的歷史階段」[2]。黨的十六大強調，「中國共產黨深深扎根於中華民族之中。黨從成立那一天起，就是中國工人階級的先鋒隊，同時是中國人民和中華民族的先鋒隊，肩負著實現中華民族偉大復興的莊嚴使命」[3]。可見，中華民族偉大復興的目標與使命是黨自成立以來始

1 習近平：〈在紀念紅軍長征勝利 80 周年大會上的講話〉，人民網，習近平系列重要講話資料庫，http://jhsjk.people.cn/article/28798737。
2 江澤民：〈高舉鄧小平理論偉大旗幟 把建設有中國特色社會主義事業全面推向二十一世紀〉，《人民日報》1997 年 9 月 22 日。
3 江澤民：〈全面建設小康社會 開創中國特色社會主義事業新局面〉，《人民日報》2002 年 11 月 18 日。

終不渝的追求。尤其是黨的十八大以來，以習近平同志為核心的黨中央把實現中華民族偉大復興的「中國夢」作為治國理政的目標追求，黨的所有理論和實踐都是圍繞著實現這個崇高奮鬥目標蓬勃開展的。「中國夢」是人民的夢，「中國夢是國家的、民族的，也是每一個中國人的」[1]「中國夢要實現國家富強、民族復興、人民幸福，是和平、發展、合作、共贏的夢，與包括美國夢在內的世界各國人民的美好夢想相通」[2]。「中國夢」把歷史、現實與未來聯繫起來，「中國夢凝結著無數仁人志士的不懈努力，承載著全體中華兒女的共同嚮往，昭示著國家富強、民族振興、人民幸福的美好前景」[3]，既承擔著中華民族的歷史使命，又承擔著當代中國改革與發展的使命，也承擔著未來中國發展走向的使命。「中國夢」豐富的內涵、廣泛的代表性，激勵每個人都為了實現美好夢想而奮鬥。

最後，實現中華民族偉大復興的「中國夢」已經成為「三個偉大」的理論與實踐指向。實現中華民族偉大復興的「中國夢」是「三個偉大」在實踐中一直遵循的發展方向，特別是隨著中國特色社會主義偉大事業的推進，這一目標指向越來越清晰。中國特色社會主義偉大事業推進的根本目的是為了國家富強、民族振興、人民幸福，因此「中國夢」與中國特色社會主義在本質上是統一的，「中國夢」就是中國特色社

---

1 〈習近平關於實現中華民族偉大復興的中國夢論述〉，人民網，http://jhsjk. people.cn/article/23756883。

2 〈習近平關於實現中華民族偉大復興的中國夢論述〉，人民網，http://jhsjk. people.cn/article/23756883。

3 〈習近平關於實現中華民族偉大復興的中國夢論述〉，人民網，http://jhsjk. people.cn/article/23756883。

會主義的目標指向。建設黨的新的偉大工程的根本目的還是為了確保我們的黨能夠帶領全國各族人民沿著中國特色社會主義道路前進而實現「中國夢」。進行具有許多新的歷史特點的偉大鬥爭歸根結底也是為了實現中華民族偉大復興的「中國夢」而進行的鬥爭。可以說，中國特色社會主義「偉大事業」如同一艘巨輪，「偉大鬥爭」是前進的動力，「偉大工程」是航行的安全保障，而「中國夢」就是航行的目的地，進行「偉大鬥爭」和建設「偉大工程」才能確保「偉大事業」順利到達目的地。

當然，實現中華民族偉大復興的「中國夢」，是長期、艱巨、複雜的任務，也必然需要「三個偉大」的支撐。實現「中國夢」不可能一帆風順，必然會遇到各種困難和問題、風險與挑戰，需要通過偉大鬥爭來克服；中國共產黨作為中國特色社會主義偉大事業的推進者、偉大鬥爭的主導者，必然會遇到來自自身和外界的各種考驗和危險，需要通過黨的建設新的偉大工程才能完成偉大使命；中國特色社會主義偉大事業是「中國夢」實現的基礎，沒有中國特色社會主義，「中國夢」就無從談起，更不用說實現，「中國夢」只有沿著中國特色社會主義方向才可能實現。

實現中華民族偉大復興的「中國夢」能夠統領「三個偉大」成為目標指向，既是理論發展的必然，也是順應實踐的結果。2017 年 7 月26 日，習近平總書記在省部級主要領導幹部專題研討班上發表重要講話時指出，黨的十九大報告要「明確宣示舉什麼旗、走什麼路、以什麼樣的精神狀態、擔負什麼樣的歷史使命、實現什麼樣的奮鬥目標」，[1]

---

1 〈高舉中國特色社會主義偉大旗幟　為決勝全面小康社會實現中國夢而奮鬥〉，《人民日報》2017 年 7 月 28 日。

而「偉大鬥爭」「偉大工程」「偉大事業」「偉大夢想」正是對這些問題做出的回答。在這次「7‧26」講話中，習近平總書記兩次提到了「四個偉大」，「在新的時代條件下，我們要進行偉大鬥爭、建設偉大工程、推進偉大事業、實現偉大夢想，仍然需要保持和發揚馬克思主義政黨與時俱進的理論品格，勇於推進實踐基礎上的理論創新」「黨要團結帶領人民進行偉大鬥爭、推進偉大事業、實現偉大夢想，必須毫不動搖堅持和完善黨的領導，毫不動搖推進黨的建設新的偉大工程，把黨建設得更加堅強有力」[1]。將「偉大夢想」作為目標指引提出的「四個偉大」，顯然不是機械地把「偉大夢想」加入「三個偉大」中，而是順應時代的呼喚，對黨和國家發展面臨的一系列重大根本問題的回答。

第三節　「四個偉大」的內涵、關係及意義

在黨的十九大上，習近平總書記代表黨中央，對「四個偉大」的內涵與關係、作用與意義等做了深刻的闡述。「四個偉大」明確了新時代我們黨的歷史使命，是決勝全面建成小康社會，奪取新時代中國特色社會主義偉大勝利，實現中華民族偉大復興中國夢的有力抓手，深刻理解「四個偉大」的內涵、關係及意義，對於學習貫徹十九大精神，深刻領會新時代中國特色社會主義思想的精神實質和豐富內涵具

---

1 〈高舉中國特色社會主義偉大旗幟　為決勝全面小康社會實現中國夢而奮鬥〉，《人民日報》2017 年 7 月 28 日。

有重要意義。

一、「四個偉大」的內涵

　　黨的十九大報告指出，「偉大夢想」即實現中華民族偉大復興，而要實現偉大夢想，必須進行偉大鬥爭、建設偉大工程、推進偉大事業。十九大報告還同時闡述了「四個偉大」的深刻內涵。

　　對於「偉大夢想」，習近平總書記在十九大報告中明確提出，「實現中華民族偉大復興是近代以來中華民族最偉大的夢想。中國共產黨一經成立，就把實現共產主義作為黨的最高理想和最終目標，義無反顧肩負起實現中華民族偉大復興的歷史使命」。[1]中華民族歷史悠久、文明輝煌，但近代以來由於內憂外患，一度淪為半殖民地半封建社會，歷經磨難。中國共產黨團結帶領人民經過 90 多年的艱苦奮鬥，實現了中華民族從站起來到富起來再到強起來的飛躍。黨的十八大以來，世界局勢動盪多變，國內形勢嚴峻複雜，以習近平同志為核心的黨中央，以巨大的政治勇氣和強烈的責任擔當，「提出一系列新理念新思想新戰略，出臺一系列重大方針政策，推出一系列重大舉措，推進一系列重大工作，解決了許多長期想解決而沒有解決的難題，辦成了許多過去想辦而沒有辦成的大事，推動黨和國家事業發生歷史性變

---

1 習近平：〈決勝全面建成小康社會　奪取新時代中國特色社會主義偉大勝利〉，《人民日報》2017 年 10 月 28 日。

革」[1]，中國特色社會主義進入了新時代，迎來了實現中華民族偉大復興的光明前景。今天，我們比歷史上任何時期都更接近、更有信心和能力實現中華民族偉大復興的目標。偉大夢想將要實現，偉大夢想必將實現，但行百里者半九十，全黨要有清醒的認識，拿出勇往直前、永不退縮的決心和勇氣，準備付出更為艱巨、更為艱苦的努力。

實現偉大夢想，必須進行偉大鬥爭。「社會是在矛盾運動中前進的，有矛盾就會有鬥爭。我們黨要團結帶領人民有效應對重大挑戰、抵禦重大風險、克服重大阻力、解決重大矛盾，必須進行具有許多新的歷史特點的偉大鬥爭，任何貪圖享受、消極懈怠、回避矛盾的思想和行為都是錯誤的。全黨要更加自覺地堅持黨的領導和我國社會主義制度，堅決反對一切削弱、歪曲、否定黨的領導和我國社會主義制度的言行；更加自覺地維護人民利益，堅決反對一切損害人民利益、脫離群眾的行為；更加自覺地投身改革創新時代潮流，堅決破除一切頑瘴痼疾；更加自覺地維護我國主權、安全、發展利益，堅決反對一切分裂祖國、破壞民族團結和社會和諧穩定的行為；更加自覺地防範各種風險，堅決戰勝一切在政治、經濟、文化、社會等領域和自然界出現的困難和挑戰。全黨要充分認識這場偉大鬥爭的長期性、複雜性、艱巨性，發揚鬥爭精神，提高鬥爭本領，不斷奪取偉大鬥爭新勝利」[2]。矛盾運動是發展的動力，我們黨向來都不回避矛盾，而是善於

---

1 習近平：〈決勝全面建成小康社會 奪取新時代中國特色社會主義偉大勝利〉，《人民日報》2017 年 10 月 28 日。

2 習近平：〈決勝全面建成小康社會 奪取新時代中國特色社會主義偉大勝利〉，《人民日報》2017 年 10 月 28 日。

運用唯物辯證法，堅持兩點論和重點論，批判性、革命性和創造性地解決矛盾。中國特色社會主義進入新時代，社會主要矛盾發生了轉化，站在歷史發展的新起點，面臨的矛盾和問題也前所未有。當前和今後一段時期正是我們的發展關鍵期、改革攻堅期、矛盾凸顯期，同時世界格局正在深度調整，競爭激烈、矛盾複雜。面對這些矛盾和問題，要求我們黨必須發揚鬥爭精神、提高鬥爭本領，團結帶領人民有效應對重大挑戰、抵禦重大風險、克服重大阻力、解決重大矛盾。

實現偉大夢想，必須建設偉大工程。「這個偉大工程就是我們黨正在深入推進的黨的建設新的偉大工程。歷史已經並將繼續證明，沒有中國共產黨的領導，民族復興必然是空想。我們黨要始終成為時代先鋒、民族脊梁，始終成為馬克思主義執政黨，自身必須始終過硬。全黨要更加自覺地堅定黨性原則，勇於直面問題，敢於刮骨療毒，消除一切損害黨的先進性和純潔性的因素，清除一切侵蝕黨的健康肌體的病毒，不斷增強黨的政治領導力、思想引領力、群眾組織力、社會號召力，確保我們黨永葆旺盛生命力和強大戰鬥力。」[1] 實現偉大夢想，需要黨團結帶領人民、緊緊依靠人民來完成。人民是實現偉大夢想的主體、黨是實現偉大夢想的核心。「堅持和完善黨的領導，是黨和國家的根本所在、命脈所在，是全國各族人民的利益所在、幸福所在。」[2] 管黨治黨不僅關係黨的前途命運，而且關係國家和民族的前途

---

1 習近平：〈決勝全面建成小康社會 奪取新時代中國特色社會主義偉大勝利〉，《人民日報》2017 年 10 月 28 日。

2 習近平：〈在慶祝中國共產黨成立 95 周年大會上的講話〉，《人民日報》2016 年 7 月 2 日。

命運，要肩負這一偉大歷史使命，黨自身始終過硬是必備的條件。當前世情、國情、黨情發生深刻變化，我們黨面臨著許多前所未有的新考驗和危險，黨的建設任務比以往任何時候都更加繁重，這就要求我們黨必須堅持不懈深入推進黨的建設新的偉大工程，提升黨的長期執政能力、保持先進性和純潔性，確保黨始終成為中國特色社會主義事業的堅強領導核心。[1]

　　實現偉大夢想，必須推進偉大事業。「中國特色社會主義是改革開放以來黨的全部理論和實踐的主題，是黨和人民歷盡千辛萬苦、付出巨大代價取得的根本成就。中國特色社會主義道路是實現社會主義現代化、創造人民美好生活的必由之路，中國特色社會主義理論體系是指導黨和人民實現中華民族偉大復興的正確理論，中國特色社會主義制度是當代中國發展進步的根本制度保障，中國特色社會主義文化是激勵全黨全國各族人民奮勇前進的強大精神力量。全黨要更加自覺地增強道路自信、理論自信、制度自信、文化自信，既不走封閉僵化的老路，也不走改旗易幟的邪路，保持政治定力，堅持實幹興邦，始終堅持和發展中國特色社會主義。」[2]改革開放以來，我們取得的所有成就，都是在堅持和發展中國特色社會主義的基礎上實現的，中國特色社會主義道路、理論體系、制度和文化是我們黨全部理論與實踐的主題與內容。在中國特色社會主義的道路上，我們國家不斷發展、人

---

1 董振華：〈擔當起中國共產黨的歷史使命〉，人民網，http://theory.people.com.cn/n1/2017/1106/c40531-29628755.html。
2 習近平：〈決勝全面建成小康社會 奪取新時代中國特色社會主義偉大勝利〉，《人民日報》2017 年 10 月 28 日。

民生活水準不斷提高，中華民族迎來了偉大復興的曙光。特別是黨的十八大以來，以習近平同志為核心的黨中央在理論與實踐中不斷發展與創新中國特色社會主義，在一系列重大成就的基礎上，黨和國家事業發生歷史性變革，中國發展處於新的歷史方位，中國特色社會主義進入新時代。歷史已經並還將繼續證明，只有中國特色社會主義才能發展中國。在新時代，我們黨必須牢牢把握中國發展的階段性特徵，牢牢把握人民群眾對美好生活的嚮往，提出新思路、新戰略、新舉措，繼續統籌推進「五位一體」總體佈局、協調推進「四個全面」戰略佈局，決勝全面建成小康社會，奪取新時代中國特色社會主義偉大勝利，為實現中華民族偉大復興的中國夢不懈奮鬥。

二、「四個偉大」的內在關係

習近平總書記在十九大報告中對「四個偉大」之間的關係進行了高度概括，指出「偉大鬥爭，偉大工程，偉大事業，偉大夢想，緊密聯繫、相互貫通、相互作用，其中起決定性作用的是黨的建設新的偉大工程。推進偉大工程，要結合偉大鬥爭、偉大事業、偉大夢想的實踐來進行，確保黨在世界形勢深刻變化的歷史進程中始終走在時代前列，在應對國內外各種風險和考驗的歷史進程中始終成為全國人民的主心骨，在堅持和發展中國特色社會主義的歷史進程中始終成為堅強領導核心」[1]。「四個偉大」成為具有緊密聯繫的有機整體，其中各

---

1 習近平：〈決勝全面建成小康社會 奪取新時代中國特色社會主義偉大勝利〉，《人民日報》2017 年 10 月 28 日。

個部分相互貫通、相互作用，其內在關係可進一步理解為：實現偉大夢想是進行偉大鬥爭、建設偉大工程、推進偉大事業的目標指引，進行偉大鬥爭是建設偉大工程、推進偉大事業、實現偉大夢想的基本手段，建設偉大工程是進行偉大鬥爭、推進偉大事業、實現偉大夢想的有力保障，推進偉大事業是建設偉大工程、進行偉大鬥爭、實現偉大夢想的根本方向。

（一）實現偉大夢想是進行偉大鬥爭、建設偉大工程、推進偉大事業的目標指引

實現中華民族偉大復興的偉大夢想是其他「三個偉大」的最終歸宿，也是推進各項工作的出發點和落腳點。中華民族偉大復興的中國夢，著眼於「幹成什麼」「擔負什麼樣的歷史使命、實現什麼樣的奮鬥目標」，成為黨的十八大以來，以習近平同志為核心的黨中央治國理政的一條主線，正是圍繞著這條主線，「四個全面」戰略佈局、「五位一體」總體佈局等各項重大方針政策得以協調有序推進。因此「偉大夢想」既是國家的、民族的，也是人民的，是歷史的、現實的，也是未來的，為我們的各項工作確定了目標、凝聚了共識、鼓舞了士氣。因此，「實現偉大夢想」成為總的目標指引，無論是進行偉大鬥爭、建設偉大工程，還是推進偉大事業，都要堅定不移地朝著這個目標邁進。

（二）進行偉大鬥爭是建設偉大工程、推進偉大事業、實現偉大夢想的基本手段

　　進行具有許多新的歷史特點的「偉大鬥爭」，回答的是「以什麼樣的精神狀態」推進其他「三個偉大」的問題。習近平總書記指出：「想一帆風順推進我們的事業，想順順當當實現我們的奮鬥目標，那是不可能的。可以預見，在今後的前進道路上，來自各方面的困難、風險、挑戰肯定還會不斷出現。」[1]在實現偉大夢想的道路上，無數艱難險阻正在等待著我們。想要有效應對重大挑戰、抵禦重大風險、克服重大阻力、解決重大矛盾，黨就必須強化鬥爭意識，隨時做好艱苦鬥爭的心理準備。偉大鬥爭首先著眼於「敢不敢於」鬥爭。鬥爭是客觀存在的，回避鬥爭無助於矛盾的解決。回顧歷史，中國共產黨的輝煌成就都是在鬥爭中取得的，黨在鬥爭中鍛煉、成長和成熟，當前鬥爭形勢依然嚴峻，敢不敢直面挑戰是對共產黨員品質的考驗。其次，偉大鬥爭著眼於「善不善於」鬥爭。要充分認識這場偉大鬥爭的長期性、複雜性、艱巨性，講方法、講策略，發揚鬥爭精神，總結吸取革命建設時期鬥爭的經驗教訓，提高鬥爭本領。十九大報告用「五個自覺」「五個堅決」闡述了偉大鬥爭的內涵，是堅決推進其他「三個偉大」的基本手段。

---

1 習近平：〈習近平在中央黨校建校 80 周年慶祝大會暨 2013 年春季學期開學典禮上的講話〉，人民網，習近平系列重要講話資料庫，http://jhsjk.people.cn/article/20656845。

（三）建設偉大工程是進行偉大鬥爭、推進偉大事業、實現偉大夢想的有力保障

　　黨的建設新的偉大工程在「四個偉大」中居於非常關鍵的位置。乍看起來，「偉大工程」並不回答舉什麼旗、走什麼路、以什麼樣的精神狀態、擔負什麼樣的歷史使命、實現什麼樣的奮鬥目標當中的任何一個問題，但黨的建設是確定這些工作的前提、推進這些任務的動力、實現這些目標的有力保障。黨是領導一切的，中國特色社會主義最本質的特徵是中國共產黨領導，中國特色社會主義制度的最大優勢是中國共產黨領導，黨是最高政治領導力量。習近平總書記指出：「進行具有許多新的歷史特點的偉大鬥爭，實現黨的十八大確定的各項目標任務，關鍵在黨，關鍵在人。關鍵在黨，就要確保黨在發展中國特色社會主義歷史進程中始終成為堅強領導核心。關鍵在人，就要建設一支宏大的高素質幹部隊伍。」[1]當前我們黨面臨的執政環境是複雜的，思想不純、組織不純、作風不純等影響黨的先進性、弱化黨的純潔性的因素還以各種複雜的形式存在著。黨要經受執政考驗、改革開放考驗、市場經濟考驗、外部環境考驗，應對精神懈怠危險、能力不足危險、脫離群眾危險、消極腐敗危險，只有「勇於直面問題、敢於刮骨療毒，消除一切損害黨的先進性和純潔性的因素、清除一切侵蝕黨的

---

1 〈高舉中國特色社會主義偉大旗幟　為決勝全面小康社會實現中國夢而奮鬥〉，《人民日報》2017 年 7 月 28 日。

健康肌體的病毒」[1]，才能確保黨永葆旺盛生命力和強大戰鬥力，我們黨才能帶領人民成功進行應對重大挑戰、抵禦重大風險、克服重大阻力、解決重大矛盾的偉大鬥爭，才能為中國特色社會主義偉大事業提供堅強的領導核心，偉大夢想的實現才有堅強的保障。

（四）推進偉大事業是建設偉大工程、進行偉大鬥爭、實現偉大夢想的根本方向

推進中國特色社會主義「偉大事業」回答了「舉什麼旗、走什麼路」的根本問題，具有舉旗定向的作用。中國特色社會主義進入新時代，我們黨將繼續堅持和發展中國特色社會主義，不走封閉僵化的老路，也不走改旗易幟的邪路，這是一切工作的原則和方向。「全黨必須高舉中國特色社會主義偉大旗幟，牢固樹立中國特色社會主義道路自信、理論自信、制度自信、文化自信，確保黨和國家事業始終沿著正確方向勝利前進。要牢牢把握我國發展的階段性特徵，牢牢把握人民群眾對美好生活的嚮往，提出新的思路、新的戰略、新的舉措，繼續統籌推進『五位一體』總體佈局、協調推進『四個全面』戰略佈局，決勝全面建成小康社會，奪取中國特色社會主義偉大勝利，為實現中華民族偉大復興的中國夢不懈奮鬥。」[2]這裡的高舉「一面偉大旗幟」，牢固樹立「四個自信」、提出「三個新」、推進「兩大佈局」，以決

---

1 習近平：<決勝全面建成小康社會 奪取新時代中國特色社會主義偉大勝利>，《人民日報》2017 年 10 月 28 日。
2 <高舉中國特色社會主義偉大旗幟 為決勝全面小康社會實現中國夢而奮鬥>，《人民日報》2017 年 7 月 28 日。

勝全面建成小康社會、奪取中國特色社會主義偉大勝利、實現中華民族偉大復興的中國夢，形成了圍繞中國特色社會主義「偉大事業」的目標、任務和方略，也將確保其他「三個偉大」沿著正確的方向前進。[1]

三、「四個偉大」的重大意義

習近平總書記在十九大報告中用「四個偉大」闡述了新時代中國共產黨的歷史使命，深化了對於中國特色社會主義進入新時代的認識，對於我們黨正在做的事情和將要做的事情在新的坐標系中給出了準確的定位。「四個偉大」面向未來，對於我們決勝全面建成小康社會，奪取新時代中國特色社會主義偉大勝利，對實現中華民族偉大復興的中國夢具有重大的指向作用和指導價值。

第一，有助於築牢新時代中國特色社會主義的理論根基。「四個偉大」是對中國改革開放和社會主義現代化建設實踐經驗的重要總結，是貫穿中國特色社會主義實踐進程的一條主線，同時也構成了十八大以來黨中央治國理政的總體框架。十八大以來，以習近平同志為核心的黨中央治國理政的主要思路和措施都體現在「四個偉大」中。「四個偉大」是習近平新時代中國特色社會主義思想的主線靈魂，集中概括新時代中國共產黨的使命與擔當。因此「四個偉大」不但是對中國革命與建設理論和實踐的歷史總結與理論歸納，也為未來的發展指明了目標、確定了方向、準備了手段、提供了保障。「四個偉大」

---

1 韓慶祥：〈深刻理解「四個偉大」的重要時代意義〉，人民網，http://theory.people.com.cn/n1/2017/0728/c40531-29435180.html。

是對中國特色社會主義未來發展戰略做出的頂層設計，有助於我們明確方向，抓住根本，更好地推進中國特色社會主義偉大實踐，實現中華民族偉大復興的偉大夢想。

第二，有助於築牢新時代中國特色社會主義的執政根基。中國共產黨領導是中國特色社會主義最本質的特徵，同時也是中國特色社會主義制度的最大優勢，因此堅持中國共產黨的領導才能為中國特色社會主義建設築牢執政根基。「四個偉大」的提出，更加明確地把黨的建設新的「偉大工程」與我們要推進的事業、如何推進、實現什麼目標統一起來，使黨的建設具有了更加清晰的系統規劃思路，而新時代堅持和發展中國特色社會主義也對黨的建設提出了更高的要求，唯有深入推進黨的建設新的「偉大工程」才是鞏固黨的執政基礎和群眾基礎的根本途徑。十九大報告指出，「黨要團結帶領人民進行偉大鬥爭、推進偉大事業、實現偉大夢想，必須毫不動搖堅持和完善黨的領導，毫不動搖把黨建設得更加堅強有力」[1]。通過「四個偉大」的戰略指引，必將有助於築牢新時代中國特色社會主義建設的執政根基。

第三，有助於築牢新時代中國特色社會主義的思想根基。現實中的鬥爭都有思想上的衝突，行為都有思想上的根源。因此築牢思想根基是採取正確行動、取得鬥爭勝利的根本方略。「偉大鬥爭」的關鍵在於認識鬥爭的本質、敢於鬥爭和善於鬥爭。中國特色社會主義進入新時代，我們將面對許多具有新的歷史特點的偉大鬥爭，「任何貪圖

---

1 習近平：〈決勝全面建成小康社會 奪取新時代中國特色社會主義偉大勝利〉，《人民日報》2017 年 10 月 28 日。

享受、消極懈怠、回避矛盾的思想和行為都是錯誤的」[1]。「四個偉大」的提出，更加明確了推進偉大事業、建設偉大工程、實現偉大夢想所要進行的鬥爭是什麼、如何進行這些鬥爭。「偉大鬥爭」的形勢是長期的、複雜的、艱巨的，只有發揚鬥爭精神，提高鬥爭本領，才能不斷奪取偉大鬥爭新勝利。通過「四個偉大」的戰略指引，將有助於全黨樹立和夯實服務於中國特色社會主義的思想根基，使全黨煥發出更加強大的戰鬥力，贏得中國特色社會主義新勝利。

第四，有助於築牢新時代中國特色社會主義的發展根基。新時代的中國特色社會主義在面向現代化、面向世界、面向未來的過程中更需要穩固的發展根基，這就離不開扎實推進偉大事業所取得的進展和成就。正所謂「基礎不牢，地動山搖」，如果中國特色社會主義偉大事業不能再攻堅克難，不能再顯示蓬勃的生命力，不能再沿著社會主義道路正確前行，那麼進入新時代的中國特色社會主義將成為「無源之水，無本之木」。「四個偉大」的提出明確了堅持和發展中國特色社會主義的總任務、總方略，有助於解決好新時代中國社會主要矛盾，堅持「五位一體」的中國特色社會主義事業總體佈局和「四個全面」戰略佈局等一系列任務要求，以更好更穩地扎實推進偉大事業，築牢新時代中國特色社會主義建設的發展根基。

「四個偉大」的提出，進一步明確了堅持和發展中國特色社會主義的目標、手段、保障和方向，在理論與實踐上築牢了中國特色社會主義不斷前進的理論根基、執政根基、思想根基、發展根基，這既是

---

1 習近平：〈決勝全面建成小康社會 奪取新時代中國特色社會主義偉大勝利〉，《人民日報》2017 年 10 月 28 日。

使命

我們黨勇擔歷史使命不負歷史使命的重要體現，又將確保我們黨能夠決勝全面建成小康社會，奪取新時代中國特色社會主義偉大勝利，實現中華民族偉大復興的中國夢！

進行偉大鬥爭——彰顯歷史使命

　　時代是思想之母，實踐是理論之源。我們現在進入了新的時代，在實現新「兩步走」發展目標的過程中，肯定會出現諸多棘手問題，需要面對諸多羈絆。為了中國特色社會主義建設事業的順利進行，為了既定目標的早日實現，我們仍需要拿出我們黨和全國人民具有的英勇鬥爭精神，同各種不合時宜的、阻礙歷史車輪滾滾向前的思想、觀點、行為進行一場具有諸多新的特點的偉大鬥爭，以掃除我們所進行的事業中出現的障礙與羈絆，為我們所要進行的偉大事業鋪平道路，乘勝前進。

使命

第一節　時刻堅信「進行偉大鬥爭」是中華民族的偉大品格

　　「社會是在矛盾運動中前進的，有矛盾就會有鬥爭。」[1] 勇於同各種困難、自然災害、不利環境和人為帶來的不正習氣、邪惡勢力、欺壓人民的剝削階級、特權階層做不妥協的、持久的、頑強的鬥爭，直至將其消除或消滅，是千百年來中華民族的顯著特徵、偉大品質和精神內核。正是具有這樣的優秀品質，中華民族在走向富強、民主、文明與內外部和諧的征程上，屢遇困難和障礙、艱難與險阻，都能通過頑強的鬥爭，將命運掌握在自己手裡，不斷為自己爭得光明的前途。

一、英勇鬥爭是中華民族的顯著特徵和精神內核

　　中華民族是一個勇於鬥爭的民族，這一精神貫穿於中華民族發展的始終。在人類的開始和蒙昧時期，由於人自身抵禦外界自然力量和災害的能力弱，所以，在強大的自然威力面前，人一般都處於被動適應，甚至無從適應的劣勢狀態。但是，即使是在那樣的狀況下，中華民族也沒有屈服於大自然，而是表現出了英勇的抗爭，甚至鬥爭精神。這可以從神話故事和歷史事實中得到驗證。

---

1 習近平：〈決勝全面建成小康社會　奪取新時代中國特色社會主義偉大勝利〉，《人民日報》2017 年 10 月 28 日。

一篇題為〈哈佛教授：中國人自己都不知道的一個民族特徵，卻讓他們屹立至今〉的文章廣受熱議。文中用中西傳說對比的方式說到，在西方的神話裡，火是上帝賜予的；希臘神話裡，火是普羅米修士偷來的；而在中國「鑽木取火」的神話裡，火是靠鑽木取火堅韌不拔摩擦出來的。其顯著差別就是中華民族善於與自然做鬥爭。面對末日洪水，西方人想到的是在諾亞方舟裡躲避，但在中國「大禹治水」的故事裡，是人戰勝了洪水，在與災難做鬥爭中取得了勝利。在中國的傳說故事「愚公移山」中，也是人搬掉擋住他們去路的大山，而不是西方神話中的聽從神的安排！在中國的神話故事「夸父追日」中，傳頌的是因為太陽太熱，就去追太陽，想要把太陽摘下來的鬥爭精神，在「后羿射日」中傳頌的是不屈服於十個滾滾烈陽炙烤的鬥爭精神，在「精衛填海」中頌揚的是一個精衛鳥想要靠自己的單薄之力把大海填平的抗爭精神，等等。這樣的神話傳說數不勝數，但是都貫穿了一個特質，那就是中華民族的精神內核和顯著特徵——不畏艱險、永不屈服，敢於和看起來難以戰勝的力量做英勇鬥爭的精神！正是這個精神，使歷經磨難的中華民族，沒有被一個接一個的苦難所打倒，仍然挺立於世界民族之林！

且不管這位大衛・查普曼教授是否確有其人，也不管上述故事中所敘述的事件是否真的發生過，但是這些神話故事卻是歷經幾千年靠人們世世代代的講述相傳下來的。之所以能口傳下來，不是故事情節有多精彩，而是其中蘊含的抗爭意識、鬥爭精神能鼓舞每一個身處逆境、面臨困難的人不放棄、不認輸，獲得奪取最終勝利的頑強鬥爭精神、堅強鬥爭意志。這才是中華民族最寶貴的偉大品格、精神基因，是我們的民族精神，是我們的信仰！這也是每一個重溫這些故事的人

心理能夠引起共鳴、矢志將其傳送給後代的根本原因。

如果說上述的神話傳說是人為杜撰、文學加工的產物，那麼從中國古代到近現代歷史上湧現出的一大批英雄人物，如戰國末期楚國政治家屈原、南宋抗金名將岳飛、明朝抗倭名將戚繼光、清末抗法將領馮子材、民族英雄林則徐，以及在 14 年反抗日本軍國主義侵略特別是 8 年全面抗戰的艱苦歲月中，湧現出的楊靖宇、趙尚志、左權、彭雪楓、佟麟閣、趙登禹、張自忠、戴安瀾等一批抗日英烈和八路軍「狼牙山五壯士」、新四軍「劉老莊連」、東北抗聯八位女戰士及國民黨軍「八百壯士」等眾多英雄群體[1]，不但確確實實存在，而且每一個人都用自己的英勇行動、感人事蹟，不斷地詮釋著中華民族英勇拼搏、頑強鬥爭的偉大品格和精神內核，感動著每一個中國人，一直為大家所頌揚。他們不但具有英勇的鬥爭精神，而且是正義的化身。他們能夠為了正義，為了人民的利益前仆後繼、頑強鬥爭，甚至毫不畏懼地付出自己的生命，這些英雄身上，充分展現了天下興亡、匹夫有責的愛國情懷，充分展現了視死如歸、寧死不屈的民族氣節，充分展現了不畏強暴、血戰到底的英雄氣概，充分展現了百折不撓、堅忍不拔的必勝信念。[2]

中華文明之所以上下五千年燦爛不熄，是因為英雄們將文明的聖火代代相傳；中華民族之所以歷經磨難仍然巍然屹立，是因為英雄們

---

1 習近平：〈在頒發「中國人民抗日戰爭勝利 70 周年」紀念章儀式上的講話〉，《人民日報》2015 年 9 月 3 日。
2 習近平：〈在頒發「中國人民抗日戰爭勝利 70 周年」紀念章儀式上的講話〉，《人民日報》2015 年 9 月 3 日。

用血肉之軀鑄就了堅不可摧的民族脊梁。習近平總書記曾指出,一切為中華民族擺脫外來殖民統治和侵略而英勇鬥爭的人,一切為中華民族掌握自己命運、開創國家發展新路的人,都是民族英雄,都是國家榮光,「包括抗日英雄在內的一切民族英雄,都是中華民族的脊梁,他們的事蹟和精神都是激勵我們前行的強大力量」。[1]

二、民主革命是中華民族英勇鬥爭精神的時代昇華

進入近代,我們國家的主要矛盾是帝國主義和中華民族的矛盾、封建主義和人民大眾的矛盾,所以人民的任務就是反帝反封建。在這一過程中,中國共產黨人領導中國人民,將抗爭的精神、鬥爭的勇氣上升為革命的行動,並取得了民主革命的勝利,實現了人民的徹底解放,這既是我們黨具有大無畏的鬥爭精神的寫照,也是我們黨的巨大政治優勢和特色。

新中國成立之後,毛澤東同志在回顧井岡山革命鬥爭的歷史時說,敵人是沒有人情味的,殘酷得很,一想到建立紅色政權犧牲了那麼多的好青年、好同志,就感到痛心。他們都是有堅定信仰有犧牲精神的好同志,犧牲時都只有二十多歲!井岡山鬥爭說到底是一場你死我活的階級鬥爭,是一場槍桿子青年運動。井岡山鬥爭高舉五四反帝反封建的大旗,進一步反剝削反壓迫,是在中國共產黨領導下五四青年運動的繼續和發展。井岡山鬥爭是偉大的,這些為革命犧牲的青年

---

1 習近平:〈在頒發「中國人民抗日戰爭勝利 70 周年」紀念章儀式上的講話〉,《人民日報》2015 年 9 月 3 日。

人是偉大的。[1] 隨後，在中國共產黨的領導下，經過土地革命、抗日戰爭、解放戰爭，終於消滅長期以來欺壓人民的帝國主義、官僚資本主義和封建地主等剝削階級，實現了人民的大翻身和徹底解放。

1957 年，毛澤東同志代表第一代中央領導集體莊嚴宣佈，剝削階級作為一個階級已經徹底消滅了，我們國內的主要矛盾已經是人民對於建立先進的工業國的要求同落後的農業國的現實之間的矛盾，已經是人民對於經濟文化迅速發展的需要同當前經濟文化不能滿足人民需要的狀況之間的矛盾，因此，中國人民的主要任務發生了變化，成為為解決人民日益增長的物質文化的需要而奮鬥。今天，階級鬥爭已經不再是我們的主要任務，但是，偉大的鬥爭還必須繼續進行、持續堅持、穩步推進，就是因為還有許多與我們的預期和要求不一致的現象、不良風氣、醜惡習俗甚至人為製造的困難和障礙還存在，而這些不良習氣和不好的風氣還有很大的市場，正在以各種不同的形式侵蝕、影響著我們的黨的形象和美好的東西。經過社會主義建設和改革開放，毛澤東同志曾經憂心的一些問題被解決、根除了，但是有些問題是受到長期的文化心理影響的，一旦現在的環境條件發生變化，或者適生的條件有了，有些被消滅掉的、潛藏在人心底的欲望、邪惡的東西又會死灰復燃，以原有的樣子或者變換個形式重新出現，這些現象的出現會影響、阻礙中國特色社會主義偉大事業的順利進行，為此，我們很有必要進行一場持久、大範圍、強力度、徹底不留死角的偉大鬥爭，以蕩滌社會上存在的污濁現象，掃除中國特色社會主義建

---

1 馬社香：《前奏——毛澤東 1965 年重上井岡山》，當代中國出版社 2006 年 10 月版，第 55-56 頁。

設過程中遇到的各種障礙。

三、進行新的偉大鬥爭是實現偉大夢想的現實需要

　　由於時代背景不同，所處的歷史階段也發生了重大變化，影響、阻礙社會歷史進程的因素亦大為不同。所以，當前鬥爭的對象和歷史任務同社會主義制度在中國建立初期大不一樣。「我國社會主要矛盾已經轉化為人民日益增長的美好生活需要和不平衡不充分的發展之間的矛盾」。[1] 社會主要矛盾之所以發生變化，是因為「我國穩定解決了十幾億人的溫飽問題，總體上實現小康，不久將全面建成小康社會，人民美好生活需要日益廣泛，不僅對物質文化生活提出了更高要求，而且在民主、法治、公平、正義、安全、環境等方面的要求日益增長。同時，我國社會生產力水準總體上顯著提高，社會生產能力在很多方面進入世界前列，更加突出的問題是發展不平衡不充分，這已經成為滿足人民日益增長的美好生活需要的主要制約因素」[2]。那麼，在當前和今後很長一段時間內，解決這一新的社會矛盾就是黨和全國人民的主要任務。

　　今天，中國正處在歷史大變革、結構大調整、格局大變動的新的歷史起點上，因此，我們所講的「偉大鬥爭」，與毛澤東同志在民主

1　習近平：〈決勝全面建成小康社會　奪取新時代中國特色社會主義偉大勝利〉，《人民日報》2017 年 10 月 28 日

2　習近平：〈決勝全面建成小康社會　奪取新時代中國特色社會主義偉大勝利〉，《人民日報》2017 年 10 月 28 日。

使命

革命時期和社會主義建設初期的偉大鬥爭，不管是在方式上，還是採取的措施上，或者是在性質上，都大為不同，其內容主要是指在建設中國特色社會主義偉大事業的進程中所面臨的「艱巨任務」「四種危險」「體制機制障礙」「利益固化藩籬」「突出的矛盾問題」和「挑戰、困難」等。這個「偉大鬥爭」，考驗的是我們黨在治國理政、朝著實現中華民族偉大復興宏偉目標進發的過程中，世界上人口最多國家的執政黨是否有該有的精神氣質、精神氣概和精神氣度的問題，其背後著眼的是「怎麼幹」的重大問題。所以，十八大以來，習近平總書記多次強調：「發展中國特色社會主義是一項長期的艱巨的歷史任務，必須準備進行具有許多新的歷史特點的偉大鬥爭。」[1]在黨的十九大上，習近平總書記又一次告誡全黨和全國人民：「必須認識到，我國社會主要矛盾的變化是關係全域的歷史性變化，對黨和國家工作提出了許多新要求。」「實現偉大夢想，必須進行偉大鬥爭。……我們黨要團結帶領人民有效應對重大挑戰、抵禦重大風險、克服重大阻力、解決重大矛盾，必須進行具有許多新的歷史特點的偉大鬥爭；全黨要更加自覺地堅持黨的領導和我國社會主義制度，堅決反對一切削弱、歪曲、否定黨的領導和我國社會主義制度的言行；更加自覺地維護人民利益，堅決反對一切損害人民利益、脫離群眾的行為；更加自覺地投身改革創新時代潮流，堅決破除一切頑瘴痼疾；更加自覺地維護我國主權、安全、發展利益，堅決反對一切分裂祖國、破壞民族團結和

---

1 〈習近平在中共中央政治局第一次集體學習時強調：深入學習宣傳貫徹黨的十八大精神〉，新華網，2012 年 11 月 18 日，http://news.xinhuanet.com/politics/2012-11/18/c_113714483.htm

社會和諧穩定的行為；更加自覺地防範各種風險，堅決戰勝一切在政治、經濟、文化、社會等領域和自然界出現的困難和挑戰。全黨要充分認識這場偉大鬥爭的長期性、複雜性、艱巨性，發揚鬥爭精神，提高鬥爭本領，不斷奪取偉大鬥爭新勝利。」[1]

可見，四個「重大」不但是在新時代新的歷史特點條件下進行偉大鬥爭的具體任務，而且是我們敢於鬥爭應有的精神狀態，更是我們要善於鬥爭時必須有的科學態度。四個「重大」中，每一個重的側重是有所不同的，結合起來，就構成了當前形勢下進行偉大鬥爭的清晰思路和目標任務：重大挑戰主要是國際安全挑戰，國內分裂主義、極端主義挑戰；重大風險主要是系統性金融風險；重大阻力主要是改革深水區要觸動的許多利益部門和部門利益；重大矛盾主要是一味向自然索取與自然的報復越來越尖銳的矛盾。社會主義是解決這些問題的金鑰匙，但是用好這把鑰匙，打開一把把複雜的鎖也並非易事。正因為艱難，才稱之為偉大鬥爭，也才能成就我們的偉大事業。[2]

由此可以看出，這種鬥爭是在任務艱巨、時空壓縮、結構調整、面臨困難，又有重大機遇的時代背景下的鬥爭。這種鬥爭，是在面臨重大命運抉擇、事關十三億人的福祉，乃至世界人民能否過上好日子的歷史重擔面前的鬥爭。這種鬥爭，既是展示自身具有的「強硬」精神狀態，又是一種在攻堅克難需要「自身硬」的實際行動重大

---

1 習近平：〈決勝全面建成小康社會 奪取新時代中國特色社會主義偉大勝利〉，《人民日報》2017 年 10 月 28 日。
2 劉德中：〈如何深入理解「四個偉大」〉，求是網，2017 年 08 月 14 日，http://www.71.cn/2017/0814/959926.shtml

壓力下奮起精神的鬥爭。這種鬥爭，是為了在我們的偉大事業進程中不出現顛覆性錯誤和事件，又能把堅硬的「鐵」真正打好、把我們正在進行的事業真正做好的內心自我的鬥爭。因此，為了在這場偉大鬥爭中永遠居於主導地位，發揮我們黨的引領作用，我們一定要「踏石留印、抓鐵有痕」，要具有「釘釘子」精神和「逢山開路、遇水架橋」精神，真正做到求真務實、真抓實幹、敢於擔當，這既是習近平總書記給我們指明的方向，也是對我們每個身處其中的「鬥士」提出的基本要求，更是對每個人的殷切希望。有以習近平同志為核心的黨中央的英明領導，有全國人民的團結一心，有世界人民的大力支持，相信我們是完全能夠在這場偉大鬥爭中取得巨大勝利的。

第二節　竭力完成「進行偉大鬥爭」的特定任務

在當前形勢下，進行偉大鬥爭面臨的任務很多，主要來說，在國內主要是同錯誤思想、固化利益、腐敗現象和分裂勢力做立場堅定、旗幟鮮明、堅決頑強的鬥爭，在外部主要是同霸權主義做針鋒相對、堅持不懈、不屈不撓的鬥爭。

一、同錯誤思想做針鋒相對的鬥爭

思想認識問題和觀點看法問題，都屬於意識的範疇。意識形態作為政黨、國家和民族的政治目標導向和社會價值追求，直接關係到舉什麼旗、走什麼路等重大政治方向問題。所以，習近平總書記多次強

調：「意識形態工作是黨的一項極端重要的工作」「能否做好意識形態工作，事關黨的前途命運，事關國家長治久安，事關民族凝聚力和向心力。」[1]

　　黨的十八大以來，習近平總書記就做好意識形態工作發表了一系列重要講話，涵蓋了新聞輿論、文藝創作、哲學社會科學、網路安全和資訊化、高校思想政治等各個方面，提出了一系列具有思想性、戰略性、前瞻性的重要理論觀點，深刻闡明新形勢下意識形態工作方向性、根本性、全域性的重大問題，如要把意識形態工作領導權和話語權牢牢掌握在手中，不斷鞏固馬克思主義在意識形態領域的指導地位，鞏固全黨全國人民團結奮鬥的共同思想基礎；做好意識形態工作，堅持以人民為中心的工作導向，堅持圍繞中心、服務大局，堅持團結穩定鼓勁、正面宣傳為主；要堅持馬克思主義在哲學社會科學領域的指導地位，加快構建中國特色哲學社會科學；用社會主義核心價值觀凝魂聚力，為中國特色社會主義事業提供源源不斷的精神動力和道德滋養；要尊重新聞傳播規律，創新方法手段，提高黨的新聞輿論傳播力、引導力、影響力、公信力；要堅持以人民為中心的創作導向，創作更多無愧於時代的優秀作品；要充分運用新技術新應用創新媒體傳播方式，佔領資訊傳播制高點；傳承和弘揚傳統文化的思想精華，對傳統文化進行創造性轉化、創新性發展；要堅持把立德樹人作為中心環節，把思想政治工作貫穿教育教學全過程，實現全程育人、全方位育人；要增強對外話語的創造力、感召力、公信力，講好中國故事，

---

1 〈習近平在全國宣傳思想工作會議上強調：胸懷大局把握大勢著眼大事，努力把宣傳思想工作做得更好〉，《人民日報》2013 年 8 月 21 日。

傳播好中國聲音，闡釋好中國特色等；做好意識形態工作，必須堅持全黨動手，各級黨委要嚴格落實意識形態工作主體責任，黨委主要負責同志要站在第一線；要樹立大宣傳的工作理念，把宣傳思想工作同各個領域的行政管理、行業管理、社會管理更加緊密地結合起來，形成強大合力等，帶領全黨開創了意識形態工作嶄新局面。

在黨的十九大上，習近平總書記又一次強調指出，因為「意識形態決定文化前進方向和發展道路」，必須「加強黨對意識形態工作的領導」「牢牢掌握意識形態工作領導權。」「落實意識形態工作責任制，加強陣地建設和管理，注意區分政治原則問題、思想認識問題、學術觀點問題，旗幟鮮明反對和抵制各種錯誤觀點。」「必須堅持馬克思主義，牢固樹立共產主義遠大理想和中國特色社會主義共同理想，培育和踐行社會主義核心價值觀，不斷增強意識形態領域主導權和話語權，推動中華優秀傳統文化創造性轉化、創新性發展，繼承革命文化，發展社會主義先進文化，不忘本來、吸收外來、面向未來，更好構築中國精神、中國價值、中國力量，為人民提供精神指引。」[1]

蘇東劇變後，中國成為世界上最大的社會主義國家，敵對勢力從未停止過嘗試在意識形態領域對中國進行顛覆。在當前經濟全球化、社會資訊化的時代背景下，各種思潮相互激盪、各種文化相互交融、各種觀念相互碰撞，以及外來文化的衝擊、不良風氣的影響，對中國的意識形態工作帶來了更大的挑戰，各種不正確的思想觀點甚囂塵上，嚴重影響著人們對一些思想觀點和黨中央帶領全國人民正在做的

---

1 習近平：〈決勝全面建成小康社會　奪取新時代中國特色社會主義偉大勝利〉，《人民日報》2017 年 10 月 28 日。

社會主義建設事業的正確判斷，使中國意識形態領域的情況更加複雜多變，如對於馬克思主義，出現了過時論、無用論、有害論的錯誤看法；對於中國特色社會主義，出現了對中國特色、科學社會主義的基本原則、中國特色社會主義的特點和規律認識不清晰等模糊見解；對於共產主義遠大理想，出現了渺茫論等錯誤認識；宣傳「人權高於主權」等。此外，還有拜金主義、利己主義、享樂主義、奢靡之風等不良習氣不斷蔓延，匪夷所思的社會現象層出不窮；許多人把高消費看作人生的追求，把擁有巨額金錢看作快樂的前提；修建廟宇、燒香拜佛，封建迷信盛行，嚴重衝擊社會主流意識形態；一些文化創作單位僅以營利為目的，文化產品完全被商品化，致使低俗文化氾濫，一批格調不高、不求美卻尚醜的娛樂節目佔據了黃金時間；一些學者著書立說只為博眼球、撈資本、爭名利，甚至依附於外來資本和政治勢力，成為影響社會和諧穩定的禍根。[1] 這些不正確的觀點、看法、行為，不健康的做法還有愈演愈烈之態勢，嚴重衝擊著主流意識，嚴重影響著人們的價值觀，危害很大。

　　錯誤的思想認識和觀點看法一旦為一個群體所認同，尤其在當前網路傳播速度快，一些人只願意看別人發過來的傳聞而不願花時間去辨析真偽的情況下，他們一般都會對其採取接納、認可的心態，而且在自己看完後又隨手一點，將這些不正確的觀點和不實之事大量轉發、傳播出去，使更多的人受到蒙蔽或誤導。如果對其引導不力、處理不當，或是聽之任之，就會產生嚴重的後果。

---

1 李燕：〈當前意識形態工作存在問題及對策研究〉，《中國浦東幹部學院學報》，2015 年第 8 期。

因此，必須深刻認識其危害，及時採取有效措施，予以防治。為了使社會主義意識形態更好地服務於中國特色社會主義市場經濟建設、先進文化建設、和諧社會建設與民主政治建設，就必須加強黨的執政能力建設，以提高黨對意識形態的領導意識、問題意識和創新意識。對於模糊的思想認識，中國共產黨要遵循意識形態工作的規律，即主要採取思想教育、明辨是非、以理服人的方式來進行；但是，對於那些有意歪曲、肆意攻擊黨的理論和思想的錯誤言論，必須堅持有理有利有節的原則，進行針鋒相對的鬥爭。

就如何做好意識形態工作，堅決同各種錯誤思想做針鋒相對的鬥爭，習近平總書記提出了許多行之有效的措施和具有全域指導意義的指示。（1）做好意識形態工作，要正確認識、處理黨性和人民性的關係。必須把體現黨的主張和反映人民心聲統一起來，堅持以人民為中心的工作導向，把黨的理論和路線方針政策變成人民群眾的自覺行動，及時把人民群眾創造的經驗和面臨的實際情況反映出來，豐富人民精神世界，增強人民精神力量。（2）做好意識形態工作，要弘揚主旋律、傳播正能量。高舉旗幟、引領導向，圍繞中心、服務大局，團結人民、鼓舞士氣，成風化人、凝心聚力，澄清謬誤、明辨是非，連接中外、溝通世界，使黨和政府主辦的媒體成為黨和政府的宣傳陣地，成為黨和人民的喉舌，體現黨的意志、反映黨的主張，維護黨中央權威、維護黨的團結，做到愛黨、愛國、愛人民，自覺抵制西方新聞觀等錯誤觀點影響，做黨的政策主張的傳播者、時代風雲的記錄者、社會進步的推動者、公平正義的守望者。（3）做好意識形態工作，必須堅持全黨動手。各級黨委要切實負起政治責任和領導責任，嚴格落實意識形態工作主體責任，加強對意識形態領域重大問題的分析研

判，加強對重大戰略性任務的統籌指導，推動重大部署、重要任務的落實。（4）做好意識形態工作，宣傳思想部門承擔著十分重要的使命，必須守土有責、守土負責、守土盡責。當前，思想輿論領域大致有紅色、黑色、灰色「三個地帶」。紅色地帶是我們的主陣地，一定要守住；黑色地帶主要是負面的東西，要敢抓敢管、敢於亮劍，大大壓縮其地盤；灰色地帶要大張旗鼓爭取，使其轉化為紅色地帶。（5）要增強陣地意識，加強陣地管理，重點要抓好理念創新、手段創新、基層工作創新；要保持思想的敏銳性和開放度，努力以思想認識新飛躍打開工作新局面；積極探索有利於破解工作難題的新舉措新辦法，充分運用新技術新應用創新媒體傳播方式，佔領資訊傳播制高點；把創新的重心放在基層一線，充實隊伍力量，改善工作條件，扎實做好抓基層、打基礎的工作。[1] 正是因為有以習近平為核心的黨中央周到、縝密的工作安排及全部部署，我們不但牢牢守住了陣地，也通過各種形式宣傳了我們的政策，擴大了影響，為中國特色社會主義建設營造了很好的輿論氛圍。所以，在「7·26」講話中，習近平總書記才可以放心地說，我們加強黨對意識形態工作的領導，鞏固了全黨全社會思想上的團結統一。我們也很有信心，在這場不見硝煙的「意識形態戰」中，我們是可以完勝的。

---

1 中共中央宣傳部：《習近平總書記系列重要講話讀本（2016年版）》。學習出版社、人民出版社2016年版，第193-197頁。

二、同固化利益做立場堅定的鬥爭

不管是我們黨帶領全國各族人民進行民主革命，以推翻剝削階級，實現人民的解放，讓人民站起來，還是進行社會主義建設，實現改革開放讓人民富起來，以至當前我們正在進行的偉大事業，以使整個中華民族強起來，其目的都是在生產資料公有的基礎上，通過大家的辛勤勞動，最終達到共同富裕。但是，在進行社會主義建設的過程中，一部分人相互勾結、利益交換，通過鑽政策的空子，或者利用體制機制的不完善，甚至通過灰色、黑色地帶及交易等方式，獲得了巨大的利益或者財富，形成了特殊的小團體利益。這些利益一旦形成，他們就要想方設法，甚至盡力通過干預政策的制定與完善、不惜扭曲政策的實施與執行、竭力製造輿論的場域和走向等方式，將自己的利益固化下來，形成既得利益集團，或者固化利益階層。既得利益集團、固化利益階層的出現，嚴重扭曲了社會的公平正義，侵佔人民的辛勤勞動所得，傷害人民的感情，離析社會的團結，甚至撕裂國家的完整，人為製造不團結、不和諧、不穩定因素，對這種現象必須做堅決的鬥爭，對這些集團和階層必須堅決剷除。

不管是哪一類人群，或哪一個利益集團或固化階層，他們都具有以下共有特點。第一，他們並不可能代表公共利益，也不代表現代工業文明，更不代表國際慣例，只代表小團體的權利和個人利益。第二，他們獲得利益的方式是非正常的，靠的不是正當競爭，而是非正常手段，有的是一些部門、行業通過行政壟斷獲得超額利潤，其中的成員將利潤轉化為個人收入和在職消費；有的是一些國家公職人員利用自己的資源配置權進行權錢交易，獲得不合理收入；有的是一些群體通

過營私舞弊、偷稅漏稅、製假售假、走私販私等非法手段攫取社會財富。第三，既得利益集團造成了社會福利的淨損失。經濟研究學告訴我們，行政壟斷因素造成福利的減少，按 GDP 計算，大約每年是 GDP 的 1%，中國應該更多。[1]

改革開放短短 30 多年，就快速出現了如此成形和規模的利益集團，他們是怎麼產生的呢？具體來說，有如下原因。

一是資源配置不公。從行業准入看，一些領域民營經濟進不去，而國有企業長期獲得壟斷利益，職工獲得超額報酬；從融資環境看，民營企業的直接融資困難，尤其是基本不能上市，而其間接融資的條件和交易費用也高於國有企業；從競爭環境看，民營企業在市場上要面臨更多的限制。

二是行政壟斷。金融、電信、電力、自來水、鐵路等行業，進入門檻高，通過行政手段獲得壟斷利潤，然後將利潤轉換為個人收入，有的國企領導還將企業消費、正常的業務費轉化為個人消費。據統計，2005 年電力、電信、石油、金融、保險、水電氣供應、煙草等行業的職工不到全國職工人數的 8%，但工資和工資外收入總額估算相當於當年全國職工工資總額的 55%。在世界移動通信業中，超過 10% 淨利潤的很少，像美國最大的移動通信企業，利潤率才 1%，而在中國卻達到 20% 以上。[2]

---

1 賈品榮：〈改革開放的既得利益集團給社會帶來的四大不公五大危害〉，《中國經濟時報》2008 年 12 月 12 日。
2 賈品榮：〈改革開放的既得利益集團給社會帶來的四大不公五大危害〉，《中國經濟時報》2008 年 12 月 12 日。

三是明規則缺失，潛規則必然盛行。如一些黨政官員入股煤礦，藥品審批與流通環節的交易，批發官帽，由非正常管道獲得政府的特許、配額、許可證，這些給權力部門和相關領域某些人帶來了高收入。潛規則的危害在於人們為了獲得個人利益，往往不再通過增加生產、降低成本的方法來增加利潤，相反，卻把主要精力用於公關上。[1]

四是法律監管不到位。利益集團的出現和形成，就是靠鑽了法律和政策的空子，他們有的還是政策的貫徹者和法律的實施者，對他們來說，一般群眾因為管道有限，監督不到，下級幹部和職工不敢監督舉報，同行或者同級別人員為了自己的利益也是睜隻眼閉隻眼，或者他們就是相互勾結在一起的利益共同體，這都助長了不合理現象的滋生與發展。

十八大以來，以習近平同志為核心的黨中央下大力氣懲治腐敗，查處違法犯罪，狠狠地打擊了利益集團和固化階層，但是仍有人頂風作案，逆向而行，說明了消除利益集團和固化階層，不是一蹴而就、短期內就可以解決的問題，這就使得改革具有了「刀刃向內」的性質，即自我批判、自我開刀、自我革命。在黨的十九大上，習近平總書記對解決利益固化問題，也提出了整治的方向和思路：「堅決破除一切不合時宜的思想觀念和體制機制弊端，突破利益固化的藩籬，吸收人類文明有益成果，構建系統完備、科學規範、運行有效的制度體系，

---

1 賈品榮：〈改革開放的既得利益集團給社會帶來的四大不公五大危害〉，《中國經濟時報》2008 年 12 月 12 日。

充分發揮我國社會主義制度優越性。」[1]

　　由於利益問題是最複雜最敏感的問題，因而向固化的利益藩籬宣戰必然帶來不小的壓力、風險和挑戰，只有勇敢者才能頂得住、扛得動。我們必須迎難而上，通過各種方式，消滅剷除利益集團，將勞動人民的所得還給勞動人民，還全民一個公平公正的社會環境。

三、同腐敗現象做堅決頑強的鬥爭

　　中國共產黨從誕生之日起，就把實現共產主義作為最高理想和最終目標，把全心全意為人民服務作為根本宗旨，這使我們黨與腐敗水火不容。無論是革命戰爭年代，還是社會主義建設和改革時期，反腐敗一直是我們黨始終堅持的鮮明政治立場。

　　在江西瑞金中央革命根據地時期，我們黨就非常重視反腐工作的開展。中央革命根據地歷史博物館現在還陳列有中央機關反貪污浪費鬥爭的總結、最高特別法庭審判熊仙壁的判決書，說明那個時期就對腐敗行為零容忍。在七屆二中全會上，毛澤東同志就卓有遠見地預測到了民主革命勝利後，我們的一些黨員幹部可能會出現鬥爭意志變弱，甚至被西化行為和方式打敗的危險──「可能有這樣一些共產黨人，他們是不曾被拿槍的敵人征服過的，他們在這些敵人面前不愧英雄的稱號；但是經不起人們用糖衣裹著的炮彈的攻擊，他們在糖彈面前要打敗仗。」提前對意志削弱、喪失鬥志、產生腐敗的思想和行為

---

1 習近平：＜決勝全面建成小康社會　奪取新時代中國特色社會主義偉大勝利＞，《人民日報》2017 年 10 月 28 日。

及時發出警示。改革開放後，針對我們黨內出現的腐敗現象，鄧小平同志多次發出警示：「要整好我們的黨，實現我們的戰略目標，不懲治腐敗，特別是黨內的高層的腐敗現象，確實有失敗的危險。」「要出問題，還是出現在共產黨內部。……這個黨該抓了，不抓不行了。」習近平總書記在主持十八屆中央政治局第一次集體學習時再次向全黨發出警示：「近年來，一些國家因長期積累的矛盾導致民怨載道、社會動盪、政權垮臺，其中貪污腐敗就是一個很重要的原因。大量事實告訴我們，腐敗問題越演越烈，最終必然會亡黨亡國！我們要警醒啊！」不同歷史時期，中國的主要領導人都對黨員幹部發出了警告，核心是防治腐敗，表達的是深切的歷史憂患意識。但是，就目前反腐的態勢來看，反腐敗還是一個長期需要抓緊抓好、絲毫不能放鬆的工作。因此，黨的十八大以來，以習近平同志為核心的黨中央著眼於全面從嚴治黨，以力挽狂瀾的氣魄和膽識，以猛藥去屙、重典治亂的決心，以刮骨療毒、壯士斷腕的勇氣，做出了堅決打贏反腐敗這場硬仗的戰略決斷，工作力度之大前所未有，取得成效之大有目共睹。中國共產黨第十八屆中央委員會第七次全體會議，非常重要的議題之一就是給予孫政才、黃興國、孫懷山、吳愛英、蘇樹林、王三運、項俊波、王建平、田修思、李雲峰、楊崇勇、莫建成開除黨籍處分，給予李立國、楊煥寧留黨察看兩年處分，給予張喜武撤銷黨內職務處分，說明了黨中央對反腐敗的力度和決心，不問身份和出身，只要是混跡於黨內的蛀蟲，只要是對黨的戰鬥力有破壞作用，對社會主義建設事業有害，就堅決消滅。在黨的十九大上，習近平總書記又一次強調了對腐敗的零容忍和堅持長期反腐的恒心：「勇於自我革命，從嚴管黨治黨，是我們黨最鮮明的品格。必須以黨章為根本遵循，把黨的政治

建設擺在首位，思想建黨和制度治黨同向發力，統籌推進黨的各項建設，抓住『關鍵少數』，堅持『三嚴三實』，堅持民主集中制，嚴肅黨內政治生活，嚴明黨的紀律，強化黨內監督，發展積極健康的黨內政治文化，全面淨化黨內政治生態，堅決糾正各種不正之風，以零容忍態度懲治腐敗，不斷增強黨自我淨化、自我完善、自我革新、自我提高的能力，始終保持黨同人民群眾的血肉聯繫。」[1]

腐敗變質是現代政治之癌，也是共產黨的天敵。從權力的本質來說，中國共產黨的一切權力都來自人民，只能用來為人民服務，因而一切腐化變質行為與中國共產黨的性質與宗旨都是格格不入的。必須承認，確有一小撮腐敗變質分子混跡于黨內，幹著權錢交易、貪污腐化等勾當，給黨的威信和形象帶來極大的損害。黨的十八大以來打「老虎」的經驗證明，一些腐敗分子還具有相當的抗拒能力，甚至在一定程度上給反腐敗工作帶來阻礙。因此，必須以極大的政治智慧和勇氣開展反腐敗工作，堅決打贏反腐敗這場攻堅戰和持久戰。

四、同分裂勢力做旗幟鮮明的鬥爭

社會主義社會各民族之間的團結，是中國民族關係的基本特徵和核心內容之一，是以中國共產黨的領導和黨的團結為特徵，以社會主義制度和祖國統一為基礎的，它是維持我們國家統一、穩定的根源，也是中國各族人民的追求和目標。為了實現全國各族人民的大團結，

---

[1] 習近平：〈決勝全面建成小康社會 奪取新時代中國特色社會主義偉大勝利〉，《人民日報》2017 年 10 月 28 日。

中國共產黨人曾經做出了艱辛的努力。

　　舊中國的民族關係是不平等的，民族之間的猜疑、隔閡、矛盾非常突出，許多民族內部也不團結。新中國的成立，徹底廢除了歷史上的民族壓迫和民族剝削制度，由此開創了中國民族關係的新紀元。

　　新中國成立後，為消除各民族之間的隔閡，黨和國家通過派出訪問團到民族地區訪問，組織邊疆少數民族各階層人士到內地參觀，解決少數民族群眾生產生活的實際困難，大力培養少數民族幹部，爭取和團結民族、宗教上層人士，有效疏通和改善了民族關係，增進了民族之間的信任和團結，增強了各民族對祖國的認同和熱愛。為了幫助少數民族實現平等權利和自治權利，黨和國家採取措施，消除歷史遺留的民族歧視的一切有形痕跡，開展民族識別、確認民族成分，建立民族自治地方，使少數民族以中華民族大家庭平等一員的地位登上歷史舞臺，實現了千百年來當家作主的夙願。同時，黨和國家在民族地區開展了民主改革和社會主義改造，使生活在原始公社制度、奴隸制度、封建農奴制度、封建地主經濟等眾多社會制度下的各民族，共同攜手走上了社會主義道路。這是中華民族歷史上劃時代的偉大變革，社會主義的新型民族關係由此開始形成，中國民族關係的性質實現了根本性變化。

　　今天，平等、團結、互助、和諧的社會主義民族關係在中國已經確立並不斷發展，各民族正為祖國大家庭的繁榮富強而共同努力。在當前黨中央提出全面建成小康社會、實現中華民族偉大復興的征程中，中國民族關係實現了新發展。習近平總書記多次強調：「民族團結就是各族人民的生命線。船的力量在帆上，人的力量在心上。做民族團結重在交心，要將心比心、以心換心。各民族同胞要手足相親、

守望相助，共同維護民族團結、國家統一。」[1]「像愛護自己的眼睛一樣愛護民族團結，像珍視自己的生命一樣珍視民族團結，像石榴籽那樣緊緊抱在一起。」「民族團結是各族人民的生命線，是新疆發展進步的根本基石，也是 13 億多中國人民的共同意志，要讓民族團結之花常開長盛。」[2]「全面建成小康社會，一個民族都不能少」「更好凝聚各民族智慧和力量」「努力創造各族群眾共居、共學、共事、共樂的社會條件」「緊緊圍繞全面建成小康社會目標，順應各族群眾新期盼，支援民族地區加快經濟社會發展。」[3]為中國民族關係的發展指明了前進方向。黨的十九大上，就維護祖國統一、民族團結，習近平總書記又一次強調指出：「更加自覺地維護我國主權、安全、發展利益，堅決反對一切分裂祖國、破壞民族團結和社會和諧穩定的行為。」「嚴密防範和堅決打擊各種滲透顛覆破壞活動、暴力恐怖活動、民族分裂活動、宗教極端活動。我們絕不允許任何人、任何組織、任何政黨、在任何時候、以任何形式、把任何一塊中國領土從中國分裂出去！」[4]

中國共產黨把實現各民族「共同團結奮鬥，共同繁榮發展」作為民族工作的主題，把構建各民族之間的平等、團結、互助、和諧關係

---

1 〈習近平總書記會見基層民族團結優秀代表時強調：中華民族一家親，同心共築中國夢〉，《人民日報》2015 年 10 月 1 日。

2 王晉、代玲、溫濟聰、吳秉澤：〈代表委員熱議習近平總書記關於民族團結的重要論述：共繪同心圓 共築中國夢〉，《經濟日報》2017 年 03 月 14 日。

3 〈全面小康「一個民族都不能少」——習近平總書記在會見基層民族團結優秀代表時的重要講話引起強烈反響〉，新華網，2015 年 10 月 03 日，http://politics. people. com. cn/n/2015/1003/c1001-27661022. html

4 習近平：〈決勝全面建成小康社會 奪取新時代中國特色社會主義偉大勝利〉，《人民日報》2017 年 10 月 28 日。

作為奮鬥的目標，順應少數民族群眾過上更好生活的新期待，制定一系列加快少數民族和民族地區發展的政策措施，不但很好地處理了漢族與民族之間的關係，促進了民族地區的經濟社會發展，也進一步鞏固了全國各族人民的大團結，增強了中華民族的凝聚力，在全國營造了各族人民和衷共濟、和睦相處、和諧發展的良好氛圍和美好場景。

但是，由於西方勢力的持續干涉、幕後操作和不斷拉攏，少數民族中的少部分人成了破壞民族團結、破壞國家安寧的罪人。20 世紀 80 年代末，在蘇聯解體、東歐劇變和世界民族主義浪潮洶湧的背景下，西方敵對勢力加緊利用民族、宗教問題對中國實施西化、分化。本世紀以來，隨著國際背景、國內形勢的變化，這些少數分子與境外勢力相勾結，不斷製造事端，對人民的生命和財產造成了很大損失，成為破壞國家統一、民族團結、人民正常生產生活的分裂勢力。

目前，中國的主要分裂勢力可以總結為「三股勢力」和「兩面人」（或「兩面派」），他們都是危害國家統一、民族團結、社會穩定的毒瘤所謂「三股勢力」，準確一點兒說，就是宗教極端勢力、民族分裂勢力和國際暴力恐怖勢力，「三股勢力」各自的表現形式雖有所不同，但本質並無根本不同。他們以宗教極端面目出現，以「民族獨立」為目的，一方面製造輿論，蠱惑人心，一方面大搞暴力恐怖活動，破壞社會安定。

進入 20 世紀 90 年代，國際局勢發生了重大變化。隨著東歐劇變和蘇聯解體，西方敵對勢力把「和平演變」的矛頭重點指向中國，企圖在邊疆少數民族地區尋找和打開突破口。「三股勢力」已成為危害國家安全和民族團結的最大威脅。對他們的本質看得越透徹，對他們的圖謀揭露得越充分，我們就越能保持清醒頭腦，統一思想認識，立

場堅定地打擊犯罪活動，維護法律尊嚴，恢復社會秩序。

所謂「兩面人」（或「兩面派」），是指說一套做一套，表面一套背後一套，對這個人說一套對另一個人又說一套，善於陽奉陰違，為了自己的私利和目的不擇手段，沒有做人的原則、做事的準則的一類人。中華民族是由 56 個民族組成的大家庭，堅決維護祖國統一、反對民族分裂，是中華民族的最高利益，民族團結是各族人民的生命線。因此，要敢於同分裂勢力和他們的幫兇形形色色「兩面人」做鬥爭，做祖國統一的保護者、民族團結的捍衛者、中華文化的傳承者、中國共產黨的跟隨者、中國特色社會主義的支持者。

五、同霸權主義做堅持不懈的鬥爭

中華人民共和國成立伊始，以美國為首的帝國主義國家對新中國敵視仇恨，實行孤立封殺政策，妄想把新中國扼殺在搖籃之中。站立起來的中國人民在中國共產黨的領導下，不信邪，不怕壓，不畏強暴，與以美國為首的帝國主義國家進行了堅決鬥爭，打破了帝國主義的封鎖，鞏固和發展壯大了中華人民共和國。隨後，中國同美蘇兩個超級大國進行了不屈不撓的鬥爭，對內爭得了國家主權的穩定和領土的完整，對外提高了中國的聲譽和影響，中國逐漸成為世界上反對霸權主義的重要力量，在處理國際事務中，開始「有所作為」，也逐漸發揮一個東方大國、負責任大國應有的作用。

本世紀以來，美國不斷東擴，不斷加劇與俄羅斯的摩擦；拉攏中國周邊國家，不斷挑起事端，給中國製造麻煩；在東邊與中國臺灣地區建立戰略合作夥伴關係，企圖通過臺灣實現它的國家戰略利益；在

東北亞，加強與日本的緊密聯繫，以及通過在韓國部署「薩德」等戰略武器，將韓國收買在自己的麾下，對中國的國家安全造成了嚴重威脅；在西邊和西南，支持「疆獨」「藏獨」勢力，扶持親信，屢次製造危及人民生命財產安全的事故；在東南，支持「港獨」「臺獨」勢力，妄圖牽制、阻礙我們的安全穩定、國家統一。此外，通過網路等方式，不斷輸出他們的價值觀，在中國的各個領域，培植自己的親信，其目的很明確，就是阻礙中國經濟高速發展、社會和諧穩定、人民安居樂業，尤其是懼怕中國在國際上聲譽的不斷提升和地位的不斷提高，衝擊了美國在國際上的地位。

一些學者從「新權力轉移理論」的角度分析了「中國崛起」對世界格局帶來的重大影響，「中國崛起」對美國擁有的世界絕對權力以及中、美之間關係的影響。他們普遍認為，隨著中國經濟等實力的不斷增長，中國已經對美國在世界的權力地位構成了挑戰。中國經濟的快速發展及經濟總量的不斷增加、在世界排名的直線上升，與美國總量的不斷靠近，使得歐美等國的學者認為，舊的世界權力格局已被中國打破，世界權力格局已經出現由美、中共同主導的新特點和新態勢，即「平行架構」新格局。這一新的形勢和狀況是美國、日本等國所不願意看到的，他們不斷運用各種手段，繼續施展其所憑藉的經濟、政治、輿論、價值觀，乃至軍事手段，發展其霸權主義攻勢。

美國總統特朗普繼續加緊對世界事務、其他國家，以及我們國家事務的干涉。美國的領導人之所以這麼做，其目的還是國家利益、民族利益，保護的是資產階級的利益，以確保他們能最大限度地攫取剩餘價值，利用經濟全球化發展趨勢，憑藉其在經濟、科技、金融等領域裡的優勢，在世界各地加緊進行滲透和擴張，控制別國的經濟命

脈，是美國霸權主義的新發展、新手法。在國際經濟交往中，美國違背平等互利的原則，動輒對別國進行經濟制裁，大搞貿易保護主義；美國利用美元的獨特地位，控制世界金融體系，力圖為美國的壟斷資本謀求超額利潤，大搞金融霸權主義，給其他國家和地區製造了嚴重的危機。因此，我們必須堅決反對美國等西方國家的做法，必須堅決與他們掀起來的霸權主義做不懈的鬥爭。

我們黨不但提出堅決反對各種形式的霸權主義、強權政治、恐怖主義，還提出了「各國人民同心協力，構建人類命運共同體，建設持久和平、普遍安全、共同繁榮、開放包容、清潔美麗的世界」的目標。為實現此目標，習近平總書記在黨的十九大上指出，世界各國「要相互尊重、平等協商，堅決摒棄冷戰思維和強權政治，走對話而不對抗、結伴而不結盟的國與國交往新路。要堅持以對話解決爭端、以協商化解分歧，統籌應對傳統和非傳統安全威脅，反對一切形式的恐怖主義。要同舟共濟，促進貿易和投資自由化便利化，推動經濟全球化朝著更加開放、包容、普惠、平衡、共贏的方向發展。要尊重世界文明多樣性，以文明交流超越文明隔閡、文明互鑑超越文明衝突、文明共存超越文明優越」。「世界命運握在各國人民手中，人類前途繫於各國人民的抉擇。中國人民願同各國人民一道，推動人類命運共同體建設，共同創造人類的美好未來！」[1]這正是習近平總書記給我們指明的在處理國際事務，反對霸權主義，構建人類命運共同體時應有的方向和目標、思路和措施。

---

[1] 習近平：〈決勝全面建成小康社會 奪取新時代中國特色社會主義偉大勝利〉，《人民日報》2017 年 10 月 28 日。

第三節　必須堅持「進行偉大鬥爭」的原則立場

從一定意義上說，我們「進行偉大鬥爭」，應以理性態度去科學釐清對象的邊界問題，把握其與相關對象的本質區別，進而揭示出對象的特殊規定性。因此，區分與劃清「進行偉大鬥爭」的邊界與底線，避免片面理解和歪曲解讀「進行偉大鬥爭」的真正含義，是十分必要的。

一、必須堅持「進行偉大鬥爭」的原則和底線

進行具有許多新的歷史特點的「偉大鬥爭」，不是要搞革命年代疾風驟雨式的武裝鬥爭，不是要搞社會主義建設初期大規模的群眾運動，而是以始終遵循社會發展規律、始終維護人民根本利益、始終堅持黨的宗旨與使命為前提的，是在民主和法治軌道上展開的鬥爭，是在維護正常社會秩序前提下展開的鬥爭。因此，黨的十八大以來，以習近平同志為核心的黨中央全面推進依法治國，把黨和國家工作納入法治軌道，堅持依靠法治手段解決各種複雜的經濟社會難題，堅持運用法治手段來開展偉大鬥爭，有效保障了社會生活的和諧有序。

二、必須堅持「進行偉大鬥爭」的堅定人民立場

總體上看，目前中國已進入了從主要解決「發展起來」的問題，

到既要解決「發展起來」的問題又要解決「發展起來以後」的問題的階段。解決「發展起來」的問題與解決「發展起來以後」的問題，任務是無比艱巨複雜的。當其中的風險和挑戰主要以人民內部矛盾的形式顯現的時候，要講究方法和藝術，和風細雨地做潤物無聲的工作；當這些風險和挑戰以敵我矛盾的形式露頭的時候，也要明確邊界和底線，做好鬥爭的準備。

進行「偉大鬥爭」並不是挑起群眾鬥群眾，在群眾中製造矛盾和紛爭，恰恰是為了維護最廣大人民群眾的根本利益而開展的，因而是有立場的鬥爭。

馬克思主義始終認為，人民是歷史的創造者，人民群眾中蘊藏著偉大的力量；黨的力量在人民，根基在人民，血脈在人民。要想打贏「具有許多新的歷史特點的偉大鬥爭」，必須堅守為了人民的基本立場，把人民放在心中最高位置，緊緊依靠廣大人民群眾。

三、必須堅持「進行偉大鬥爭」的靈活方法

鬥爭既包括使用暴力手段的劇烈鬥爭，也包括使用批評和自我批評所開展的鬥爭。有無認真的批評和自我批評，是中國共產黨和其他政黨互相區別的顯著標誌之一。由於我們在「進行偉大鬥爭」時，面對的是形形色色的鬥爭對象，既有國內的，也有國外的；既有敵我矛盾性質的，又有人民內部矛盾屬性的；既有歷史原因造成的，又有當前因素誘發的；既有單純的經濟案件，又有經濟政治相互攪和在一起的複雜情況；既有情節比較輕微的，又有情節嚴重、對國家和人民的財產造成重大損失，罪大惡極的；既有國內的民族勢力和宗教分子，

又有所謂不同政見者，等等。因此，要針對不同的對象採取行之有效的不同方式和方法，針對不同的矛盾與問題必須進行具體分析。

四、必須堅持「進行偉大鬥爭」的目的是為了和平和諧

今天，世界格局面臨新調整，經濟全球化存在新變數，國際政治經濟格局出現了新的不確定性。作為一個深度參與經濟全球化的大國，中國越發展壯大，面臨的外部風險也就越多。未來一個時期是中國和世界關係深度磨合、調整適應的敏感時期，必然導致合作之中有競爭、競爭之中有合作的複雜形勢，而競爭必然包含著鬥爭。對此，我們必須強化憂患意識，做好鬥爭的思想準備。但是，我們必須明白，鬥爭不是目的，只是手段，其目的還是為了保持國內社會的和諧與穩定，國家之間的和平與合作。

習近平總書記強調，「和平、和睦、和諧的追求深深植根於中華民族的精神世界之中，深深融入在中國人民的血脈之中」。因此，在新時期開展偉大鬥爭時，千萬不能忘記鬥爭的根本目的。就國內來講，通過開展同錯誤思潮、固化利益、腐敗現象、分裂勢力的偉大鬥爭，營造安定有序和諧的社會環境，凝聚起全黨全軍全國各族人民的智慧與力量，為實現「兩個一百年」奮鬥目標和中華民族偉大復興的中國夢創造有利條件。就國際來講，通過開展同錯誤思潮、西方滲透、分裂勢力、霸權主義的偉大鬥爭，創造出安定、和平、友好的國際環境，以利於充分發揮中國作為一個負責任大國的重要作用，以利於積極推動人類追求和平與發展的崇高事業。

第三章

建設偉大工程——激發磅礴力量

中國共產黨是一個非常重視加強自身建設的黨。根據變化了的形勢和不斷出現的新的挑戰，適時地採取有效方式，加強自身建設，不斷提高自身的凝聚力、戰鬥力，永葆生機和活力，是我們黨的鮮明特色和政治優勢，也是我們黨激發磅礴力量，贏得人民信任，帶領人民由勝利走向勝利的最好方式。我們進入了新的時代，將要面臨更為艱巨的挑戰，就更需要不斷加強和推進黨的建設這一偉大工程，這也是習近平總書記在黨的十九大上將其作為「四個偉大」之一提出，並不斷強調的緣由。

第一節　深刻領會「建設偉大工程」的重大意義

　　習近平總書記強調，進行偉大鬥爭、推進偉大事業、實現偉大夢想必須毫不動搖地堅持和完善黨的領導，毫不動搖地推進黨的建設新的偉大工程。而「這個偉大工程就是我們黨正在深入推進的黨的建設新的偉大工程」。歷史和實踐已經並將繼續證明，黨的領導是我們取得民主革命勝利的核心力量，「沒有中國共產黨的領導，民族復興必然是空想」[1]，這也是社會主義建設、改革開放取得巨大成就的秘訣所在。中國共產黨這樣一個堅強有力的黨的領導是中國的最大政治優勢，是我們的各項事業順利推進的重要保證。因此，隨著世情、國情、黨情的變化，黨面臨著許多前所未有的新考驗，黨要以自我革命的政治勇氣，不斷增強黨自我淨化、自我完善、自我革新、自我提高的能力，才能經受「四大考驗」，克服「四種危險」，確保自己永遠居於領導中國人民進行經濟社會建設、實現中華民族偉大復興的核心地位。因此，進行黨的建設，加強黨的領導，著力建設好這一偉大工程，功在當代，利在千秋，意義極為重大。

---

1 習近平：〈決勝全面建成小康社會　奪取新時代中國特色社會主義偉大勝利〉，《人民日報》2017 年 10 月 28 日。

一、能夠有力形成堅強領導核心

　　不管是民主革命時期，還是社會主義建設時期，以至今天我們一直大力推行的改革開放，我們所設想的、籌畫的、確定的事業之所以能在面臨各種艱難險阻的情況下都取得偉大成功、巨大成就，就是因為我們在民主革命時期開始締造了一個堅強的領導核心──中國共產黨，並在社會主義建設的過程中和改革開放面臨來自各方考驗的背景下不斷加強這個領導核心的建設。這既是我們的寶貴經驗，也是我們的巨大政治優勢。

　　1965 年 5 月，毛澤東同志在闡發井岡山精神時指出。支部建在連上，黨的力量加強了，自覺接受群眾監督，實行政治民主，保證我們黨不脫離群眾。毛澤東同志的一番話，既說明了我們的民主革命、社會主義建設要靠黨的堅強領導，也說明了加強黨的建設、不斷總結歷史經驗，把這個領導核心打造得更為強大的重要性。隨後，他還以蘇聯出現的問題為鑑，明確指出了蘇聯共產黨戰鬥力下降、逐漸喪失民心的根本原因就是蘇共內部出現的「特權階層」：「經過這一系列的變動，蘇聯特權階層控制蘇聯黨政和其他重要部門。」「這個特權階層，把為人民服務的職權變為統治人民群眾的特權，利用他們支配生產資料和生活資料的權力來謀取自己小集團的私利。」「這個特權階層，侵吞蘇聯人民的勞動成果，佔有遠比蘇聯一般工人和農民高幾十倍甚至上百倍的收入。他們不僅通過高工資、高獎金、高稿酬以及花樣繁多的個人附加津貼，得到高額收入，而且利用他們的特權地位，營私舞弊，貪污受賄，化公為私。他們在生活上完全脫離了蘇聯勞動人民，過著寄生的腐爛的資產階級生活。」「這個特權階層，思想上已

經完全蛻化，完全背離了布爾什維克黨的革命傳統，拋棄了蘇聯工人階級的遠大理想。他們反對馬克思列寧主義，反對社會主義。他們自己背叛革命，還不准別人革命。他們唯一的考慮，是如何鞏固自己的經濟地位和政治統治。」[1]

　　毛澤東同志在幾十年前的這一番談話，具有遠見性，在今天看來，能夠具有重大現實意義，那就是防止特權階層的出現削弱黨的戰鬥力，拉遠與人民群眾距離。在黨的建設和懲治腐敗問題上，習近平總書記提出的「刮骨療傷」的思路、「抓鐵有痕」的力度，就是要建設一個充滿正氣、補足缺陷、壓制邪氣、心繫人民、勇於擔當、具有凝聚力和戰鬥力的全國人民的主心骨、實現人民訴求和願望的堅強領導核心。在習近平總書記提出的「打鐵還需自身硬」的思想主導下，廣大黨員牢固樹立「四個意識」，堅決維護黨中央權威，堅決服從黨中央集中統一領導，在思想上政治上行動上同以習近平為核心的黨中央保持高度一致，堅定不移推進全面從嚴治黨，「消除一切損害黨的先進性和純潔性的因素，清除一切侵蝕黨的健康肌體的病毒」，[2]不斷懲腐肅貪、激濁揚清，牢牢把握中國發展的階段性特徵，牢牢把握人民群眾對美好生活的嚮往，保持黨始終同人民想在一起、幹在一起，以立足中國實際、順應人民期待的大政方針引領發展，以馬克思主義中國化最新成果凝心聚魂，以富有感召力的奮鬥目標匯聚力量，帶領

1　馬社香：《前奏——毛澤東 1965 年重上井岡山》，當代中國出版社 2006 年版，第 171—174 頁。

2　習近平：〈決勝全面建成小康社會 奪取新時代中國特色社會主義偉大勝利〉，《人民日報》2017 年 10 月 28 日。

人民闖難關、越天塹，奮力開闢新天地、邁向新征程、創造新奇跡，「不斷增強黨的政治領導力、思想引領力、群眾組織力、社會號召力，確保我們黨永葆旺盛生命力和強大戰鬥力」，[1] 真正使中國共產黨成為中國特色社會主義事業的領導核心，成為民族復興偉業的領航者。

二、能夠重樹黨的形象與威信

執政黨的威信事關人心向背，事關國家和民族的興衰。「大量事實告訴我們，腐敗問題越演越烈，最終必然會亡黨亡國！」習近平總書記上任伊始就向全黨發出了振聾發聵的警告。隨後，以習近平同志為核心的黨中央帶領中國共產黨以無私的鬥爭精神，開啟了一場自我革命、自我再塑的偉大工程。鐵腕反腐、凝心聚魂、正風肅紀、堅毅擔當。在革命性鍛造中，新時代黨的面貌發生了前所未有的變化。短短 5 年來，全國共立案審查省軍級以上黨員幹部及其他中管幹部 440 人。其中，十八屆中央委員、候補中央委員 43 人，中央紀委委員 9 人。勇於自我革命，從嚴管黨治黨，中國共產黨這一最鮮明的品格，正獲得越來越多的讚譽，也大大增強了黨的凝聚力、戰鬥力和領導力、號召力。新形勢下，提出進行偉大鬥爭、建設偉大工程、推進偉大事業、實現偉大夢想的目標，向全國人民展示了黨要幹什麼、為誰而幹的重大問題，高揚了黨的宗旨，凝聚了廣大人民，鼓舞了超強民氣，重樹了黨的形象，提高了黨的威信。

---

1 習近平：〈決勝全面建成小康社會 奪取新時代中國特色社會主義偉大勝利〉，《人民日報》2017 年 10 月 28 日。

使命

　　黨的十八大以來，黨中央推出一系列重大戰略舉措，出臺一系列重大方針政策，推進一系列重大工作，解決了許多長期想解決而沒有解決的難題，辦成了許多過去想辦而沒有辦成的大事，人民群眾的獲得感幸福感顯著提升。我們正行進在民族復興的征途上，仍舊需要繼續保持實幹的精神和奮鬥的姿態，面對重大挑戰、重大風險、重大阻力，仍需要我們黨沖在前面，為人民群眾排憂解難。不管是十八大以來我們黨毫不動搖地推進自身建設新的偉大工程的實際行動，還是我們黨堅持不懈地提高和完善治國理政水準的政策方略；不管是在黨的十九大上我們黨站在更高的起點上制定的最新目標，還是為了加快中華民族偉大復興目標所採取的各項措施，都體現出了我們以人民為中心的堅定立場、時刻為人民著想的本真用意，以及全心全意為人民的最高價值追求。這些舉措一次又一次地贏得了民心，鼓起了民氣，展示了自己的風格，樹起了自己的形象和威信。

　　鄧小平同志曾經指出：「任何一個領導集體都要有一個核心，沒有核心的領導是靠不住的。」像我們這樣的大國大黨，一定要有一個最有威信、最有影響、最有經驗的領袖作為核心。習近平同志成為黨中央的核心、全黨的核心，是我們黨的鄭重選擇、人民的鄭重選擇，是眾望所歸、實至名歸。以習近平同志為核心的黨中央帶領全黨全國人民開新局、譜新篇，使黨和國家事業發生歷史性變革，各個方面都發生了天翻地覆的變化，取得了偉大的成就。我們必須把堅決維護習近平同志的核心地位作為最大的政治、最大的大局和首要的紀律，思想上高度信賴核心，感情上衷心愛戴核心，政治上堅決維護核心，組織上自覺服從核心，行動上始終緊跟核心，使維護核心成為思想自覺和實際行動，從而不斷增強黨的威信，推動中國特色社會主義偉大事

業不斷前進。[1]

三、能夠產生巨大的社會經濟效應

　　進行黨的建設偉大工程，表面上看起來，是作為我們國家的執政黨的中國共產黨加強自身建設，提高自己的戰鬥力、公信力和威望，提高自己治國理政的能力，贏得人民的擁護和支持。中國共產黨加強自身建設，除了能取得上述這些實效之外，還能產生直接的、重大的社會經濟效益。對此，我們看看《人民日報》的兩篇報導，就會對其有極為深刻的理解。

　　第一篇報導是〈「有了全面從嚴治黨，我們才起死回生」——對一基層單位全面從嚴治黨的樣本分析〉[2]。這篇報導不但回應了社會上一些別有用心之人的觀點——「全面從嚴治黨會影響經濟發展」，而且還以鐵的事實說明了，全面從嚴治黨不但不會影響經濟發展，反而會促進經濟發展，還會產生巨大的社會經濟效應！

　　20 世紀八九十年代，四平市科研院曾是全市效益最好的生產性事業單位和納稅大戶，是「很多人擠破頭想進去的好單位」。2001 年工資改革前，科研院人均月薪已達 2000 多元，高出政府機關一倍多。但就是這樣一個「肥得流油」的科研單位，由於先後兩任院長和一批幹部的前「腐」後繼，厚實的家底在短短 10 年間被揮霍一空。領導

---

1 余謂之：〈不斷增強黨的威信〉，《人民日報》2017 年 10 月 9 日。
2 王方傑、侯雲晨、郭牧龍：〈「有了全面從嚴治黨，我們才起死回生」——對一基層單位全面從嚴治黨的樣本分析〉，《人民日報》，2017 年 10 月 9 日。

貪腐、家底敗光、歪風盛行、人心渙散，科研院終於陷入長期停產停工，負債 8000 餘萬元，職工的社保、醫保和工資都無錢發放，領導卻富得流油，還在繼續搜刮。職工開始上訪。截至 2016 年年初，上訪者先後到市、赴省、進京上訪近 400 次。

對此狀況，四平市委、市政府決定進行整治。經過調研和部署，一記記反腐重拳砸向了科研院的腐敗黑幕：2016 年 5 月，將已調離科研院兩年的原院長董衛東「雙規」；8 月，將原院長程曉民留黨察看、撤職，科研院原班子除一人外全部撤職，22 名中層幹部全部撤職；9 月，將科技局原局長調離、駐局紀檢組長勒令辭職……先後「雙規」並移送司法 1 人，正式批捕 4 人，黨紀政紀處理 10 餘人，追回貪污挪用款項 1000 餘萬元。經過治理整頓，領導帶頭、黨員爭先、職工奮發有為，歷經磨難的科研院邁開了鳳凰涅槃的堅實腳步。截至 2017 年 8 月，科研院銷售回款 457 萬元，沖抵企業債務 210 萬元，總計實現經濟效益 667 萬元。

吉林省四平市科學技術研究院前後兩個局面、兩種狀況的鮮明對比使時任市委書記趙曉君體會深刻、感觸良多：「同樣是一批人，一年時間發生這麼大的變化，充分說明只要黨風正，群眾就會一心一意跟著走，有了群眾支持，我們什麼事幹不成？！」主抓四平科研院治理整頓工作的副市長徐紹剛也是感慨萬千、受教很深：「沒有黨的十八大以來形成的全面從嚴治黨壓倒性態勢，四平科研院絕不可能起死回生！如果說改革開放是決定當代中國命運的關鍵一招，全面從嚴治黨則是決定黨能否長期執政，甚至決定黨的生死存亡的關鍵一招。越到基層、越到群眾中間，對這一點體會得越深。全面從嚴治黨，真的一點兒都不能退、一點兒都不能松！」

第二篇報導是〈「全面從嚴治黨挽救了遼寧」〉[1]。報導說，過去幾年，在省委原書記王珉的帶頭和縱容下，遼寧一度圈子文化盛行，拉幫結派流行，跑官賣官暢行，帶壞了風氣，也害了一批幹部。三次省級層面的拉票賄選案件，讓許多幹部不得不隨波逐流。政治生態泥沙俱下，帶給遼寧一系列沉重的系統性矛盾。經濟增長下行、經濟資料造假、政府債務高築等問題，一時間全都爆發出來。

在以習近平同志為核心的黨中央鐵腕反腐推動下，遼寧省委按照「講誠信、懂規矩、守紀律」的要求，一級抓一級，狠抓從政環境，重建政治生態。遼寧從選任每一批次、每一個崗位的幹部抓起，讓忽悠的人沒了前途、跑官要官的人沒了市場，買官賣官的人受到嚴肅查處。一年多來遼寧敢於亮劍，既堅決懲處腐敗分子，更堅持經常運用提醒、誡勉談話、黨紀政紀處分等各種教育手段，讓領導幹部止於黨紀、不逾國法。

從政環境在好轉，幹部的心思沉穩下來，幹勁慢慢拱上來；黨風政風清朗起來，政商關係也開始「親」「清」起來，企業家們重新青睞遼寧；迎來送往變少了，宴請送禮剎住了，老百姓為這樣的變化由衷點贊。遼寧幹部群眾強烈感受到，經過一年多來的整飭、整改、教育，黨員幹部經歷了靈魂的洗禮，全省從政環境在日趨好轉，政治生態在逐步修復。

這兩個典型案例說明，全面從嚴治黨能夠產生多重積極效應，大家都感受到了，自黨的十八大以來，黨內政治生活得到加強和規範，

---

1 何勇：〈「全面從嚴治黨挽救了遼寧」〉，《人民日報》，2017年10月10日。

黨的政治紀律和政治規矩深入人心，不正之風和腐敗問題受到嚴厲懲治，黨內監督全面強化，全面從嚴治黨呈現了深刻變化。這一舉動深得民心，符合民意，已經得到了人民的大力支持和積極擁護。

四、能夠提高黨治國理政的能力

在黨的歷史上，毛澤東同志首次把黨的建設比作「偉大的工程」，鄧小平同志、江澤民同志、胡錦濤同志先後提出了「要進一步明確黨在四個現代化建設中的作用」「全面推進黨的建設新的偉大工程」「以改革創新精神推進黨的建設新的偉大工程」等歷史課題和任務。在此基礎上，以習近平同志為核心的中央領導集體提出，「全面從嚴治黨是推進黨的建設新的偉大工程的必然要求」，是對黨的建設工程的新設計、新謀劃。全面從嚴治黨，是習近平總書記關於黨的建設重要論述的一條主線，是馬克思主義黨建理論的重大創新，這一戰略思想，對於新形勢下管好黨、治好黨，把黨建設成為帶領人民實現中國夢的堅強領導核心，全面提高黨駕馭全域的能力和在新的形勢下治國理政的能力，具有重大的現實意義和深遠的歷史意義。

進行黨的建設偉大工程，能使我們黨經受各種考驗和化解各方危險。應當說，在任何一個歷史時期，從嚴治黨都是對黨的建設的內在要求。但在當前新形勢下，這種要求顯得尤為突出、尤為迫切。當前，我們正在進行具有許多新的歷史特點的偉大鬥爭。黨所面臨的執政考驗、改革開放考驗、市場經濟考驗、外部環境考驗是長期的、複雜的、嚴峻的，精神懈怠危險、能力不足危險、脫離群眾危險、消極腐敗危險更加尖銳地擺在全黨面前。如何經受考驗、化解危險，是黨

的建設必須回答解決的現實課題。近年來，由於種種原因，黨內出現了一些問題和消極腐敗現象，有的還相當突出、相當嚴重，政治生態和從政環境受到嚴重污染。解決這些問題，最根本的，就是要大力加強和改進黨的建設，把從嚴管黨治黨落到實處。只有把黨的建設各個方面都嚴起來、硬起來，才能從根本上解決黨內存在的突出問題，淨化政治生態，營造廉潔從政的良好環境，才能使我們黨始終同人民同呼吸、共命運、心連心，提高自身素質，夯實執政基礎，確保黨員、幹部政治方向不偏、政治信仰不變、政治立場不移，確保發展不走岔路、不走錯路、不走彎路，不斷提高我們黨應對嚴峻挑戰和現實考驗的能力，確保黨永遠立於不敗之地。

　　進行黨的建設偉大工程，切實解決事關群眾切身利益的問題，能更加穩固黨的執政基礎。不斷加強黨的作風建設，使各級領導幹部和黨員都能站在人民的立場上，切切實實解決事關人民群眾切身利益的問題，使我們黨的話說到群眾的心坎上，事辦到群眾的心坎上，制度落實到群眾的心坎上；下力氣解決一大批多年積累的矛盾和問題，化解群眾之間的矛盾，化解幹群之間的矛盾，化解人民群眾與政府部門之間的矛盾；改變執法監管部門和視窗服務單位門難進、臉難看、事難辦等突出問題，改變隨意執法、選擇性執法，不給好處不辦事、給了好處亂辦事的現象；整頓軟弱渙散的基層黨組織，增強黨員、幹部服務群眾的意識和自覺性；敢於啃硬骨頭、破老大難，使群眾從改進作風的實際成效中看到我們黨的希望、國家的希望和自己的希望，將人民群眾的心凝聚在黨中央的周圍，不斷穩固黨的執政基礎。

　　進行黨的建設偉大工程，不斷完善制度體系，形成反腐肅貪整黨完整體制，為我們黨提高自己的執政能力提供制度保障。以習近平

同志為核心的黨中央開展的黨的建設工程堅持破立並舉，注重建章立制，使以轉作風改作風為重點的制度體系更加完善，制度執行力和約束力得到增強。中央相繼出臺黨政機關厲行節約反對浪費、國內公務接待管理、公務用車改革等一系列制度，各級政府和有關部門根據中央八項規定精神，在聯繫服務群眾、規範權力運行等方面制定和修訂了一批工作制度和管理制度，紮緊了制度籠子，強化了對不良作風的剛性約束，按規矩辦事、按規矩用權意識顯著增強，越界犯規行為減少。為黨和國家培養了一大批要求上合格、政治上可靠、業務上嫻熟、立場上堅定，責任心強、上進心強的領導幹部，為我們黨執政打造了更多的「四梁八柱」，支撐起了我們黨治國理政、抵禦風險、駕馭全域的大廈。

第二節　持續做好「建設偉大工程」的核心工作

堅定不移地全面從嚴治黨，不斷提高黨的執政能力和領導水準，堅持黨對一切工作的領導，並奪取反腐敗鬥爭的壓倒性勝利等要求，是中國特色社會主義進入新時代對我們黨提出的要求，也是我們黨的歷史使命。

一、提高黨的執政能力和領導水準

中國共產黨作為執政黨，要帶領 14 多億人進行中國特色社會主義建設，面對的任務千頭萬緒、異常艱巨，要應對的挑戰和困難千千

萬、異常複雜，這就需要我們黨既要有高超的領導水準，也需要有很高的執政能力；既需要有過硬的政治素質，也需要有高強的本領。就如習近平總書記曾經強調過的，偉大的事業必須有堅強的黨來領導。黨的十九大著眼於新的形勢、新的時代特點我們黨面臨的任務，就加強和改善黨的領導做出部署，對提高黨領導發展的能力和水準提出明確要求。

黨領導發展能力和水準，是黨執政能力和執政水準的重要體現，是國家治理體系和治理能力現代化的核心。我們黨作為世界上最大的發展中國家的執政黨，要帶領 14 億多人民全面建成小康社會，駕馭好世界第二大經濟體，有效應對「四大考驗」和「四種危險」，情況異常複雜，任務極其繁重。新形勢新任務是對黨的執政能力和領導水準的一場「大考」，能不能通過這場考試、交上一份滿意的答卷，關係到中華民族的復興偉業，也關係到黨執政地位的不斷鞏固。面對世情、國情、黨情的新變化新要求，只有加強和改善黨的領導，不斷提高黨領導經濟社會發展的科學化、法治化、專業化水準，推進國家治理體系和治理能力現代化，才能為完成新的歷史任務提供堅強的政治保證，才能奪取全面建成小康社會決勝階段的偉大勝利。[1]

為適應當前新的時代背景下的新的形勢任務，切實提高我們黨的執政能力和領導水準，就要求每一個黨員幹部增強學習的本領，在全黨營造善於學習、勇於實踐的濃厚氛圍，不斷加強馬克思主義學習型政黨建設，推動學習型大國的建設；增強政治領導本領，堅持戰略思

---

[1]《全面小康熱點面對面》連載 7：〈鍛造堅強的領導核心——如何提高黨領導發展能力和水準〉，《光明日報》2016 年 2 月 5 日。

維、創新思維、辯證思維、法治思維、底線思維，提高黨的執政意識和洞察力，使黨成為政治覺悟高、適應能力強、綜合素質高、執政能力強的政黨；增強改革創新本領，保持銳意進取的精神風貌，永葆改革創新的精神，激發全黨和全國人民的熱情和活力，為中國特色社會主義現代化建設服務；增強科學發展本領，善於貫徹新發展理念，不斷開創發展新局面，帶領全國各族人民永遠走在經濟社會不斷發展的寬廣大路上；增強依法執政本領，加強法治中國建設，加快形成覆蓋黨的領導和黨的建設各方面的黨內法規制度體系，提高全社會的法制化水準；增強群眾工作本領，創新群眾工作體制機制和方式方法，推動工會、共青團、婦聯等群團組織增強政治性、先進性、群眾性；增強狠抓落實本領，堅持說實話、謀實事、出實招、求實效，把雷厲風行和久久為功有機結合起來，勇於攻堅克難，以釘釘子精神做實做細做好各項工作；增強駕馭風險本領，健全各方面風險防控機制，善於處理各種複雜矛盾，勇於戰勝前進道路上的各種艱難險阻，牢牢把握工作主動權。適應國家現代化總進程，不斷提高運用中國特色社會主義制度有效治理國家的能力，加強自身建設，保持同人民群眾的血肉聯繫，不斷提高領導水準和執政水準，不斷提高拒腐防變和抵禦風險能力，更好地為人民服好務。

二、堅持黨要管黨全面從嚴治黨

進行中國特色社會主義建設，是一項浩大的工程。在建設的過程中，我們會遇到各種各樣的困難和挑戰，就需要我們的黨永遠成為這個事業的堅強領導核心。而在這個過程中，我們的黨時時刻刻會遇到

大的挑戰和考驗，尤其是各種誘惑和拉攏腐蝕。毛澤東同志在七屆二中全會的報告中預見性地提出了防止「糖衣炮彈」進攻的重大問題，強調要加強黨的思想建設，警惕居功自傲和資產階級思想的腐蝕，並開出了兩劑良藥——「務必使同志們繼續地保持謙虛、謹慎、不驕、不躁的作風，務必使同志們繼續地保持艱苦奮鬥的作風」。但是不管是在社會主義建設的實踐過程中，還是改革開放的過程中，還有不少黨員，甚至是高層幹部，竟真的經不起「糖衣炮彈」的襲擊，敗下陣來，成為歷史的罪人、人民的公敵，給黨和人民的建設事業造成了很嚴重的損失。十八大以來，習近平總書記一再強調，「黨要管黨、從嚴治黨」。黨的十九大上，習近平總書記又一次向全黨提出了要「堅持和加強黨的全面領導，堅持黨要管黨、全面從嚴治黨」的政治任務，而且更加突出了「全面」的要求，說明黨對黨要管黨和從嚴治黨的要求在不斷升級。

「黨要管黨、全面從嚴治黨」是我們黨長期堅持的自身建設的基本方針。習近平總書記反復強調全面從嚴治黨的任務，並提出了如何「全面」、如何「從嚴」、「核心」是什麼、「關鍵」是什麼、「要害」在哪裡等重大問題：「全面從嚴治黨，核心是加強黨的領導，基礎在全面，關鍵在嚴，要害在治。」[1]黨的十九大上，習近平總書記強調指出，全面從嚴治黨永遠在路上。全黨要清醒認識到，我們黨面臨的執政環境是複雜的，影響黨的先進性、弱化黨的純潔性的因素也是複雜的，黨內存在的思想不純、組織不純、作風不純等突出問題尚未得到

---

1 習近平：〈在第十八屆中央紀律檢查委員會第六次全體會議上的講話〉，《人民日報》2016年1月13日。

根本解決。要深刻認識黨面臨的執政考驗、改革開放考驗、市場經濟考驗、外部環境考驗的長期性和複雜性，深刻認識黨面臨的精神懈怠危險、能力不足危險、脫離群眾危險、消極腐敗危險的尖銳性和嚴峻性，堅持問題導向，保持戰略定力，推動全面從嚴治黨向縱深發展。最後提出了「重遏制、強高壓、長震懾」的黨要管黨、全面從嚴治黨的工作思路：「要堅持無禁區、全覆蓋、零容忍，堅持重遏制、強高壓、長震懾，堅持受賄行賄一起查，堅決防止黨內形成利益集團。」[1]

黨的十八大以來，以習近平同志為核心的黨中央，將全面從嚴治黨納入戰略佈局，始終保持懲治腐敗的高壓態勢，以最果斷的措施減少腐敗存量、遏制腐敗增量，抓長抓常，形成強大震懾。

黨要管黨、全面從嚴治黨，是中國共產黨加強自身建設、實現自我革命的一項重大舉措和創新方法。以習近平同志為核心的黨中央將全面從嚴治黨視為重要歷史使命，根據形勢的發展、事業的開拓、人民的期待，一直要求黨員和領導幹部要以改革創新的精神全面推進黨的建設新的偉大工程，長期抓，不懈抓，使黨的有機體在自我淨化、自我更新的過程中永葆生機和活力，永遠具有戰鬥力。

在此需要強調的是，全面從嚴治黨決不是僅僅在「從嚴治黨」前面加上「全面」二字那麼簡單，而是有著更為豐富的內涵、更高的要求的，它「不只是字面上的變化，更是實踐的發展、認識的深化」，「全面」就是管全黨、治全黨，覆蓋黨的建設各個領域、各個方面、各個部門，重點是抓住「關鍵少數」；「嚴」就是真管真嚴、敢管

---

1 習近平：〈決勝全面建成小康社會 奪取新時代中國特色社會主義偉大勝利〉，《人民日報》2017年10月28日。

敢嚴、長管長嚴;「治」就是從黨中央到基層黨支部都要肩負起主體責任,黨委書記要把抓好黨建作為必須擔當的職責。就是要形成「全」「嚴」「治」的立體化自淨、自控和監管、監督網路,使黨的建設成為一個長期需要堅持做的長遠工作,使黨的建設在自我管理、自我治理中不斷開創新的局面,持續取得良好效應。

三、把黨的政治建設擺在首位

黨的政治建設是黨的根本性建設,決定黨的建設方向和效果,旗幟鮮明講政治是我們黨作為馬克思主義政黨的根本要求。十九大報告在新時代黨的建設總要求中提出,要以黨的政治建設為統領,並將政治建設放在黨的建設的首位,表明我們黨在加強自身建設時,對黨的政治建設的看重,也說明,加強政治建設對我們加強自身建設意義非常重大。

把黨的政治建設擺在首位,要求我們黨要有高度的政治立場,一定要堅持中國共產黨的領導。「中國特色社會主義最本質的特徵就是堅持中國共產黨的領導,中國的事情要辦好首先中國共產黨的事情要辦好。實現『兩個一百年』奮鬥目標,應對和戰勝前進道路上的各種風險和挑戰,關鍵在黨。」[1]黨的十九大上,不但闡述了這一點,而且提出:「中國特色社會主義最本質的特徵是中國共產黨領導,中國特

---

1 〈習近平在中共中央政治局第十六次集體學習時強調:堅持從嚴治党落實管黨治黨責任,把作風建設要求融入黨的制度建設〉,《人民日報》2014 年 7 月 1 日。

色社會主義制度的最大優勢是中國共產黨領導。」[1] 這裡，還專門強調了「最本質」這一特徵和屬性，這就是強調了黨領導的方向性，即中國共產黨不是要帶領中國人民走邪路、走回頭路，而是要走中國特色的社會主義道路，走共同富裕之路，最終目標是實現共產主義。90 多年的歷程和實踐也反復說明，只有中國共產黨有全心全意為人民的品質、無私奉獻的品德和克服艱難險阻讓中國人民度過一個又一個危機的能力和魄力，所以，在任何時候和任何情況下，都必須堅持中國共產黨的領導。而且，歷史和現實的對比、國內和國外情況的反襯反復說明，在中國，堅持中國共產黨的領導，就是「最大的政治」。

把黨的政治建設擺在首位，要求我們必須堅持黨性，站穩政治立場，有正確的政治方向。2013 年 8 月 19 日，習近平總書記在全國宣傳思想工作會議上發表重要講話中就專門強調了這一點。所以說，堅持黨性，最關鍵的就是堅持正確的政治方向，站穩政治立場，堅定地宣傳黨的理論和路線方針政策，堅定地宣傳中央重大工作部署，堅定宣傳中央關於形勢的重大分析判斷，堅決同黨中央保持高度一致，堅決維護中央權威。[2] 同各種各樣不正確的觀點、思想做堅決的鬥爭，保證黨的領導堅強有力，判斷正確及時，方向不會出現偏差，大的政策不會出現失誤，領好頭，掌好舵，定好向。

把黨的政治建設擺在首位，要求我們必須堅持人民性，坐穩屁

---

1 習近平：〈決勝全面建成小康社會 奪取新時代中國特色社會主義偉大勝利〉，《人民日報》2017 年 10 月 28 日。

2 〈習近平在全國宣傳思想工作會議上強調：胸懷大局把握大勢著眼大事 努力把宣傳思想工作做得更好〉，《人民日報》2013 年 8 月 21 日。

股，把「以人民為中心」作為各項工作的出發點和落腳點。我們黨的宗旨是全心全意為人民服務，以習近平同志為核心的黨中央，秉承黨的宗旨，永遠堅持以人民為中心的立場，時時刻刻提醒全黨和各級領導幹部，「必須堅持人民主體地位，堅持立黨為公、執政為民，踐行全心全意為人民服務的根本宗旨，把黨的群眾路線貫徹到治國理政全部活動之中，把人民對美好生活的嚮往作為奮鬥目標，依靠人民創造歷史偉業」。[1] 胸懷「人民夢想」，致力「人民生活」，堅守「人民立場」，是習近平新時代中國特色社會主義思想人民性特質的充分展現。正是秉承這一思想，從 2012 年至 2017 年，超過 6000 萬中國人擺脫貧困；有「全面小康不能落下一個貧困家庭」的雄心和不能丟下一個貧困群眾的承諾，有「必須始終把人民利益擺在至高無上的地位」的原則、「脫真貧、真脫貧」的要求、「打贏藍天保衛戰」的決心、「使人民獲得感、幸福感、安全感更加充實、更有保障、更可持續」的目標，[2] 這都充分地顯示出以習近平同志為核心的黨中央尊重人民的首創精神、彰顯人民的主體地位、充分展現了發展為了人民的價值取向和追求。

　　把黨的政治建設擺在首位，要求我們必須高度重視紀律建設，強化政治紀律和組織紀律。加強紀律建設是全面從嚴治黨的治本之策。黨的十八大以來，黨中央高度重視紀律建設，堅持把紀律挺在前面，著力解決人民群眾反映最強烈、對黨的執政基礎威脅最大的突出問題。

---

1 習近平：〈決勝全面建成小康社會 奪取新時代中國特色社會主義偉大勝利〉，《人民日報》2017 年 10 月 28 日。
2 〈堅持以人民為中心──二論深入學習貫徹黨的十九大精神〉，《光明日報》2017 年 10 月 29 日 。

使命

十九大報告在闡述新時代黨的建設總要求時，首次將「紀律建設」與政治建設、思想建設、組織建設、作風建設並列納入黨的建設中，提出「重點強化政治紀律和組織紀律，帶動廉潔紀律、群眾紀律、工作紀律、生活紀律嚴起來」。[1]這就要求全體黨員，按照黨的要求，加強各方面，尤其是政治方面的紀律性，不斷提高自己的政治覺悟和政治鑒別力，立足本職工作，從一個黨員的黨性要求出發，對黨忠誠，恪盡職守，為民造福，展示出一個共產黨員應有的品質和風貌、素質和能力。

把黨的政治建設擺在首位，要求我們必須堅定理想信念，為著共產主義理想和目標的實現而努力。2016年7月1日，習近平總書記在慶祝中國共產黨成立95周年大會上的講話中指出，「不忘初心、繼續前進，牢記我們黨從成立起就把為共產主義、社會主義而奮鬥確定為自己的綱領，堅定共產主義遠大理想和中國特色社會主義共同理想，不斷把為崇高理想奮鬥的偉大實踐推向前進」。不忘初心，就是不管在什麼條件下，都不能忘記我們黨在成立之初確定的理想和目標，就是在黨的二大上提出的最低最高綱領。最低綱領「反帝反封建」是我們黨在整個民主革命時期的理想，也是我們黨在那個時代的堅定信念。正是有了這個理想和信念，我們黨帶領中國人民，經過轟轟烈烈的大革命、土地革命和抗日戰爭前後24年的浴血奮鬥，完成了反帝的任務，再經過不到四年時間，又完成了徹底反封建的目標。隨後，我們就是為了最高目標「實現共產主義」宏大理想在做準備。今天，儘

---

1 習近平：〈決勝全面建成小康社會 奪取新時代中國特色社會主義偉大勝利〉，《人民日報》2017年10月28日。

管我們國家還處在社會主義初級階段，儘管我們還有方方面面的不如意，有與世界發達國家的差距，但是這都不是我們放棄實現共產主義崇高理想的理由，反而，這更應該是我們奮起的動力。

要真正把黨的政治建設擺在首位，必須從以下幾個方面入手，扎扎實實做好各方面的具體工作：首要任務是保證全黨服從中央，堅持黨中央權威和集中統一領導，全黨要堅定執行黨的政治路線，嚴格遵守政治紀律和政治規矩，在政治立場、政治方向、政治原則、政治道路上同黨中央保持高度一致。其次是要尊崇黨章的各項規定，嚴格執行新形勢下黨內政治生活若干準則，增強黨內政治生活的政治性、時代性、原則性、戰鬥性，自覺抵制商品交換原則對黨內生活的侵蝕，營造風清氣正的良好政治生態。三是要完善和落實民主集中制的各項制度，堅持民主基礎上的集中和集中指導下的民主相結合，既充分發揚民主，又善於集中統一。四是要弘揚忠誠老實、公道正派、實事求是、清正廉潔等價值觀，堅決防止和反對個人主義、分散主義、自由主義、本位主義、好人主義，堅決防止和反對宗派主義、圈子文化、碼頭文化，堅決反對搞兩面派、做兩面人。五是全黨同志特別是高級幹部要加強黨性鍛煉，不斷提高政治覺悟和政治能力，把對黨忠誠、為黨分憂、為黨盡職、為民造福作為根本政治擔當，永葆共產黨人政治本色。

四、用黨的創新理論武裝全黨

列寧曾經說過，「沒有革命的理論，就不會有革命的運動」，充分說明了理論對實踐的重大指導作用。中國共產黨是一個非常重視理

論指導的黨，不管是革命的實踐，還是社會主義建設事業的開展，或者是改革開放的推進，都需要有理論做指導。同樣，進行黨的建設，也需要用馬克思主義的理論、中國共產黨人提出和總結的創新理論來武裝全黨，提高黨的黨性修養、理論水準、政治立場和覺悟。

延安時期，為了提高全黨的馬列主義水準，糾正黨內的各種非無產階級思想，毛澤東同志于 1941 年 5 月和 1942 年 2 月，分別做了＜改造我們的學習＞＜整頓黨的作風＞和＜反對黨八股＞的報告，號召全黨反對主觀主義以整頓學風、反對宗派主義以整頓黨風、反對黨八股以整頓文風。通過整風運動，教育了黨員，尤其是提高了黨員幹部對進行民主革命到底是為了誰、如何為等重大問題的認識水準，並在全黨達到空前的團結和統一，為奪取抗日戰爭和民主革命的勝利奠定了思想基礎，意義極其重大。

社會主義建設時期，我們黨先後提出了一系列理論，對於一個長期處在農村環境、以打仗為主要任務的革命黨，很快適應接管城市、經營城市，儘快恢復並發展社會和經濟，向全國範圍內的執政黨轉變，做了理論上的準備。社會主義制度建立之後，又提出了調動一切積極因素，為社會主義服務，探索適合我們自己的建設道路，在黨的八大前後提出了一系列關於社會主義建設的正確政策，很好地處理了當時條件下國家經濟社會發展的十對重大矛盾，以及社會主義社會的矛盾和社會成員之間的兩類不同性質的矛盾，為社會主義建設開啟了一個新的時代。改革開放後，中央撥亂反正，確立了解放思想的黨的思想路線、以經濟建設為中心的總路線、改革開放的基本國策、處在社會主義初級階段的正確判斷、走市場經濟的發展方向等，形成了中國特色的社會主義理論體系，相繼在全黨範圍內開展全面整黨整風、

「三講四教育」專題整頓黨的作風教育活動，使黨員幹部理論水準提高、抵禦風險能力提高，立黨為公執政為民意識提升，中國的經濟社會發生了翻天覆地的變化。

黨的十八大以來，以習近平同志為核心的黨中央，立足新的時代條件的變化，提出了統籌推進「五位一體」總體佈局、協調推進「四個全面」戰略佈局，提倡「四個自信」，深化各個領域的改革，確立以人民為中心的立場，不斷加強黨的建設，雷厲風行進行反腐懲貪倡廉運動，中國的經濟社會發展走上了快車道，在國際上的影響在不斷提高。黨的十九大上，以習近平同志為核心的黨中央又提出了一系列新思想、新論斷、新提法、新舉措，其中很多是我們「前所未聞」的，令人耳目一新，如中國特色社會主義進入了新時代、人民日益增長的美好生活需要和不平衡不充分的發展之間的矛盾、新時代中國特色社會主義基本方略、新時代中國特色社會主義發展的戰略安排、把中國建成富強民主文明和諧美麗的社會主義現代化強國，市場機制有效、微觀主體有活力、宏觀調控有度的經濟體制，鄉村振興戰略、網路綜合治理體系、健康中國戰略、中華民族永續發展的千年大計、市場導向的綠色技術創新體系、鑄牢中華民族共同體意識、新時代黨的建設總要求、開展「不忘初心、牢記使命」主題教育、奪取反腐敗鬥爭壓倒性勝利、全面增強執政本領、長期執政能力建設、新時代黨的強軍思想，這些思想和理論，構成了習近平新時代中國特色社會主義思想的主要內容，是我們開展各項工作的理論指南。

在新的時代背景下，我們一定要用新時代中國特色社會主義思想武裝全黨，使全體黨員幹部繼續堅定共產主義遠大理想和中國特色社會主義共同理想，把堅定理想信念作為黨的思想建設的首要任務，

教育引導全黨牢記黨的宗旨，挺起共產黨人的精神脊梁，解決好世界觀、人生觀、價值觀這個「總開關」問題，自覺做共產主義遠大理想和中國特色社會主義共同理想的堅定信仰者和忠實實踐者。弘揚馬克思主義學風，推進「兩學一做」學習教育常態化制度化，以縣處級以上領導幹部為重點，在全黨開展「不忘初心、牢記使命」主題教育，用黨的創新理論武裝頭腦，推動全黨更加自覺地為實現新時代黨的歷史使命不懈奮鬥。

五、不斷加強黨的基層組織建設

　　黨的基層組織是黨在社會基層組織中的戰鬥堡壘，是黨的全部工作和戰鬥力的基礎。基層黨組織戰鬥堡壘作用強不強，直接關係到黨的執政根基和事業成敗。長期以來，習近平總書記非常重視黨的基層組織的建設，提出了許多要求，對改善並加強基層黨組織的建設起到了非常重要的作用。

　　基層黨組織既是中國共產黨整個組織結構與體系的根基與支撐，又是黨落實自己制定的各項任務和工作的通道、聯繫群眾的紐帶，基層組織強，中國共產黨就強，反之，基層組織弱，整個黨就渙散。習近平總書記反復強調，黨的工作最堅實的力量支撐在基層，最突出的矛盾問題也在基層，貫徹黨要管黨、全面從嚴治黨方針，必須把抓基層打基礎作為長遠之計和固本之舉；黨的基層組織建設，著力點是使每個基層黨組織都成為戰鬥堡壘。習近平總書記的這一重要論述，深刻闡明了加強基層組織建設的極端重要性，也進一步明確強化了基層黨組織的基礎地位和功能定位，指出了抓基層打基礎的重大現實意義

和深遠歷史意義。

黨的戰鬥力的形成、黨的組織的發展壯大、黨的工作的順利推進、黨群關係的密切，都要通過黨的基層組織充分發揮戰鬥堡壘作用來實現。只有基層黨組織堅強有力，黨員發揮應有作用，黨的根基才能牢固，黨才能有戰鬥力。因此，黨章明確規定了黨的基層組織八項基本任務，即宣傳和執行黨的路線方針政策，組織黨員學習理論知識，加強黨員教育管理，密切聯繫服務群眾，發揮黨員和群眾的積極性和創造性，做好發展黨員工作，監督黨員幹部遵紀守法，堅決同違法犯罪行為做鬥爭。一個黨組織，就是一個堡壘。只有每一個堡壘都堅強，切實履行職責，落實和完成黨章規定的基本任務，就能夠發揮戰鬥堡壘作用，築牢黨的執政基礎。

新形勢下基層黨組織工作開展得怎麼樣，直接影響到黨的凝聚力、影響力、戰鬥力的充分發揮。近年來，一些地方對加強黨的基層組織建設講起來不輕不重、做起來可有可無，黨的基層組織的政治功能有弱化傾向。如果不採取有效措施加以糾正，不僅會嚴重削弱黨的戰鬥力，長此以往還會動搖黨執政的根基。因此，一定要牢牢把握基層黨組織的戰鬥堡壘地位，嚴肅黨內政治生活，以改革創新精神補齊制度短板，真正使黨的組織生活、黨員教育管理嚴起來、實起來；要把嚴的要求落實到黨的建設全過程和各方面，在堅持中深化、在深化中堅持，推動全面從嚴治黨向縱深發展；要壓實壓緊管黨治黨主體責任和監督責任，督促領導幹部把責任扛在肩上，把加強和規範黨內政治生活、加強黨內監督各項任務落到實處，充分發揮黨的基層組織在社會基層組織中的領導核心和政治核心作用，嚴把政治方向，強化政治定力，注重政治引領，使基層黨組織始終成為黨的路線方針政策的

堅決執行者。

　　針對當前的形式與任務，結合我們黨在基層組織建設中取得的成就、積累的經驗，以及目前還存在的方方面面的問題，黨的十九大不但專門提出了要繼續加強黨的基層組織建設的任務，指出重點是要提升基層黨組織的組織能力，更重要的是要突出其政治功能，意在夯實黨的執政基礎。此外，還就如何加強基層組織建設給出了明確的要求，如黨支部要擔負好直接教育黨員、管理黨員、監督黨員和組織群眾、宣傳群眾、凝聚群眾、服務群眾的職責；堅持「三會一課」制度，推進黨的基層組織設置和活動方式創新，加強基層黨組織帶頭人隊伍建設，擴大基層黨組織覆蓋面，著力解決一些基層黨組織弱化、虛化、邊緣化問題；擴大黨內基層民主，推進黨務公開，暢通黨員參與黨內事務、監督黨的組織和幹部、向上級黨組織提出意見和建議的管道；注重從產業工人、青年農民、高知識群體和在非公有制經濟組織、社會組織中發展黨員；穩妥有序開展不合格黨員組織處置工作，等等。這些要求，是今後各級黨政領導幹部和組織加強基層黨組織建設的方向和目標，也是他們的工作任務和應該採取的舉措。我們必須把抓基層打基礎作為長遠之計和固本之策，絲毫不能放鬆，不斷鞏固和加強黨的基層組織，使廣大黨員通過基層組織，緊緊地團結起來，凝聚在一起，聚攏成為實現黨的各項目標和任務的主力軍。

第三節　切實推進「建設偉大工程」的重大舉措

一、毫不動搖堅持和完善黨的領導

　　堅持中國共產黨的領導，是歷史的選擇，是人民的選擇，中國近現代的歷史也反復證明了這一點。改革開放開啟了中國社會主義建設的新時期，40多年的實踐一次又一次證明，中國特色社會主義最本質的特徵就是堅持中國共產黨的領導。在歷史的經驗、現實的成就面前，以及對未來中國特色社會主義發展所要承擔的責任、肩負的使命、面臨的任務的思考，使大家都認識到，中國共產黨而且只有中國共產黨才能勝任這一角色。正是出於這樣的深刻認識和歷史擔當，黨的十八大以來，習近平總書記多次強調，辦好中國的事情，關鍵在黨；堅持和完善黨的領導，是黨和國家的根本所在、命脈所在，是全國各族人民的利益所在、幸福所在。在黨的十九大上，針對中國社會主義建設進入了新時代的形勢，習近平總書記深刻闡述了加強黨的領導、推進黨的建設的重要性，對我們堅持和完善黨的領導提出了新的更高要求，是新形勢下加強和改善黨的領導的思想指南，也為中國各項事業的發展提供了堅強的政治保證。

　　黨的領導核心地位，是歷史和人民的選擇，無法撼動和改變。民主革命，就是在中國共產黨的領導下，4億多中國人民經過浴血奮戰，取得了全國人民的解放，使中國人民「站」起來了。新中國成立之初，

在中國共產黨的領導下，全國人民經過「三大改造」，取得了新民主主義社會建設的巨大成就，建立了社會主義制度。改革開放後，我們黨適時地實現了發展理念、發展模式等方面的轉變，解決了13億人民溫飽問題和初步建成小康社會，使中國人民逐步「富」起來了。在確立社會主義市場經濟之後，中國特色的社會主義建設弄清了姓「資」姓「社」、姓「公」姓「私」的關係，解除了思想的束縛與羈絆，經濟社會發展走上了快車道，在經濟、科技、文教等方面都躍居世界前列，使中華民族實現了前所未有地「強」起來。這三大歷史性的飛躍，是中國歷史上從未有過的，是歷史上那麼多的「風流人物」「一代天驕」都未能實現的，而在中國共產黨的領導下，只用了不到一百年，就完全實現了。之所以如此，就是因為我們國家和民族的發展永遠有個主心骨和領導核心，這個主心骨和領導核心就是執政的中國共產黨。經過民主革命洗禮，社會主義建設的錘煉，改革開放積累的寶貴經驗，我們的黨越來越成熟、越有經驗，能解決各種難題、面對各種困難、越過各種障礙，更成為我們事業的堅強領導核心，永遠處於核心地位。

社會主義新的時代，中國特色的社會主義建設，仍需要中國共產黨做我們的領導核心。中國特色社會主義是在中國共產黨的領導下開創和發展起來的，也只有在中國共產黨的領導下才能繼續往前推進。但是，我們也面臨著來自各個方面的重大挑戰需要應對；來自各個領域的風險需要抵禦；來自人為的、既得利益集團的、體制等方面的重大阻力需要克服；來自社會發展階段、社會階層之間等方面的重大矛盾需要解決。黨內還有貪圖享受、消極懈怠、回避矛盾的思想和行為需要去消除，也有諸多歷史性的任務需要我們完成，如「全黨要更加自覺地堅持黨的領導和我國社會主義制度，堅決反對一切削弱、

歪曲、否定黨的領導和我國社會主義制度的言行；更加自覺地維護人民利益，堅決反對一切損害人民利益、脫離群眾的行為；更加自覺地投身改革創新時代潮流，堅決破除一切頑瘴痼疾；更加自覺地維護我國主權、安全、發展利益，堅決反對一切分裂祖國、破壞民族團結和社會和諧穩定的行為；更加自覺地防範各種風險，堅決戰勝一切在政治、經濟、文化、社會等領域和自然界出現的困難和挑戰」[1]。這些挑戰的應對、問題的解決和任務的完成，都需要我們黨的領導。而這些問題和挑戰及任務的完成，又具有長期性、複雜性、艱巨性，就需要我們不斷完善我們黨，發揚鬥爭精神，提高鬥爭本領，才能不斷奪取這場偉大鬥爭的勝利。

堅持和完善中國共產黨的領導，就是要為中國人民謀幸福，為中華民族謀復興。這既是由中國共產黨的歷史使命和黨的宗旨所決定，也是新的時代對黨提出的歷史要求，更是人民群眾的殷切期望。黨的十九大報告的主題「不忘初心，牢記使命，高舉中國特色社會主義偉大旗幟，決勝全面建成小康社會，奪取新時代中國特色社會主義偉大勝利，為實現中華民族偉大復興的中國夢不懈奮鬥」和號召「全黨同志一定要永遠與人民同呼吸、共命運、心連心，永遠把人民對美好生活的嚮往作為奮鬥目標，以永不懈怠的精神狀態和一往無前的奮鬥姿態，繼續朝著實現中華民族偉大復興的宏偉目標奮勇前進」[2]，就表明

1 習近平：〈決勝全面建成小康社會 奪取新時代中國特色社會主義偉大勝利〉，《人民日報》2017 年 10 月 28 日。
2 習近平：〈決勝全面建成小康社會 奪取新時代中國特色社會主義偉大勝利〉，《人民日報》2017 年 10 月 28 日。

了我們黨的主動擔當，是我們已經站在一個新的歷史起點上，在以習近平同志為核心的黨中央堅強領導下為實現「兩個一百年」的奮鬥目標，為實現中華民族偉大復興的中國夢而設定的任務、提出的要求，也是一如既往地要為中國的社會主義現代化建設把好方向、做好準備，為實現國家的繁榮穩定、人民的幸福安康目標而奮鬥做的規劃。所以，在堅持黨的領導這個重大原則問題上，我們腦子要特別清醒、眼睛要特別明亮、立場要特別堅定，絕不能有任何含糊和動搖。否則，我們的既定目標就難能實現，也不會有很強的戰鬥力。在新的歷史起點上不忘初心、繼續前進，毫不動搖堅持和完善黨的領導，確保黨始終同人民想在一起、幹在一起，才能引領中國人民乘風破浪，走向光輝勝利的彼岸。

二、堅決貫徹「四個服從」基本原則

《黨章》第十條第一款對「四個服從」做出明確規定。「四個服從」是確立黨內生活嚴格秩序的原則，是黨的民主集中制的基本內容，也是實現黨的集中和統一的根本組織紀律。「四個服從」的內涵指黨員個人服從黨的組織，少數服從多數，下級組織服從上級組織，全黨各個組織和全體黨員服從黨的全國代表大會和中央委員會。

（一）黨員個人服從黨的組織

這是處理黨員個人同黨的組織相互關係的基本原則，要求每個黨員都是黨的一分子，只有個人服從組織，黨才能形成統一的整體。如

果黨員個人不服從黨的組織，不執行黨組織的決定，各行其是，黨組織就會成為一盤散沙，喪失戰鬥力。因此，每個黨員都要自覺把個人置於黨的組織之中和黨的領導之下，堅決服從組織的決定，認真貫徹執行黨的決定，積極完成黨的任務。在個人意見與黨組織決定發生衝突的情況下，黨員可以保留個人意見，並且可以向黨的上級組織直至中央反映，但在行動上必須服從組織。

（二）少數服從多數

這是黨內決定問題的基本原則。黨的組織討論決定問題時，擔任領導職務的黨員和普通黨員一樣，只有一票的權利，不能以個人或少數人的意見代替或否決大多數人的意見。少數人在自己的意見被否決之後，除必要時可以在下次會議上提出討論或保留意見外，要執行多數人所通過的決議，不得在行動上有任何反對的表示。在這個前提下，黨組織要尊重少數人的意見，允許少數人保留不同意見，以便由以後的實踐來檢驗它是否正確。

（三）黨的下級組織服從上級組織

這是黨內處理上下級組織之間相互關係的基本原則。下級組織與上級組織，是被領導與領導的關係。下級組織服從上級組織的決議，向上級組織報告工作，其決議也不得與上級組織的決議相抵觸。對於上級組織的指示，黨的下級組織應結合本地區、本部門的實際情況貫徹執行。如果情況特殊需要變通處理的，事先要得到上級同意；下級

組織在緊急情況下需要立即做出決定的，可以邊行動邊匯報或事後報告，請求批准。實行這個原則，可以保持黨的各級組織之間的正常關係，實施上級組織對下級組織的領導，也有利於發揮下級組織的積極性和主動性。

（四）全黨服從中央

即全黨各個組織和全體黨員服從黨的全國代表大會和中央委員會，這是處理全黨各個組織和黨中央之間相互關係的原則。我們黨是由中央、地方、基層各級黨組織組成的整體，黨的最高領導機關是黨的全國代表大會和它所產生的中央委員會，它是全黨意志的集中代表者，又是率領全黨行動的最高司令部。全黨服從中央，黨才能有效實現統一意志。全體黨員和黨的各級組織都要服從全國代表大會和中央委員會通過的決議、決定，服從黨中央的決策部署，同黨中央在思想上、政治上、行動上保持一致，而不能各行其是，不能改變或否定作為全黨意志體現的全國代表大會和中央委員會的決議。有關全國性的重大政策問題，只有黨中央有權做出決定，各部門和各地方的黨組織可以向中央提出建議，但不得擅自決定或對外發表主張。[1]

「四個服從」是相互聯繫的有機整體。它的核心是全黨服從中央，它的基礎是少數服從多數。鄧小平同志曾經指出：「必須嚴格執行這幾條。否則，形成不了一個戰鬥的集體，也就沒有資格當先鋒隊。」黨的各個組織和全體黨員，只有自覺堅持和維護「四個服從」，才能

---

1 本書編寫組：《黨務工作者實務手冊》，黨建讀物出版社 2015 年版，第 79-82 頁。

使黨成為中國特色社會主義事業的堅強領導核心。

三、持之以恆正黨風肅黨紀

黨的作風和紀律是黨的形象，是黨的性質、宗旨、綱領、路線的外在體現，是黨的精神風貌的直接展示，是人民群眾判斷黨的立場是否為人民等的直接依據，因此，黨的作風好壞和紀律是否嚴明，直接影響到黨在人民群眾心目中的形象，也能直接決定黨的創造力、戰鬥力和凝聚力。因此，黨風黨紀建設是全面從嚴治黨、推進黨的建設偉大工程的基礎，意義極其重大。

黨的十八大以來，以習近平同志為核心的黨中央把中央八項規定作為加強作風建設、嚴明黨的紀律教育的切入點、全面從嚴治黨的突破口，率先垂範、身體力行，用「講認真」的精神、「有擔當」的行動，以抓鐵有痕、踏石留印的決心和毅力，針對黨員幹部中存在的形式主義、官僚主義、享樂主義、奢靡之風等不良風氣和惡劣行為，嚴字當頭、刀刃向內，堅定不移推進全面從嚴治黨，解決了許多老百姓深惡痛絕、嚴重影響了黨在老百姓心目中的威信和形象的問題，使黨風政風和社會風氣發生了全面、深刻、徹底的轉變，重新贏回了人民對黨的信任，獲得了人民的支持。中央八項規定，試出了人心向背，厚植了黨的執政根基。寫下作風建設新篇章，開創全面從嚴治黨新局面。

中央八項規定實施以來，截至 2017 年 8 月底，各級紀檢監察機關共查處違反中央八項規定精神問題 18.43 萬起，處理黨員幹部 25.02 萬人，給予黨紀政紀處分 13.61 萬人，工作力度越來越大；中央紀委共通報曝光 32 批 173 起典型問題；在查處的問題中，違紀行為發生在

2013 年、2014 年、2015 年、2016 年、2017 年 1-8 月的分別占 52.2%、19.31%、15.03%、9.69%、3.77%，違紀行為逐年大幅減少；黨紀政紀處分比例從 2013 年的 25.3% 上升為今年以來的 69.5%。各級紀檢監察機關對糾正「四風」工作不力的嚴肅問責、決不姑息。[1] 五年來，以習近平同志為核心的黨中央以八項規定為抓手，著力劃清行為規矩「紅線」，推動立規明矩、釐清政策界限，紮緊織密從嚴約束、切實管用的制度籠子，取得了改進作風和黨紀常態化、長效化的良好收效。

在狠抓八項規定、狠治「四風」、從嚴黨紀的同時，黨中央要將治理黨內歪風邪氣制度化、法制化、經常化，先後制定、出臺了 70 多項黨內重要法規，如《黨政機關屬行節約反對浪費條例》《關於黨政機關停止新建樓堂館所和清理辦公用房的通知》《黨政機關國內公務接待管理規定》《因公臨時出國經費管理辦法》《關於全面推進公務用車制度改革的指導意見》《中國共產黨廉潔自律準則》《中國共產黨紀律處分條例》《中國共產黨問責條例》《關於新形勢下黨內政治生活的若干準則》《中國共產黨黨內監督條例》等，從多個方面、角度出發，不留死角，全面監督、懲治、防範黨員幹部的作風和紀律，整頓了黨的隊伍，扭轉了不良習氣，淨化了黨的政治生態，受到人民群眾的讚揚和支持。

黨的十九大上，習近平總書記就黨的作風建設和嚴明黨紀提出了許多明確性的指示和要求，為我們黨在新時代抓好自身建設、提高凝聚力和戰鬥力，贏得人民群眾支持做了規劃，如「各級領導幹部要增

---

1 吳儲岐：〈八項規定書寫作風建設新篇章〉，《人民日報》2017 年 10 月 04 日。

強民主意識，發揚民主作風，接受人民監督，當好人民公僕」「加強作風建設，必須緊緊圍繞保持黨同人民群眾的血肉聯繫，增強群眾觀念和群眾感情，不斷厚植黨執政的群眾基礎」「全黨一定要保持艱苦奮鬥、戒驕戒躁的作風，以時不我待、只爭朝夕的精神，奮力走好新時代的長征路」「凡是群眾反映強烈的問題都要嚴肅認真對待，凡是損害群眾利益的行為都要堅決糾正」。這其中既有號召，又有要求，既有抓作風建設的重點任務，又有配套的制度性安排，考慮周全，安排到位，是我們黨抓作風建設的理論指南和綱領性文獻。

四、奪取反腐敗鬥爭壓倒性勝利

一個時期以來，腐敗現象的多發高發勢頭令人揪心，嚴重損害黨的先進性和純潔性，嚴重影響黨同人民群眾的血肉聯繫。腐敗官吏損害的是人民群眾的利益，與我們黨的性質和宗旨是水火不相容，勢不兩立的。他們嚴重威脅黨的執政基礎，必須清除。黨的十八大以來，在黨中央的堅強領導下，反腐敗鬥爭壓倒性態勢已經形成並鞏固發展，不敢腐的目標初步實現，不能腐的籠子越紮越牢，不想腐的堤壩正在構築，反腐敗鬥爭取得壓倒性勝利。

十八大以來，中央立案審查省軍級以上黨員幹部及其他中管幹部440人，其中十八屆中央委員、候補委員43人，中央紀委委員9人；廳局級幹部8900餘人，縣處級幹部6.3萬多人，處分基層黨員幹部27.8萬人，我們堅決整治群眾身邊的腐敗，共處分基層黨員幹部27.8萬人，追回外逃人員3453人，其中「百名紅通人員」已有48人落網。中央巡視開展了12輪，共巡視了277個黨組織，對16個省區市開展

了巡視「回頭看」，對 4 個中央單位進行「機動式」巡視，首次實現一屆任期全覆蓋，並形成了全國巡視巡察「一盤棋」。同時，深化紀律檢查體制改革，推進雙重領導體制具體化、程式化、制度化；設立 47 家派駐中央一級黨和國家部委紀檢組，監督 139 家中央單位的黨組織，實現了中央紀委派駐監督的全覆蓋。[1] 形成了反腐敗鬥爭壓倒性態勢，黨心民心為之振奮，黨風政風為之一新。黨中央猛藥去屙、重典治亂，「老虎」「蒼蠅」一起打，使多少年來一直遏制不了的腐敗現象多發高發勢頭得到了有效遏制。

黨的十八大以來，我們黨在堅持「無禁區、全覆蓋、零容忍」的同時，十九大報告又明確提出「重遏制、強高壓、長震懾」，表明了我們黨持續反腐的堅定決心：「當前，反腐敗鬥爭形勢依然嚴峻複雜，鞏固壓倒性態勢、奪取壓倒性勝利的決心必須堅如磐石。要堅持無禁區、全覆蓋、零容忍，堅持重遏制、強高壓、長震懾，堅持受賄行賄一起查，堅決防止黨內形成利益集團。在市縣黨委建立巡察制度，加大整治群眾身邊腐敗問題力度。不管腐敗分子逃到哪裡，都要緝拿歸案、繩之以法。推進反腐敗國家立法，建設覆蓋紀檢監察系統的檢舉舉報平臺。強化不敢腐的震懾，紮牢不能腐的籠子，增強不想腐的自覺，通過不懈努力換來海晏河清、朗朗乾坤。」[2]

黨的十九大制定的奪取反腐敗鬥爭要取得壓倒性勝利的一系列舉

---

1 〈楊曉渡在記者招待會介紹全面從嚴治黨情況〉，中央紀委監察部網站，2017 年 10 月 20 日，http://news.163.com/17/1020/10/D16CJ5H300018AOQ.html。

2 習近平：〈決勝全面建成小康社會 奪取新時代中國特色社會主義偉大勝利〉，《人民日報》2017 年 10 月 28 日。

措，明確指出了今後很長一個時期內我們進行反腐敗的方向、重點、要求和方法，對我們黨今後如何反腐懲貪起到了重要的指導作用。

2017 年 10 月 19 日，中共中央紀律檢查委員會副書記、監察部部長、國家預防腐敗局局長楊曉渡在十九大新聞中心舉辦的首場記者招待會上，就以後如何從嚴治黨、加強反腐敗工作，向社會各界做了說明：嚴肅黨內政治生活，嚴明政治紀律和政治規矩，營造守紀律、講規矩的氛圍，推動政治生態實現根本好轉；繼續深入落實中央八項規定精神，全面加強黨的紀律建設，運用好監督執紀「四種形態」，以優良的作風、嚴明的紀律厚植黨的執政基礎；堅持無禁區、全覆蓋、零容忍，堅持重遏制、強高壓、長震懾，堅定不移懲治腐敗，加大整治群眾身邊腐敗問題力度，推進反腐敗追逃追贓，深化標本兼治，強化不敢腐的震懾，紮牢不能腐的籠子，增強不想腐的自覺，奪取反腐敗鬥爭壓倒性勝利。我們現在是形成了壓倒性的態勢，我們還要奪取壓倒性的勝利；發揮巡視利劍作用和派駐監督「探頭」作用，增強自我淨化、自我完善、自我革新、自我提高能力。[1] 這是將習近平總書記在黨的十九大上提出的反腐懲貪倡廉任務做了細化和部署，會使這項工作落到實處，抓住成效。

五、建設高素質專業化幹部隊伍

高素質專業化幹部隊伍是黨和國家事業的中堅力量，是不斷把新

---

1 〈楊曉渡在記者招待會介紹全面從嚴治黨情況〉，中央紀委監察部網站，2017 年 10 月 20 日，http://news.163.com/17/1020/10/D16CJ5H300018AOQ.html。

時代中國特色社會主義偉大事業推向前進的主力軍，作用極為重大。習近平總書記在多個場合都曾指出，進行具有許多新的歷史特點的偉大鬥爭，實現黨的十八大確定的各項目標任務，關鍵在黨，關鍵在人。關鍵在黨，就要確保黨在發展中國特色社會主義歷史進程中始終成為堅強領導核心。關鍵在人，就要建設一支宏大的高素質幹部隊伍。這也是中國特色社會主義進入新時代對黨員幹部提出的基本要求。新的時代、新的特點、新的任務、新的使命也要求我們黨特別是各級幹部具有新氣象、新作為、新素質、新本領，加快培養造就一支能夠體現國家治理體系和治理能力現代化要求的，具有專業能力、專業精神的高素質幹部隊伍。

黨的十八大以來，在黨中央的主抓下，我們的幹部隊伍整體素質和專業化水準不斷提高，但與新時代黨和國家事業發展的要求相比，仍然存在結構不合理、專業化水準不高、本領不適應等問題。因此，在黨的十九大報告中，建設高素質專業化幹部隊伍作為一個重要的任務和議題被專門提出，也說明了在當前形勢下迫切需要提高各級幹部的思想素質和專業化水準。

在選拔任用幹部時，首先要突出政治標準，把政治素質放在首位。這就要求各級幹部加強政治學習、增強政治修養、提高政治素質，懂政治、講政治，堅定執行黨的政治路線，嚴格遵守政治紀律和政治規矩，在政治立場、政治方向、政治原則、政治道路上同黨中央保持高度一致。要加強黨性鍛煉，不斷提高政治覺悟和政治能力，把對黨忠誠、為黨分憂、為黨盡職、為民造福作為根本政治擔當，永葆

共產黨人政治本色。[1]

在政治標準不降低的前提下，追求幹部隊伍的專業化。專業化包括兩個方面，一是專業技能，主要是專業知識和專業能力，二是專業素養，主要是敬業精神和職業道德，兩者合起來就是「能」與「德」。對一個專業的幹部來說，這兩者缺一不可。因此，在選拔、提高幹部時，從專業化的角度來說，二者都需要兼顧。一要加強對幹部專業知識和能力的考核與培訓，使領導幹部具有比較專業的、精湛的、高超的業務技術、專業技能，有能力做好本職工作，能勝任所在崗位。二是要考察領導幹部的職業道德和修為，看他有沒有愛崗敬業的精神，團結合作的精神，樂於奉獻的精神，忘我工作的精神，不會將所在的職位和工作作為自己升遷當官的跳板、追權謀利的平臺、貪圖享樂的溫床、腐化墮落的工具、排除異己的手段等。三是能在前兩者都符合的條件下，很好地將兩者緊密結合，達到我們黨所要求的高素質。因為，在當前條件下，「專」者不少，但一些人因為忽視了政治標準、政治立場，很強的專業知識和專業技能不是用來為人民服務的，為中國特色的社會主義現代化建設出力獻智的，而是成了獲取自己利益的工具和手段，甚至成為違法犯罪，傷及國家或者他人利益的犯罪分子。所以，必須以政治標準為首，時時刻刻起到引導、規範、約束作用，使他們的專業技能在黨和國家、人民為其提供的平臺上，在為國家和社會做貢獻的歷練中越來越精，成為造福國家、造利人民的利器，促進經濟社會發展，促使國家不斷富強、人民更加富裕和民族更加振

---

1 楊彧：〈建設高素質專業化幹部隊伍〉，《光明日報》2017 年 10 月 25 日。

興，成為各個領域的專家、人民頌揚的楷模、新時代的先鋒、全民族的英雄，這才是我們黨所要求的高素質的專業化幹部隊伍。

在黨的十九大上，就如何建設高素質的專業化幹部隊伍，習近平總書記又一次提出了具體的要求：要堅持黨管人才原則，聚天下英才而用之，加快建設人才強國；要堅持黨管幹部原則，堅持德才兼備、以德為先；要堅持正確選人用人導向，匡正選人用人風氣，突出政治標準，提拔重用牢固樹立「四個意識」和「四個自信」，堅持嚴管和厚愛結合、激勵和約束並重，完善幹部考核評價機制，建立激勵機制和容錯糾錯機制，旗幟鮮明為那些敢於擔當、踏實做事、不謀私利的幹部撐腰鼓勁；要關心愛護基層幹部，主動為他們排憂解難；把黨內和黨外、國內和國外各方面優秀人才集聚到黨和人民的偉大奮鬥中來，努力形成人人渴望成才、人人努力成才、人人皆可成才、人人盡展其才的良好局面，讓各類人才的創造活力競相迸發、聰明才智充分湧流。

有了這些具體的要求，有我們黨有效的人才成長並脫穎而出的良好機制和條件，有全社會的共同關心和大力支持，一定能培養和建設出一支高素質的幹部隊伍。

第四章

推進偉大事業──引導正確方向

在黨的十九大上，習近平總書記指出：「實現偉大夢想，必須推進偉大事業。」中國特色社會主義是改革開放以來黨的全部理論和實踐的主題，是黨和人民歷盡千辛萬苦、付出巨大代價取得的根本成就。中國特色社會主義道路是實現社會主義現代化、創造人民美好生活的必由之路，中國特色社會主義理論體系是指導黨和人民實現中華民族偉大復興的正確理論，中國特色社會主義制度是當代中國發展進步的根本制度保障，中國特色社會主義文化是激勵全黨全國各族人民奮勇前進的強大精神力量。全黨要更加自覺地增強道路自信、理論自信、制度自信、文化自信，既不走封閉僵化的老路，也不走改旗易幟的邪路，保持政治定力，堅持實幹興邦，始終堅持和發展中國特色社會主義。這就明確了什麼是我們所要推進的偉大事業，以及為了誰而推進、如何推進等重大問題。

使命

第一節　黨能順利「推進偉大事業」的根本緣由

一、有順利「推進偉大事業」的力量源泉

「人民對美好生活的嚮往，就是我們的奮鬥目標。」——2012 年
11 月 15 日，新當選的中共中央總書記習近平同中外記者見面時，擲
地有聲地發出了這一錚錚誓言，響徹中華大地，銘刻世人心田，說出
了中華兒女千百年來的共同心聲和最大心願，也道出了當前十四億中
國人的美好願望與共同期盼，一下子就抓住了國人的心，激起了人民
的情，都緊緊聚攏在以習近平同志為核心的新一屆黨中央的周圍，準
備擼起袖子為實現自己理想的、滿意的、嚮往的美好生活加油幹。這
一誓言，起到了凝心聚力、團結人民的作用，也起到了鼓舞士氣、振
奮人心的作用，讓人民很快明白，中國共產黨和新一屆政府是為了誰
在奮鬥這一簡單的道理，是站在誰的立場上考慮治國理政、謀劃佈局
的治國方略的！在短短 1500 餘字的演講中，習近平總書記 19 次提到
「人民」，一再印證了這一點。從那至今的五年中，「人民」始終處
於以習近平同志為核心的黨中央治國理政的中心位置，始終貫穿於一
系列重大戰略舉措、重大方針政策、重大工作之中。

從那至今的五年中，為了人民對美好生活的嚮往，我們黨解決
了許多長期想解決而沒有解決的難題，辦成了許多過去想辦而沒有辦
成的大事，用自己的實際行動和滿意答卷，讓人民相信，我們的黨對

人民所做出的都是承諾，都會實現的。黨的十八大以來，中國經濟實力、科技實力、國際影響力不斷邁上新臺階，人民生活水準不斷邁上新臺階，人民成為中央制定各項政策的出發點和立足點，人民的地位是從來沒有過的高，獲得感大大增強。2017 年 7 月 26 日，在省部級領導研討班的講話中，習近平總書記向全黨發出有力的號召：「確保黨始終同人民想在一起、幹在一起，引領承載著中國人民偉大夢想的航船破浪前進，勝利駛向光輝的彼岸。」這是以習近平同志為核心的黨中央治國理政的鮮明政治本色，是「中國之治」的「政治密碼」。黨的十九大上，習近平總書記又一次強調了這一點，使全國人民深信，中國共產黨是全心全意為人民服務的黨，這個有著 8900 萬黨員的世界最大執政黨，這個世界上戰略規劃與執行能力、社會整合能力、改革創新能力最強的政黨將繼續率領 14 億人民，圍繞著全面建成小康社會、實現中國民族偉大復興的目標，鬥志昂揚地走在建設社會主義現代化國家的新征程上。近百年的苦難輝煌向世人昭示，只要我們黨始終堅持以人民為中心，始終同人民想在一起、幹在一起，就一定能夠不斷從勝利走向更大的勝利！

二、有順利「推進偉大事業」的堅強保障

推進偉大事業，不但需要調動億萬中國人民的積極性，發掘蘊藏在他們身上的巨大潛能和力量，也需要通過政策和制度、機制和體制，共同推進偉大事業道路上的障礙，使他們永遠富有激情，充滿活力，為著共同目標的實現而努力奮鬥，切不可因為制度的、體制的、機制的、人為等的因素磨滅了他們的鬥志。

使命

（一）全面從嚴治黨，懲治腐敗，打造堅強領導核心

全面從嚴治黨，既是打造推進偉大事業所需要的堅強領導核心的重要途徑，也是保持與人民群眾的血肉聯繫、贏得民心的重要手段。因此，全面從嚴治黨，加強自身建設，「堅定理想信念，保持同人民群眾的血肉聯繫，保持黨的肌體健康，不斷提高黨的領導水準和執政水準、提高拒腐防變和抵禦風險能力，使我們黨在堅持和發展中國特色社會主義的歷史進程中始終成為堅強領導核心」是以習近平同志為核心的黨中央執政以來狠抓的首要工作和任務。

五年來，黨中央用自己的實際行動向人民表明了自己的心跡，那就是先從自己開刀，真正解決自身存在的問題，掃除推進偉大事業征程上的障礙，拉近了與人民之間的距離，給人民吃了一顆定心丸，即跟著黨走，不需要有後顧之憂，不需要左顧右盼，只需一往無前。

（二）全面深化改革，吐故納新，不斷激發發展活力

改革開放作為中國的基本國策，實施了三十多年，不斷掃除經濟社會發展過程中出現的不合時宜的、阻礙生產力發展的因素，給人民以實惠，最大限度地調動全國人民的積極性，使自己生活狀況不斷改善的同時，也使中國面貌發生了翻天覆地的變化，取得令世界各國人民都感覺驚奇的變化。改革進行到今天，中國的經濟健康發展，為國家和人民提供了堅實的物質基礎；政治文明化程度不斷提高，健康良好的民主化進程不斷推進；科技水準不斷提高，人民切切實實感受到了科技發展帶來的方便；文化教育事業不斷發展，國人的人文素質

不斷提高；和諧社會初步建立，和諧有序友好的社會氛圍基本形成；
保護環境維持生態的觀念深入人心，建設美麗中國的目標不斷靠近；
精准扶貧取得巨大成效，人民的整體生活狀況再上臺階；國際聲譽不
斷提高，中國在處理國際事務中越來越發揮著重要作用，等等。這些
成就的取得，是在黨中央的領導下，全國人民齊心協力、共同奮鬥的
結果。

但是，在我們黨領導全國人民大力推進偉大事業、盡力實現更高
目標的征程上，又出現了新的問題，需要通過改革的方式予以解決。
習近平總書記指出，把以人民為中心的發展思想體現在經濟社會發展
各個環節，做到老百姓關心什麼、期盼什麼，改革就要抓住什麼、推
進什麼，通過改革給人民群眾帶來更多獲得感。這些系列化的重大改
革，使過去許多難啃的「硬骨頭」都被依次啃下了，即使人民群眾感
受到了所有政策都是關係自己的利益，這些改革的紅利也通過多種管
道更多惠及百姓生活，滿足的都是群眾的需求，讓人民群眾有更多的
獲得感、受重視感，內心裡面是滿滿的幸福感、成就感，使人民群眾
跟著黨推進偉大事業的激情更高、動力更足。

（三）全面依法治國，樹規立則，誓為人民伸張正義

法治興則國家興，法治衰則國家亂。習近平總書記指出：「努力
讓人民群眾在每一個司法案件中都能感受到公平正義。」十八大以來，
全國司法系統依法糾正重大冤假錯案 34 件。2013 年到 2016 年各級法
院依法宣告 3718 名被告人無罪。制定民法總則、修訂大氣污染防治
法、廢止勞動教養法律規定，都是回應民意、表達民聲、展示民志的

及時行動、英明之舉；刑事訴訟制度改革加快推進、「立案難、訴訟難、執行難」的頑疾逐步破解，司法體制改革不斷破除藩籬，公平正義大放光彩。

通過這些案件的重審並最終糾正，相關法律法規的細化完善，新的法律條文的不斷頒佈，新的情況以法律的準繩進行規範引導，人民身邊不正義現象的打擊消除，蘊含正氣之事的大力弘揚，醜惡現象的譴責消弭，人民關心事情的及時解決等，都不斷地讓人民群眾感受到了法律法規是公平正義的化身，是為人民伸張正義，是同醜惡現象做堅決鬥爭的。

通過這種方式，人民的法制觀念不斷梳理，依法處事意識不斷增強，依法治國呼聲更為強烈，凝聚了民意，團結了最大多數，公正有序、公平有規的社會文明化進程不斷加快。

（四）全面建成小康社會，扶困幫貧，最終實現共同富裕

改革開放以來的四十多年中，不管是農村，還是城市，人們的生活水準大幅度提高，絕大多數人都已經脫貧，進入了小康之家，甚至過上了「大康」的日子。但是，由於多方面的因素，中國至今還有一部分人沒有脫貧，仍然生活在溫飽線以下，這與我們黨提出的「兩個一百年」目標是極為不符的。針對這一狀況，以習近平同志為核心的黨中央在黨的十八屆五中全會上，專門提出了「精准扶貧」的目標和戰略，將貧困地區和貧困人口的脫貧致富奔小康作為主要任務專門提出，並採取了有效措施，要求在 2020 年，徹底使全國脫貧。其實，在提出這一戰略目標之前，習近平總書記等中央領導人就開始深入基

層，瞭解實際情況，為後期提出有針對性的措施做準備。因此，從十八大以來的五年中，從河北阜平駱駝灣村到甘肅定西元古堆村，從湘西十八洞村到山西呂梁趙家窪村的廣大農村地區，都留下了習近平總書記的足跡，察民情，問細帳，解憂難。五年來，在中國各個貧困的角落，哪裡有貧困群眾，哪裡就有共產黨員的身影。近 80 萬黨員幹部「上山下鄉」到貧困村駐村幫扶，19.5 萬名機關優秀幹部到村任第一書記，2013 年至 2016 年間，全國 120 多名共產黨員犧牲在反貧困鬥爭的決戰場上，都在為貧困地區、貧困人口的脫貧致富奔波忙碌、辛勤勞作。2013 年至 2016 年，中國農村貧困人口平均每年減少近 1400 萬人，相當於一個歐洲中等國家人口，創造了世界減貧史上的奇跡。[1]

通過扶貧，把貧困的人民扶起來了，也把黨員幹部的形象在老百姓的心裡扶起來了。這些扶起來的人和已經富起來的人，都是推進偉大事業的中堅力量和生力軍。在十九大確定的新「兩步」走發展戰略的基礎上，在黨中央的領導部署下，黨的十八屆五中全會確定的 2020 年中國全面脫貧的目標是完全可以實現的。

三、有順利「推進偉大事業」的中國道路

2012 年 11 月 17 日，在新一屆中共中央政治局第一次集體學習時，習近平總書記指出，中國特色社會主義道路，是實現中國社會主義現代化的必由之路，是創造人民美好生活的必由之路。改革開放以

---

1 趙承、張旭東等：〈中國共產黨率領億萬人民實現中國夢的政治本色與力量源泉〉，新華網，2017 年 10 月 12 日。

來，尤其是黨的十八大以來，正是這一必由之路，使得「黨和國家事業發生歷史性變革」「拓展了發展中國家走向現代化的途徑，為解決人類問題貢獻了中國智慧、提供了中國方案」。「中國特色社會主義為什麼行」現在成了其他國家人民的最大疑問，但也是中國人民的明確答案。其他國家的人民，為了探尋這個答案，也到中國來考察、學習，親身經歷之後，他們都很快有了明確答案，並對這一道路的魅力和其對中國現代化建設發揮的重大作用驚歎連連、贊許有加，對這一道路對其他國家的啟示和借鑒作用也是深信不疑、信心滿滿。第一次來中國的尼日利亞副總統辦公室特別助理歐姆勒‧伊利亞就說過：「儘管世界上不存在一個萬能的方式和道路，但我相信，在中國學到的經驗對尼日利亞經濟發展大有幫助。」[1]

那麼，到底「中國特色社會主義為什麼行？」對此問題，中央黨史研究室主任曲青山認為，中國特色社會主義的一系列制度安排是緊緊圍繞人民這個中心的，確保執政黨始終同人民想在一起、幹在一起，這使得絕大多數中國人成為這個進程的受益者；而西方的制度安排顯然沒有做到這一點。中國特色社會主義是在黨同人民想在一起、幹在一起的奮鬥中探索出來的道路，根植於中國大地，反映人民意願。回望近百年中國革命、建設、改革的歷程，從探索開闢出「農村包圍城市，武裝奪取政權」道路到開啟中國特色社會主義康莊大道，都是中國共產黨人把馬克思主義基本原理同中國實際相結合，始終同人民「想在一起、幹在一起」走出來的。因此，「道路問題是關係黨

---

1 趙承、張旭東等：〈中國共產黨率領億萬人民實現中國夢的政治本色與力量源泉〉，新華網，2017 年 10 月 12 日。

的事業興衰成敗第一位的問題，道路就是黨的生命」。這一高懸在井岡山茅坪八角樓一樓入口處的一幅紅字，不但是中國共產黨的早期領導人的睿智認識，也是中國共產黨 90 多年的實踐一再證明了的真理，所以，在改革開放取得偉大成就的今天，在實現中華民族偉大復興中國夢的征程上，以習近平同志為核心的黨中央，將其作為我們黨的最大經驗之一，與理論、制度、文化相提並論，成為「四大自信」不斷強調、宣傳。黨和人民心往一處想、勁往一處使，我們就可以在中國特色社會主義的寬廣道路上走得更遠，我們的偉大事業就會發展得更快、更好，既有誘人的質，也有客觀的量。

中國特色社會主義追求的富裕是全體人民的共同富裕，追求的發展是造福人民的全面發展。這是中國共產黨擁有的政治優勢，能「集中動員最大力量，咬定青山久久為功」，也是中國道路擁有的制度優勢，能東西攜手扶貧，互補實現共贏。黨的十八大報告明確提出，要使發展成果更多更公平惠及全體人民，朝著共同富裕方向穩步前進。「共同富裕」，這是中國特色社會主義的根本原則，更是建設中國特色社會主義的根本任務。黨的十八大以來，中國居民人均可支配收入從 2012 年的 16510 元持續增長至 2016 年的 23821 元；與此同時，城鄉人均可支配收入之比從 2.88：1 持續下降至 2.72：1。從醫療服務到教育資源、從社會保障機制到勞動就業扶持、從基礎設施規劃建設到公共文化服務，都在不斷提高，發展很快。「在全世界政黨中，只有中國共產黨敢於向全世界宣示共同富裕的主張、共同富裕的目標和共同富裕的道路。」[1] 清華大學教授胡鞍鋼表達了學者們對這一道路的

---

1 趙承、張旭東等：〈中國共產黨率領億萬人民實現中國夢的政治本色與力量源泉〉，新華網，2017 年 10 月 12 日。

認可、認同和高度評價。

四、有導引「推進偉大事業」的共同夢想

2011 年 11 月，習近平總書記在參觀《復興之路》展覽時，提出了中華兒女在新的時代條件下實現「中國夢」的偉大願景和共同追求：「這個夢想，凝聚了幾代中國人的夙願，體現了中華民族和中國人民的整體利益，是每一個中華兒女的共同期盼。」五年來，為了實現這一夢想，以習近平同志為核心的黨中央帶領中國人民，擼起袖子加油幹，為了目標奮力拼搏，又總結出了一個具有永恆真理性的經驗——只要黨始終同人民想在一起、幹在一起，就沒有幹不成的事，就沒有實現不了的夢想！

深入分析習近平總書記提出中國夢的現實背景，我們不難發現，中國夢首先是對國內現實和國際環境的深刻認識。從國內現實來看，中國改革已進入深水區，改革的問題、難題集中凸顯，急需凝聚力量以攻堅克難；從國際環境來看，中國近年來快速發展引起了國際社會的普遍關注，也引起了有些國家的擔憂、質疑和排斥，中國急需重塑國家價值形象以向世界傳遞真實的中國聲音、展現友好的負責任的中國形象。「中國夢」明確了我們要建設什麼樣的國家，其價值目標就是要通過社會主義基本功能的充分發揮，推動社會主義經濟、政治、文化等的全面、協調和可持續發展，增強國力、保障社會成員的民主權利、建設清明政治、協調社會利益關係，實現國強民富、有序民主、政治文明、社會和諧。

追求中華民族偉大復興的夢想，是中華民族的特性。這一夢想貫

穿中國歷史發展的始終，是中國社會發展前進的強大精神力量。中國夢的提出源于中華文明史中追求復興的深厚傳統，源於近代以來中華民族的苦難史與抗爭史，更源於當前中國社會發展進程所置身的深刻的國內現實和複雜的國際環境。

中國夢是凝聚改革發展力量的精神旗幟，實現中華民族偉大復興是改革發展的目標指向，國家富強、民族振興與人民幸福是改革發展的價值歸宿。實現中國夢這一目標，是與堅持中國特色社會主義道路緊密聯繫在一起的，一個是奮鬥目標，一個是實現路徑，二者是不可分割的整體。因此，提出實現中華民族偉大復興的中國夢這一宏偉目標，同時也必然地確定一條實現這一目標的現實路徑。這就為當前中國全面深化改革謀求科學發展指明和確定了一條必由之路：中國特色社會主義道路。

實現中華民族偉大復興的中國夢，是中華民族近代以來最偉大的夢想。它根源于中華民族不斷追求復興和進步的深厚歷史文化傳統，植根於中國特色社會主義的偉大實踐，著眼于國家富強、民族振興、人民幸福的美好未來，造福于和平發展、合作共贏的和諧世界。中國夢的實現需要實幹，需要實踐的創新。中國夢從理想一步步變為現實的過程，是堅定不移走中國特色社會主義道路的過程，是每一個中國人不懈奮鬥，在各自崗位上艱苦奮鬥、建功立業的過程，而這就是社會主義核心價值觀踐行的過程。中國夢是通過實現階段性目標而逐步接近的發展歷程。建設中國特色社會主義，把中國建設成為富強民主文明和諧的社會主義現代化國家，是當代中國最大的政治任務，是全黨全國各族人民共同的理想和奮鬥目標。可以說，提出中國夢進一步強化了近代以來中華民族從傳統向現代轉型的自覺意識，進一步強化

了改革開放以來中國一直恪守的發展道路和奮鬥目標，即建設中國特色社會主義、到 21 世紀中葉基本實現社會主義現代化。這是對歷史和現實的深刻把握，是對中國社會發展規律的自覺尊重，是對中國發展方向的莊重申明。中國夢，寄託著中華民族永不褪色的集體記憶和昂揚向上的意志情懷，昭示著中華民族崇高的目標理想和美好未來。

第二節　抓緊做好「推進偉大事業」的核心工作

在黨的十九大上，習近平總書記指出：「十八大以來，國內外形勢變化和中國各項事業發展都給我們提出了一個重大時代課題，這就是必須從理論和實踐結合上系統回答新時代堅持和發展什麼樣的中國特色社會主義、怎樣堅持和發展中國特色社會主義，包括新時代堅持和發展中國特色社會主義的總目標、總任務、總體佈局、戰略佈局和發展方向、發展方式、發展動力、戰略步驟、外部條件、政治保證等基本問題……以利於更好堅持和發展中國特色社會主義。」這是我們在新的時代條件下需要去完成的艱巨任務，是「分兩步走在本世紀中葉建成富強民主文明和諧美麗的社會主義現代化強國」宏偉目標的條件和保障，但就其核心的任務來說，還是統籌推進「五位一體」總體佈局、協調推進「四個全面」戰略佈局，這既是基礎性工作和核心性任務，又帶有根本性方向和制度性保障，直接決定著「富強民主文明和諧美麗」目標能否如期實現。

一、推動經濟穩中向好健康發展

黨的十八大以來，在以習近平同志為核心的黨中央的領導下，在新發展理念的指引下，在世界經濟深度調整、國內經濟發展步入新常態的背景下，中國堅持穩中求進的工作總基調，引領經濟發展新常態，推動供給側結構性改革，經濟社會發展取得輝煌成就，使中國經濟社會發展站上新的起點，為不斷實現新的躍升打下了堅實的基礎。

引領經濟發展新常態，指明中國未來發展經濟的著力點。2014 年5 月，習近平總書記在河南考察時首次提及「新常態」。他指出：「我國發展仍處於重要戰略機遇期，我們要增強信心，從當前我國經濟發展的階段性特徵出發，適應新常態，保持戰略上的平常心態。」並要求大家理解新常態、認識新常態、適應新常態，促進新常態背景下的經濟發展。經濟新常態是習近平總書記對中國經濟在持續了十多年高速發展之後新的發展特點與發展階段的重大戰略判斷，既符合中國經濟增長的實際規律，又指明中國未來發展經濟的著力點，對於中國經濟建設具有里程碑的意義。

推進經濟結構性改革，增強中國經濟增長的動力。在中國經濟新常態背景下，提出推進經濟結構的改革，是以習近平同志為核心的黨中央針對中國經濟發展的狀況和前景，提出的又一重大戰略決策。為了推進經濟結構性改革，習近平總書記指出，一定要牢固樹立和貫徹落實創新、協調、綠色、開放、共用的發展理念，適應經濟發展新常態，堅持穩中求進，堅持改革開放，實行宏觀政策要穩、產業政策要准、微觀政策要活、改革政策要實、社會政策要托底的政策，戰略上堅持持久戰，戰術上打好殲滅戰，在適度擴大總需求的同時，著力加

強供給側結構性改革，著力提高供給體系品質和效率，增強經濟持續增長動力，推動中國社會生產力水準實現整體躍升。[1]

激發經濟發展的活力和動力，不斷發現和培育新的經濟增長點。如何啟動和激發中國經濟發展的活力和動力，在 2014 年 12 月召開的中央經濟工作會議上，他就提出了自己的思路。「如何不斷發現和培育新的經濟增長點？一是市場要活，二是創新要實，三是政策要寬。」習近平進一步強調，抓創新就是抓發展，謀創新就是謀未來，要深入實施創新驅動發展戰略，推動以科技創新為核心的全面創新，加快形成以創新為主要引領和支撐的經濟體系和發展模式。習近平的這些思想，為我們立足中國實際，如何實現經濟在動力與活力雙重驅動下快速發展，提供了重要指導。

在習近平總書記一系列重要經濟發展思想的指導下，十八大以來的五年中，中國不管是經濟發展的總態勢，還是結構的調整優化，或是在人民得實惠等方面，都取得了驕人的成績。國家統計局資料顯示，2013 年至 2016 年，中國 GDP 年均增長 7.2%，高於同期世界 2.5% 和發展中經濟體 4% 的平均增長水準，保持了中高速增長。2016 年，中國 GDP 占世界經濟總量的 15% 左右，比 2012 年提高超過 3 個百分點，穩居世界第二位。2013 年到 2016 年，中國對世界經濟增長的平均貢獻率達到 30% 以上，超過美國、歐元區和日本貢獻率的總和，居世界第一位，中國國際影響力顯著提升。2013 年，服務業增加值比重首次超過第二產業，成為國民經濟第一大產業；2016 年這一比

---

1 楊宜勇：〈中國特色社會主義政治經濟學新篇章〉，《人民論壇》，2017 年 09 月 27 日。

重提升至 51.6%，比 2012 年提高 6.3 個百分點，撐起「半壁江山」，服務業比重持續提升。[1] 國內生產總值從五十四萬億增長到八十萬億，穩居世界第二，對世界經濟增長貢獻率超過百分之三十；農業現代化穩步推進，糧食生產能力達到一萬二千億斤，城鎮化率提高一點二個百分點，八千多萬農業轉移人口成為城鎮居民；開放型經濟新體制逐步穩健，對外貿易、對外投資、外匯儲備穩居世界前列。[2]

　　這些成就的取得，得益于以習近平同志為核心的黨中央提出的發展理念，制定的經濟政策，採取的有效措施。為了經濟再上新臺階，繼續保持穩中向好健康發展的態勢，在黨的十九大上，習近平總書記指出，中國經濟已由高速增長階段轉向高品質發展階段，正處在轉變發展方式、優化經濟結構、轉化增長動力的攻關期，建設現代化經濟體系是跨越關口的迫切要求和中國發展的戰略目標。必須堅持品質第一、效益優先，以供給側結構性改革為主線，推動經濟發展品質變革、效率變革、動力變革，提高全要素生產率，著力加快建設實體經濟、科技創新、現代金融、人力資源協同發展的產業體系，著力構建市場機制有效、微觀主體有活力、宏觀調控有度的經濟體系，不斷增強中國經濟創新力和競爭力。[3]

1 陳煒偉：〈來之不易的亮麗成績單——黨的十八大以來經濟建設成就綜述〉，新華社，2017 年 10 月 03 日。
2 習近平：〈決勝全面建成小康社會 奪取新時代中國特色社會主義偉大勝利〉，《人民日報》2017 年 10 月 28 日。
3 習近平：〈決勝全面建成小康社會 奪取新時代中國特色社會主義偉大勝利〉，《人民日報》2017 年 10 月 28 日。

二、治國理政立治有體施治有序

　　黨的十八大以來，為了進一步堅定政治自信，增強走中國特色社會主義政治發展道路的信心和決心，不斷推進社會主義政治制度自我完善和發展，推進國家治理體系和治理能力現代化，實現「兩個一百年」奮鬥目標、實現中華民族偉大復興的中國夢，習近平總書記就如何建設社會主義民主政治發表了一系列重要論述，提出了許多重要的發展思路，對於具體的實踐具有重大的指導作用。

　　繼續發展社會主義民主政治，堅定不移走中國特色社會主義政治發展道路。我們的目標和任務，是在改革開放取得巨大成就的基礎上，鞏固既有成果，完善現有政治制度，使人民充分享有民主和權力。因此，在黨的十八屆一中全會上習近平總書記就對發展民主政治、走中國特色的政治發展道路提出了明確的要求：「我們要繼續發展社會主義民主政治，堅定不移走中國特色社會主義政治發展道路，堅持黨的領導、人民當家作主、依法治國有機統一，繼續積極穩妥推進政治體制改革，堅持和完善人民代表大會制度、中國共產黨領導的多黨合作和政治協商制度、民族區域自治制度以及基層群眾自治制度，鞏固和發展最廣泛的愛國統一戰線，發展更加廣泛、更加充分、更加健全的人民民主。」[1] 並提出，當時和今後一個時期內，新一屆中央領導集體的首要政治任務，就是全面貫徹落實黨的十八大精神，為實現黨的十八大確定的目標任務而努力奮鬥。

---

1 習近平：〈全面貫徹落實黨的十八大精神要突出抓好六個方面工作〉，《求是》，2013 年第 1 期。

　　必須從各個領域推進國家治理體系和治理能力現代化。只有全黨思想和意志統一了，才能統一全國各族人民的思想和意志，才能形成推進改革的強大合力，推動各方面的改革，實現經濟社會的充分發展，讓人民充分的享有民主，過上好日子，充分體現社會主義制度的優越性。2013 年 11 月 12 日，習近平總書記在黨的十八屆三中全會第二次全體會議上的講話中指出，「堅持把完善和發展中國特色社會主義制度，推進國家治理體系和治理能力現代化作為全面深化改革的總目標。」[1] 但是，現實情況是，相比中國經濟社會發展的要求和人民群眾的期待，相比當今世界日趨激烈的國際競爭和實現國家長治久安的目標，我們在國家治理體系和治理能力方面還有許多不足，有許多亟待改進的地方。因此，我們必須適應時代變化，既改革不適應實踐發展要求的體制機制、法律法規，又不斷構建新的體制機制、法律法規，使各方面制度更加科學、更加完善，實現黨、國家、社會各項事務治理制度化、規範化、程式化；要更加注重治理能力建設，增強按制度辦事、依法辦事意識，善於運用制度和法律治理國家，把各方面制度優勢轉化為管理國家的效能，提高黨科學執政、民主執政、依法執政水準，不斷發揮中國特色社會主義制度的優越性。

　　必須選擇適合中國國情，具有中國特色的社會主義政治制度。古今中外，由於政治發展道路選擇錯誤和政治制度制定出現失誤而導致社會動盪、國家分裂、人亡政息的例子比比皆是。中國是一個發展中大國，以什麼樣的思路和依據來謀劃和選擇中國的政治道路和政治制

---

1 習近平：〈切實把思想統一到黨的十八屆三中全會精神上來〉，《求是》，2014 年第 1 期。

度，在國家政治生活中具有管根本、管全域、管長遠的作用，必須慎而又慎。世界上不存在完全相同的政治制度，也不存在適用於一切國家的政治制度模式。「物之不齊，物之情也。」各國國情不同，每個國家的政治制度都是獨特的，都是由這個國家的人民決定的。中國特色社會主義政治制度之所以行得通、有生命力、有效率，就是因為它是從中國的社會土壤中生長起來的。中國特色社會主義政治制度過去和現在一直生長在中國的社會土壤之中，未來要繼續苗壯成長，也必須深深扎根於中國的社會土壤。

治國理政，必須「立治有體，施治有序」。政治制度對一個國家長治久安具有十分重要的意義。西方國家策劃「顏色革命」，往往從所針對的國家的政治制度特別是政黨制度開始發難，大造輿論，大肆渲染，把不同於他們的政治制度和政黨制度打入另類，煽動民眾搞街頭政治。當今世界，意識形態領域看不見硝煙的戰爭無處不在，政治領域沒有槍炮的較量一直未停。搞了西方的那套東西就更自由、更民主、更穩定了嗎？一些發展中國家照搬西方政治制度和政黨制度模式，結果如何呢？很多國家陷入政治動盪、社會動亂，人民流離失所。「往者不可諫，來者猶可追。」我們一定要清醒、一定要堅定。

習近平總書記在黨的十九大報告中強調，要健全人民當家作主制度體系，發展社會主義民主政治。中國社會主義民主是維護人民根本利益的最廣泛、最真實、最管用的民主。發展社會主義民主政治就是要體現人民意志、保障人民權益、激發人民創造活力，用制度體系保證人民當家作主。中國特色社會主義政治發展道路，是近代以來中國人民長期奮鬥歷史邏輯、理論邏輯、實踐邏輯的必然結果，是堅持黨的本質屬性、踐行黨的根本宗旨的必然要求。要長期堅持、不斷發展

中國社會主義民主政治，積極穩妥推進政治體制改革，推進社會主義民主政治制度化、規範化、程式化，保證人民依法通過各種途徑和形式管理國家事務，管理經濟文化事業，管理社會事務，鞏固和發展生動活潑、安定團結的政治局面。[1]

三、推動社會主義文化繁榮興盛

「文化是一個國家、一個民族的靈魂。文化興國運興，文化強民族強。沒有高度的文化自信，沒有文化的繁榮興盛，就沒有中華民族偉大復興。」[2]正是對文化的重要作用有著如此清晰的認識，所以，在黨的十九大上，習近平總書記在強調了文化的重大作用之後，向全黨和全國人民提出了「要堅持中國特色社會主義文化發展道路，激發全民族文化創新創造活力，建設社會主義文化強國」[3]的宏大目標和艱巨任務。

也正是有了這樣的清醒認識，黨的十八大以來，以習近平同志為核心的黨中央一直非常重視對中國特色社會主義文化的建設，並將「文化自信」作為「四大自信」之一，與理論自信、道路自信和制度自信三者並列，不斷強調其重要作用。思想文化建設取得了重大進展：

---

1 習近平：〈決勝全面建成小康社會 奪取新時代中國特色社會主義偉大勝利〉，《人民日報》2017 年 10 月 28 日。

2 習近平：〈決勝全面建成小康社會 奪取新時代中國特色社會主義偉大勝利〉，《人民日報》2017 年 10 月 28 日。

3 習近平：〈決勝全面建成小康社會 奪取新時代中國特色社會主義偉大勝利〉，《人民日報》2017 年 10 月 28 日。

加強黨對意識形態工作的領導，黨的理論創新全面推進，馬克思主義在意識形態領域的指導地位更加鮮明，中國特色社會主義和中國夢深入人心，社會主義核心價值觀和中華優秀傳統文化廣泛弘揚，群眾性精神文明創建活動扎實開展；公共文化服務水準不斷提高，文藝創作持續繁榮，文化事業和文化產業蓬勃發展，互聯網建設管理運用不斷完善，全民健身和競技體育全面發展；主旋律更加響亮，正能量更加強勁，文化自信得到彰顯，國家文化軟實力和中華文化影響力大幅提升，全黨全社會思想上的團結統一更加鞏固。

一個國家、一個民族的強盛，總是以文化興盛為支撐的，中華民族偉大復興需要以中華文化發展繁榮為條件。所以，在黨的十九大上，習近平總書記不但非常強調文化的重要性，而且就當前和今後很長一段時間內，如何抓住核心任務、做好核心工作，堅定文化自信，推動中國的社會主義文化繁榮興盛提出了五點具有方向性的工作重點和努力方向。

一是牢牢掌握意識形態工作的領導權。要持續推進馬克思主義中國化時代化大眾化，建設具有強大凝聚力和引領力的社會主義意識形態，使全體人民在理想信念、價值理念、道德觀念上緊緊團結在一起；要加強理論武裝，推動新時代中國特色社會主義思想深入人心；要高度重視傳播手段建設和創新，提高新聞輿論傳播力、引導力、影響力、公信力；要落實意識形態工作責任制，加強陣地建設和管理，旗幟鮮明反對和抵制各種錯誤觀點。

二是培育和踐行社會主義核心價值觀。要以培養擔當民族復興大任的時代新人為著眼點，強化教育引導、實踐養成、制度保障，發揮社會主義核心價值觀對國民教育、精神文明創建、精神文化產品創作

生產傳播的引領作用，把社會主義核心價值觀融入社會發展各方面，轉化為人們的情感認同和行為習慣；要深入挖掘中華優秀傳統文化蘊含的思想觀念、人文精神、道德規範，結合時代要求繼承創新，讓中華文化展現出永久魅力和時代風采。

三是加強思想道德建設。要提高人民思想覺悟、道德水準、文明素養，提高全社會文明程度；要廣泛開展理想信念教育，深化中國特色社會主義和中國夢宣傳教育，弘揚民族精神和時代精神，加強愛國主義、集體主義、社會主義教育，引導人們樹立正確的歷史觀、民族觀、國家觀、文化觀。加強和改進思想政治工作，深化群眾性精神文明創建活動；要弘揚科學精神，抵制腐朽落後文化侵蝕；要推進誠信建設和志願服務制度化，強化社會責任意識、規則意識、奉獻意識。

四是繁榮發展社會主義文藝。要堅持以人民為中心的創作導向，在深入生活、扎根人民中進行無愧於時代的文藝創造；要繁榮文藝創作，不斷推出謳歌黨、謳歌祖國、謳歌人民、謳歌英雄的精品力作；要宣導講品位、講格調、講責任的文藝創作與發展方向，抵制低俗、庸俗、媚俗的文藝形式及文藝垃圾；要加強文藝隊伍建設，造就一大批德藝雙馨的名家大師，培育一大批高水準創作人才。

五是推動文化事業和文化產業發展。要深化文化體制改革，完善文化管理體制，加快構建把社會效益放在首位、社會效益和經濟效益相統一的體制機制；健全現代文化產業體系和市場體系，創新生產經營機制，完善文化經濟政策，培育新型文化業態；要加強中外人文交流，以我為主、兼收並蓄，推進國際傳播能力建設，講好中國故事，展現真實、立體、全面的中國，提高國家文化軟實力。

中國共產黨從成立之日起，既是中國先進文化的積極引領者和

踐行者,又是中華優秀傳統文化的忠實傳承者和弘揚者。相信,當代中國共產黨人和中國人民應該而且一定能夠擔負起新的文化建設的使命,在實踐創造中進行文化創造,在歷史進步中實現文化進步![1]

四、改善民生創新社會治理格局

社會建設關乎民生,是中國特色社會主義「五位一體」總體佈局的重要組成部分,是我們黨治國理政的重大任務,也是老百姓最關心的問題。黨的十八大以來,以習近平同志為核心的黨中央高度重視社會建設,堅持以人民為中心的發展理念,順應人民群眾對美好生活的嚮往,把增進人民福祉、促進人的全面發展作為一切工作的出發點和落腳點,從人民群眾最關心最直接最現實的利益問題入手,統籌做好各項保障和改善民生工作,社會建設取得重大成就,人民生活水準顯著提高。在實實在在、真真切切的物質成就和精神滿足面前,人民群眾的幸福感、獲得感、成就感、受重視感、被尊重感不斷提升,進一步增強了對黨的信任和對中國特色社會主義的信念。

黨的十八大以來,以習近平同志為核心的黨中央牢記黨全心全意為人民服務的根本宗旨,把人民利益放在各項工作的首位,秉承「人民對美好生活的嚮往就是我們的奮鬥目標」的理念,採取各種措施,謀民生之利、解民生之憂,在發展中補齊民生短板、促進社會公平正義,統籌做好各領域民生工作,讓改革發展成果更多更公平地惠及全

---

1 習近平:〈決勝全面建成小康社會 奪取新時代中國特色社會主義偉大勝利〉,《人民日報》2017 年 10 月 28 日。

體人民，使基本的民生問題基本上得到了解決，確保幼有所育、學有所教、勞有所得、病有所醫、老有所養、住有所居、弱有所扶，而且取得重大成就和新的進展，保證全體人民在共建共用發展中沒有被落下任何一個，有更多的獲得感和幸福感，社會和諧穩定，國家長治久安，人民安居樂業。

可以說，「始終把人民放在最高的位置」是以習近平同志為核心的黨中央的最高價值追求，貫穿於黨的十八大以來新一屆政府各種決策及其思想的始終，而且是一以貫之的。

習近平總書記總結了政黨執政的規律和政權興亡的重要規律，認識到人心向背最終決定著一個政黨或一個政權的前途和命運，認為密切聯繫群眾，保持與人民群眾的血肉聯繫，是中國共產黨立於不敗之地的根基；黨如果脫離了群眾、失去了人民的擁護和支持，最終註定走向失敗，喪失執政資格和執政黨地位；從黨的地位和黨所肩負使命的維度出發，提出我們黨一定要植根於人民、堅持群眾路線、樹立為群眾服務的觀點；提出黨要虛心向群眾學習，誠心接受群眾監督，始終植根於人民、造福人民，始終保持黨同人民群眾的血肉聯繫，始終與人民心連心、同呼吸、共命運；要求全體黨員尤其是黨的各級領導幹部要弘揚黨的密切聯繫群眾和一切為了群眾、一切依靠群眾的光榮傳統和優良作風，堅持不懈地把群眾觀點和群眾路線落實到實踐中，認真把握新形勢下群眾工作的特點和規律，努力為群眾辦實事、解難事、做好事，把工作做到群眾的心坎上；要求各級黨員和幹部要辦好順民意、解民憂、惠民生的實事，糾正損害群眾利益的行為，要著力解決人民群眾反映強烈的突出問題，把群眾工作做實、做深、做細，確保群眾安居樂業，確保社會和諧穩定。

就如何解決民生，推動社會建設，習近平總書記也多次做了指示。他提出，解決民生問題必須堅持以人為本的原則。以人為本，就是以最廣大人民的根本利益為本。堅持以人為本，就是要把人民群眾的利益放在第一位，始終把實現好、維護好、發展好最廣大人民群眾的根本利益作為黨和國家一切工作的根本出發點和落腳點。尊重人民主體地位，發揮人民首創精神，保障人民各項權益，走共同富裕道路，促進人的全面發展。做到發展為了人民，發展依靠人民，發展成果由人民共用。教育廣大黨員樹立科學的政績觀和科學的發展觀，不要弄虛作假，勞民傷財，一味搞「形象工程」和「政績工程」。領導幹部樹政績的根本途徑是將人民群眾的眼前利益和長遠利益結合起來，尊重客觀規律，按客觀規律辦事，腳踏實地地工作；領導幹部樹政績的根本目的是為人民謀利益。強調要把中央各項惠民政策落到實處，各級領導幹部要更多關愛生產、生活、工作和學習等方面有困難的群眾，讓人民群眾切實感受到黨和政府的關懷和溫暖。

黨的十九大上，習近平總書記又將「提高保障和改善民生水準，加強和創新社會治理」作為重要議題之一做了專門闡述：「帶領人民創造美好生活，是我們黨始終不渝的奮鬥目標。必須始終把人民利益擺在至高無上的地位，讓改革發展成果更多更公平惠及全體人民，朝著實現全體人民共同富裕不斷邁進」，並就今後一個時期內改善民生水準、創新社會治理的主要工作做了部署：「保障和改善民生要抓住人民最關心最直接最現實的利益問題，既盡力而為，又量力而行，一件事情接著一件事情辦，一年接著一年幹。堅持人人盡責、人人享有，堅守底線、突出重點、完善制度、引導預期，完善公共服務體系，保障群眾基本生活，不斷滿足人民日益增長的美好生活需要，不斷促進

社會公平正義，形成有效的社會治理、良好的社會秩序，使人民獲得感、幸福感、安全感更加充實、更有保障、更可持續。」[1]

五、保護生態環境建設美麗中國

人與自然是生命共同體，人類必須尊重自然、順應自然、保護自然。人類只有遵循自然規律才能有效防止在開發利用自然上走彎路，人類對大自然的傷害最終會傷及人類自身，這是無法抗拒的規律。黨的十八大以來，以習近平同志為核心的黨中央高度重視社會主義生態文明建設，堅持節約資源和保護環境的基本國策，堅持綠色發展，把生態文明建設融入經濟建設、政治建設、文化建設、社會建設各方面和全過程，提出了許多關於社會主義生態文明建設的論述，制定了許多重要的政策，對於加大生態環境保護力度，推動生態文明建設在重點突破中實現整體推進，發揮了重要作用。這些論述和政策對於全黨全社會深刻認識生態文明建設的重大意義，堅持和貫徹新發展理念，堅定不移走生產發展、生活富裕、生態良好的文明發展道路，推動形成綠色發展方式和生活方式，推進美麗中國建設，努力走向社會主義生態文明新時代，實現「兩個一百年」奮鬥目標、實現中華民族偉大復興的中國夢，具有十分重要的指導意義。

建設生態文明是關係人民福祉、關乎民族未來的大計。黨的十八大，首次把「美麗中國」作為生態文明建設的宏偉目標，把生態文明

---

1 習近平：＜決勝全面建成小康社會　奪取新時代中國特色社會主義偉大勝利＞，《人民日報》2017 年 10 月 28 日。

建設擺上了中國特色社會主義「五位一體」總體佈局的戰略位置。生態文明建設不僅秉承了天人合一、順應自然的中華優秀傳統文化理念，也是國家現代化建設的需要。習近平總書記在多個場合多次強調要著力解決環境問題，推進綠色發展，加大生態系統保護力度，把生態文明建設作為一項重要的國策來抓。

就為什麼要加強生態建設、保護生態環境，有什麼重要意義，需要處理好什麼關係等重大方向性問題，習近平總書記還提出了許多創新性理念，用淺顯易懂的語言對上述問題做了闡釋，如既要綠水青山，也要金山銀山，綠水青山就是金山銀山；環境就是民生，青山就是美麗，藍天也是幸福；要像保護眼睛一樣保護生態環境，像對待生命一樣對待生態環境；對破壞生態環境的行為，不能手軟，不能下不為例；要科學佈局生產空間、生活空間、生態空間，扎實推進生態環境保護，讓良好生態環境成為人民生活品質的增長點，成為展現中國良好形象的發力點；生態環境沒有替代品，用之不覺，失之難存等觀點；要加強生態文明建設，劃定生態保護紅線，為可持續發展留足空間，為子孫後代留下天藍地綠水淨的家園。

就如何加強生態建設、保護生態環境、建設美麗家園，重點工作是什麼等問題，習近平總書記也提出了許多具體措施，做了及時的制度安排。如要加大大氣污染治理力度，應對霧霾污染、改善空氣品質的首要任務是控制 PM2.5，要從壓減燃煤、嚴格控車、調整產業、強化管理、聯防聯控、依法治理等方面採取重大舉措；繼續實施可持續發展戰略，優化國土空間開發格局，全面促進資源節約，加大自然生態系統和環境保護力度，著力解決霧霾等一系列問題，努力建設天藍地綠水淨的美麗中國；經濟要發展，但不能以破壞生態環境為代價，

生態環境保護是一個長期的任務，要久久為功；我們將貫徹創新、協調、綠色、開放、共用的發展理念，為全面建成小康社會決勝階段開好局、起好步；生態文明建設是「五位一體」總體佈局和「四個全面」戰略佈局的重要內容；要深化生態文明體制改革，儘快把生態文明制度的「四梁八柱」建立起來，把生態文明建設納入制度化、法制化軌道；我們必須堅持節約資源和保護環境的基本國策，加快建設資源節約型、環境友好型社會，推進美麗中國建設，為全球生態安全做出新貢獻。

在以習近平同志為核心的黨中央領導下，在全國上下的努力下，十八大以來，中國的生態文明建設成效顯著：大力度推進生態文明建設，全黨全國貫徹綠色發展理念的自覺性和主動性顯著增強，忽視生態環境保護的狀況明顯改變；生態文明制度體系加快形成，主體功能區制度逐步健全，國家公園體制試點積極推進；全面節約資源有效推進，能源資源消耗強度大幅下降；重大生態保護和修復工程進展順利，森林覆蓋率持續提高；生態環境治理明顯加強，環境狀況得到改善；引導應對氣候變化國際合作，成為全球生態文明建設的重要參與者、貢獻者、引領者。[1]

加強生態建設、保護生態環境、建設美麗中國和共建生態良好的地球美好家園是一個長期的任務，不是短期內就可以完成的，要久久為功。因此，在黨的十九大上，習近平總書記又向全黨全國人民提出了「加快生態文明體制改革，建設美麗中國」的任務，即我們要建設的現代化是人與自然和諧共生的現代化，既要創造更多物質財富和精

---

[1] 習近平：〈決勝全面建成小康社會 奪取新時代中國特色社會主義偉大勝利〉，《人民日報》2017 年 10 月 28 日。

神財富以滿足人民日益增長的美好生活需要，也要提供更多優質生態產品以滿足人民日益增長的優美生態環境需要。必須堅持節約優先、保護優先、自然恢復為主的方針，形成節約資源和保護環境的空間格局、產業結構、生產方式、生活方式，還自然以寧靜、和諧、美麗。具體任務為：一是推進綠色發展。加快建立綠色生產和消費的法律制度和政策導向，構建市場導向的綠色技術創新體系，推進能源生產和消費革命，宣導簡約適度、綠色低碳的生活方式，開展創建節約型機關、綠色家庭、綠色學校、綠色社區和綠色出行等行動。二是著力解決突出環境問題。要堅持全民共治、源頭防治，持續實施大氣污染防治行動，健全環保信用評價、資訊強制性披露、嚴懲重罰等制度，構建政府為主導、企業為主體、社會組織和公眾共同參與的環境治理體系。三是加大生態系統保護力度。構建生態廊道和生物多樣性保護網路，開展國土綠化行動，完善天然林保護制度，嚴格保護耕地，健全耕地草原森林河流湖泊休養生息制度，建立市場化、多元化生態補償機制。四是改革生態環境監管體制。加強對生態文明建設的總體設計和組織領導，完善生態環境管理制度，構建國土空間開發保護制度，建立以國家公園為主體的自然保護地體系，堅決制止和懲處破壞生態環境行為。[1]

　　生態文明建設功在當代、利在千秋。只要我們牢固樹立社會主義生態文明觀，推動形成人與自然和諧發展現代化建設新格局，加強生態建設、保護生態環境的任務會儘早完成的，建設美麗中國的目標是

---

1 習近平：〈決勝全面建成小康社會　奪取新時代中國特色社會主義偉大勝利〉，《人民日報》2017 年 10 月 28 日。

會早日實現的。

第三節　積極創設「推進偉大事業」的重要保證

為了保證我們黨確定「五位一體」的中國特色社會主義建設偉大事業能如期、按計劃地順利推進，在明確目標的基礎上，明確偉大事業的行進方向、正確道路、重要理論、基本制度、智力支持、發展動力、根本保證、外部環境等條件也是必需的，非常重要。

一、高舉中國特色社會主義偉大旗幟保方向

旗幟就是形象，就是方向。中國特色社會主義是當代中國的旗幟，是當代中國發展進步的旗幟，是全黨全國各族人民團結奮鬥的旗幟，是開拓馬克思主義在中國更為廣泛發展前景的旗幟。中國特色社會主義旗幟凝聚著當代中國各族人民的共同理想，是實現中華民族偉大復興的必由之路，內含著黨的最高綱領與最低綱領相統一的偉大事業，是全國各族人民共創美好家園的精神支柱。中國特色社會主義旗幟指引著當代中國走向未來的根本路徑，是防止我們國家變色轉向走「民主社會主義」的西化之路、走傳統社會主義模式僵化之路和走靠孔孟學說立國的儒化之路的金鐘罩、防腐劑。中國特色社會主義旗幟能充分發揮解放思想在堅持和發展中國特色社會主義中的先導作用，始終把改革開放作為堅持和發展中國特色社會主義的強大動力，賦予中國特色社會主義旺盛的生命力，不斷開創改革開放的新局面。中國

特色社會主義旗幟能把「一個中心」和「兩個基本點」的社會主義初級階段總路線統一於發展中國特色社會主義的偉大實踐，大力推進中國特色社會主義的經濟建設、政治建設、文化建設、社會建設和生態文明建設，為發展中國特色社會主義奠定堅實的物質基礎，提供政治保障、智力支援、人力支援，以及和諧的社會環境、環境條件，並創造有利的外部環境，實現與各國的互利共贏。中國特色社會主義旗幟內含加強黨的先進性建設，為堅持和發展中國特色社會主義提供根本保證；有效履行我軍歷史使命，為堅持和發展中國特色社會主義提供安全保障。因此，旗幟問題至關重要。

高舉中國特色社會主義偉大旗幟，是總結中國社會主義建設 70 年的歷史經驗特別是改革開放 40 多年的基本經驗而得出的必然結論。2012 年 11 月 17 日，習近平總書記在十八屆中共中央政治局第一次集體學習時發表重要講話，強調：「黨和國家的長期實踐充分證明，只有社會主義才能救中國，只有中國特色社會主義才能發展中國。只有高舉中國特色社會主義偉大旗幟，我們才能團結帶領全黨全國各族人民，在中國共產黨成立 100 年時全面建成小康社會，在新中國成立 100 年時建成富強民主文明和諧的社會主義現代化國家，贏得中國人民和中華民族更加幸福美好的未來。」「中國特色社會主義，承載著幾代中國共產黨人的理想和探索，寄託著無數仁人志士的夙願和期盼，凝聚著億萬人民的奮鬥和犧牲，是近代以來中國社會發展的必然選擇，是發展中國、穩定中國的必由之路。」[1]

---

1 習近平：〈緊緊圍繞堅持和發展中國特色社會主義，深入學習宣傳貫徹黨的十八大精神——習近平在十八屆中共中央政治局第一次集體學習時的講話〉，《人民日報》2012 年 11 月 19 日。

　　正是基於這一認識，黨的十八大以來，以習近平同志為核心的黨中央始終高舉中國特色社會主義偉大旗幟，牢固樹立中國特色社會主義道路自信、理論自信、制度自信、文化自信，團結帶領全國各族人民，緊緊圍繞實現「兩個一百年」奮鬥目標和中華民族偉大復興的中國夢，把馬克思主義基本原理同當代中國發展的具體實際緊密結合起來，提出了一系列治國理政新理念新思想新戰略，形成了一個系統完整、邏輯嚴密的科學理論體系，開闢了馬克思主義中國化新境界，使中國特色社會主義進入了新的發展階段。因此，在省部級主要領導幹部「學習習近平總書記重要講話精神，迎接黨的十九大」專題研討班開班式上發表的重要講話中，習近平總書記再次強調：「中國特色社會主義是改革開放以來黨的全部理論和實踐的主題，全黨必須高舉中國特色社會主義偉大旗幟，牢固樹立中國特色社會主義道路自信、理論自信、制度自信、文化自信，確保黨和國家事業始終沿著正確方向勝利前進。」[1] 之所以如此，就是因為中國特色社會主義偉大旗幟，是我們推進偉大事業的正確方向，也是我們克服在中國特色社會主義建設征程上遇到的各種困難的精神動力，更是我們決勝全面建成小康社會、奪取新時代中國特色社會主義偉大勝利，實現中華民族偉大復興目標的重要政治保證，是我們黨在任何時候和任何條件下堅持馬克思主義而不變色、我們國家在任何時候任何條件下永遠堅持社會主義道路而不轉向的根本保證，意義極其重大。

---

1 習近平：〈高舉中國特色社會主義偉大旗幟，為決勝全面小康社會實現中國夢而奮鬥——習近平在省部級主要領導幹部「學習習近平總書記重要講話精神，迎接黨的十九大」專題研討班開班式上發表重要講話〉，《人民日報》2017 年 7 月 28 日。

所以，在黨的十九大上，針對在全面建成小康社會的基礎上，分兩步走在本世紀中葉建成富強民主文明和諧美麗的社會主義現代化強國，實現社會主義現代化和中華民族偉大復興的歷史總任務，面對人民日益增長的美好生活需要和不平衡不充分的發展之間的主要社會矛盾，我們黨立足中國特色社會主義發展進入了新時代的歷史方位，仍然毅然決然地高舉中國特色社會主義偉大旗幟，再次申明了「不忘初心，牢記使命，高舉中國特色社會主義偉大旗幟，決勝全面建成小康社會，奪取新時代中國特色社會主義偉大勝利，為實現中華民族偉大復興的中國夢不懈奮鬥」的大會主題。這一表述和定位，不但再次明確宣示我們黨要高舉中國特色社會主義偉大旗幟，而且明確表示，我們仍然要一如既往地堅持將中國特色社會主義偉大道路走到底。這就給那些內心篤定一直要堅持社會主義道路，堅持人民民主專政，堅持中國共產黨的領導，堅持馬克思列寧主義、毛澤東思想、鄧小平理論、「三個代表」重要思想、科學發展觀和習近平新時代中國特色社會主義思想的廣大人民群眾吃了定心丸。

二、堅持「四個自信」共創復興偉業定好盤壓好艙

改革開放 40 多年的偉大實踐、巨大成就和寶貴經驗，使我們黨和全國人民清醒地認識到，我們在短短幾十年中就能取得這麼偉大的成就，靠的就是黨中央帶領人民探索到並不斷拓寬延展的中國特色社會主義道路、業已形成並繼續豐富發展的中國特色社會主義理論體系、日趨完善並越發凸顯自身優勢的中國特色社會主義制度，以及內涵豐富影響深遠並隨著實踐發展不斷增添新內容的革命文化和社會主義先

進文化，道路、理論、制度、文化就是確保中國這艘巨型航母乘風破浪勇往直前、社會主義大旗高高飄揚耀眼四射的定盤星、壓艙石和助推器。日後，我們的這艘航母要航行得更遠、走得更平穩順利，仍需要已經確定、形成的道路、理論、制度、文化導航、護航、領航。習近平總書記曾經指出，「中國特色社會主義，既是我們必須不斷推進的偉大事業，又是我們開闢未來的根本保證。全黨要堅定道路自信、理論自信、制度自信、文化自信。當今世界，要說哪個政黨、哪個國家、哪個民族能夠自信的話，那中國共產黨、中華人民共和國、中華民族是最有理由自信的。有了『自信人生二百年，會當水擊三千里』的勇氣，我們就能毫無畏懼面對一切困難和挑戰，就能堅定不移開闢新天地、創造新奇跡」。[1]

在黨的十九大上，習近平總書記又一次專門強調了「四個自信」的內涵與作用，強調全黨和全國人民，要增強「四個自信」，為共創復興偉業、共築偉大夢想而齊心協力、共同奮鬥：「中國特色社會主義是改革開放以來黨的全部理論和實踐的主題，是黨和人民歷盡千辛萬苦、付出巨大代價取得的根本成就。中國特色社會主義道路是實現社會主義現代化、創造人民美好生活的必由之路，中國特色社會主義理論體系是指導黨和人民實現中華民族偉大復興的正確理論，中國特色社會主義制度是當代中國發展進步的根本制度保障，中國特色社會主義文化是激勵全黨全國各族人民奮勇前進的強大精神力量。全黨要更加自覺地增強道路自信、理論自信、制度自信、文化自信，既不走

---

1 習近平：〈在慶祝中國共產黨成立 95 周年大會上的講話〉，《人民日報》2016 年 7 月 2 日。

封閉僵化的老路，也不走改旗易幟的邪路，保持政治定力，堅持實幹興邦，始終堅持和發展中國特色社會主義。」[1]「中國共產黨和中國人民從苦難中走過來，深知和平的珍貴、發展的價值。中國人民自信自尊，將堅定維護國家主權、安全、發展利益，同時將同各國人民一道，積極推動構建人類命運共同體，不斷為人類和平與發展的崇高事業作出新的更大的貢獻。」[2]

以習近平同志為核心的黨中央之所以提出「四個自信」，並在不同場合反復強調我們要增強堅持「四個自信」，主要是因為以下幾點。

「四個自信」能增強我們推進中國特色社會主義偉大事業的堅定信心。「黨的十八大以來的 5 年，是黨和國家發展進程中很不平凡的 5 年。」習近平總書記強調，5 年來，黨中央科學把握當今世界發展的大的背景和形式，以及當代中國發展的大勢和面臨的問題，順應實踐的要求和人民的願望，推出一系列重大戰略舉措，出臺一系列重大方針政策，推進一系列重大工作，解決了許多長期想解決而沒有能夠解決的難題，辦成了許多過去想辦而沒有能夠辦成的大事，就是得益於我們對中國特色社會主義道理的堅持，受到中國特色社會主義理論體系的指導，中國特色社會主義制度的保障、規範和引導，中國社會主義文化提供的智力支持和精神支撐，以及中國共產黨領導的正確和頂層設計。所以，不管是於 2020 年實現全面建成小康社會的近期目標，

---

1 習近平：〈決勝全面建成小康社會 奪取新時代中國特色社會主義偉大勝利〉，《人民日報》2017 年 10 月 28 日。

2 〈十九屆中央政治局常委同中外記者見面 習近平總書記講話〉，中國網，2017 年 10 月 25 日，http://v.china.com.cn/news/2017-10/25/content_41792133.htm

還是於 2035 年基本實現社會主義現代化的中期目標，或者是於 2050
年把中國建成富強民主文明和諧美麗的社會主義現代化強國、實現中
華民族的偉大復興的中遠目標，都需要中國特色社會主義道路的指
引、理論的指導、制度的保障和文化的支撐，確保我們的道路自信、
理論自覺、制度自為、文化自知。「四個自信」不僅蘊含著中國共產
黨堅持理想的決心、執政為民的擔當，更體現了中國共產黨創新理論
的智慧、排除萬難的魄力和銳意進取的勇氣，對於凝聚廣泛共識、推
動發展，具有十分重要的意義。

　　「四個自信」能形成我們推進中國特色社會主義偉大事業的普遍
共識。中國特色社會主義道路是中國共產黨領導中國人民歷經曲折、
獨立自主地開闢出來的。這條道路，是在中國共產黨領導下，立足基
本國情，以經濟建設為中心，堅持四項基本原則，堅持改革開放，解
放和發展社會生產力，建設社會主義市場經濟、社會主義民主政治、
社會主義先進文化、社會主義和諧社會、社會主義生態文明，目的是
促進人的全面發展，逐步實現全體人民共同富裕，建設富強民主文明
和諧美麗的社會主義現代化強國，把全體人民的利益作為共同的奮鬥
目標，最能凝聚大家的意願，形成共識。中國特色社會主義理論體系
是總結中國改革開放的偉大實踐形成的，它又成為指導黨和人民沿著
中國特色社會主義道路實現中華民族偉大復興的正確理論。在它的指
引下，我們克服了改革開放征程上出現的一個又一個困難，越過了一
個又一個障礙，沒有出現過大起大落，還經受住了諸如亞洲金融風
暴、美國次貸危機、恐怖分子發動的恐怖事件的衝擊，道路越走越平
坦，成果越來越豐碩，使大家在理論的科學性、真理性和現實性等方
面都形成了共識，認為這是目前唯一的、最適合中國經濟社會發展的

理論。

「四個自信」能凝聚我們推進中國特色社會主義偉大事業的共進力量。不管是習近平總書記在黨的十九大報告中發出的召喚——「同志們！使命呼喚擔當，使命引領未來。我們要不負人民重托、無愧歷史選擇，在新時代中國特色社會主義的偉大實踐中，以黨的堅強領導和頑強奮鬥，激勵全體中華兒女不斷奮進，凝聚起同心共築中國夢的磅礴力量！」[1] 還是使勁的鼓舞——「同志們！世界命運握在各國人民手中，人類前途繫於各國人民的抉擇。中國人民願同各國人民一道，推動人類命運共同體建設，共同創造人類的美好未來！」[2] 或者是在黨的十九大閉幕式上的代表全國人民對未來的暢想——「今天，十三億多中國人民意氣風發，豪情滿懷，我們九百六十多萬平方公里的祖國大地生機勃發，春意盎然；我們五千多年的中華文明光彩奪目，魅力永恆；我們黨的領導和中國社會主義制度堅強牢固，充滿活力。中國人民和中華民族前程偉大，前途光明，處在這樣一個偉大時代，我們備感自信、自豪，同時也深感責任重大。我們要拿出勇氣，拿出幹勁，在一代一代中國共產黨人團結帶領人民創造的歷史偉業的基礎上，創造出無愧於時代的業績，大踏步走向充滿希望的未來。」[3] 乃至帶領十九屆中共中央政治局常委在同中外記者見面時的表態——「我

---

1 習近平：〈決勝全面建成小康社會 奪取新時代中國特色社會主義偉大勝利〉，《人民日報》2017 年 10 月 28 日。

2 習近平：〈決勝全面建成小康社會 奪取新時代中國特色社會主義偉大勝利〉，《人民日報》2017 年 10 月 28 日。

3 習近平：〈在中國共產黨第十九次全國代表大會閉幕式上的講話〉，《人民日報》2017 年 10 月 25 日。

們要永葆蓬勃朝氣，永遠做人民公僕、時代先鋒、民族脊梁。全面從嚴治黨永遠在路上，不能有任何喘口氣、歇歇腳的念頭。我們將繼續清除一切侵蝕黨的健康肌體的病毒，大力營造風清氣正的政治生態，以全黨的強大正能量在全社會凝聚起推動中國發展進步的磅礡力量。」其喚起的是每一個中國人的巨大潛力，希望激起的是每一個中國兒女的內心熱情，注入的是堅持中國特色社會主義、實現國富民強族興的信念與信仰。只要人民有信仰，國家就會有力量，民族才會有希望。只有如此，只有在此目標下，才能最大限度、最大範圍地調動起每一個人的積極性，涓涓細流匯成洪流，形成融生共進的洪荒之流，實現我們黨確定的宏大目標。「全黨要更加自覺地增強道路自信、理論自信、制度自信、文化自信，既不走封閉僵化的老路，也不走改旗易幟的邪路，保持政治定力，堅持實幹興邦，始終堅持和發展中國特色社會主義。」[1]

三、繼續全面深化改革掃障礙啟動力

改革開放是黨在新的時代條件下帶領人民進行的新的偉大革命。通過改革，徹底解放和發展了中國的社會生產力，掃除了經濟社會發展道路上的各種障礙，激發了社會的活力。經過短短幾十年的建設和發展，中國社會在經濟政治文化和社會建設方面取得了巨大成就，中國人民的生活實現了由貧窮到溫飽，再到整體小康的跨越式轉變；中

---

1 習近平：〈在十九屆中共中央政治局常委同中外記者見面時的講話〉，《人民日報》2017 年 10 月 25 日。

國社會實現了由封閉、貧窮、落後和缺乏生機到開放、富強、文明和充滿活力的歷史巨變；中國人民的生活水準大幅提升，主人翁意識顯著增強，受教育水準和文明程度明顯提高，民主權利不斷豐富和進一步落實，社會保障體系逐步建立和不斷完善，等等。這些所有成就的取得，足以說明改革開放的重要性，說明改革能為推進中國特色社會主義偉大事業提供強大的動力、激發最大的活力，能充分調動每一方面的積極因素，為中國特色社會主義偉大事業的發展服務；足以證明中國特色社會主義道路是一條成功的道路，它能通過改革解決近代以來長期困擾我們的如何發展、實現什麼樣的發展、為誰發展等重大問題，掃除發展過程中出現的障礙，解決發展過程中的困擾和羈絆，使我們有活力、有能力實現我們既定的全面建成小康社會的近期目標和中華民族偉大復興的長遠目標，使我們國家和社會實現由站起來到富起來，再到強起來的根本性轉變。

經過三十多年的改革，「容易的、皆大歡喜的改革已經完成了，好吃的肉都吃掉了，剩下的都是難啃的硬骨頭」。[1] 中國改革進入深水區，剩下的都是難啃的骨頭，許多問題都需要通過改革來解決，所以，黨的十八屆三中全會專門以全面深化改革為議題，討論了如何進一步深化改革的諸多問題，足見黨中央對深化改革及其能發揮的作用的看重。十八屆三中全會分析了當前形勢和任務，強調全黨同志要把思想和行動統一到中央關於全面深化改革重大決策部署上來，增強進取意識、機遇意識、責任意識，牢牢把握方向，大膽實踐探索，注重

---

1 〈習近平在俄羅斯索契接受俄羅斯電視臺專訪〉，《人民日報》2014 年 2 月 9 日。

統籌協調，凝聚改革共識，落實領導責任，堅定不移實現中央改革決策部署。要按照中央決策部署，堅持穩中求進，穩中有為，切實做好各項工作，保持經濟社會發展勢頭，關心群眾特別是困難群眾生活，促進社會和諧穩定，繼續扎實推進黨的群眾路線教育實踐活動，努力實現經濟社會發展預期目標。

在黨的十八大及十八屆三中全會制定的一系列政策的指導下，中國的改革在各個方面進一步鋪開、深化。黨的十八屆三中全會上，中央就詳列了 6 大方面、15 個領域、330 多項改革舉措，力度前所未有。2014 年，中央深改組確定的 80 個重點改革任務基本完成，中央有關部門完成 108 個改革任務，共出臺 370 條改革舉措。2015 年，各領域改革再提速，中央深改組確定的 101 個重點改革任務基本完成，中央有關部門完成 153 個改革任務，各方面共出臺改革成果 415 條。與此同時，國防和軍隊深改實踐也在年底的中央軍委改革工作會議上一錘定音。司法、財稅、戶籍制度、央企薪酬、考試招生、農村土地、公立醫院、科技體制、足球等領域一項項議論多年、阻力較大、牽涉深層次調整的改革，在頂層協調與推動下啟動，一個個以前不敢碰，不敢啃的硬骨頭被砸開。經濟體制改革著眼適應新常態，推動科技創新和機制創新雙輪驅動，有利於創新的體制機制逐漸成型，經濟發展新動力加快孕育成長。政治體制改革面對新形勢新發展，固基礎、破難題、謀長遠，堅持中國道路、構建法治體系，不斷推進社會主義政治制度自我完善和發展。文化體制改革啟動「一池春水」，圍繞社會主義核心價值體系建設、文化強國建設，不斷夯實國家文化軟實力根基。社會體制改革進一步從人民群眾最關心最直接最現實的利益問題入手，不斷為百姓送去改善民生、增進福祉的高含金量改革舉措。生態

文明體制改革在關鍵之年打出一套理念先行、目標明確、頂層設計、系統推進的「1+6組合拳」，讓青山常在綠水常青。黨的建設制度和紀檢體制改革致力管好「關鍵少數」，不僅節奏不斷加快，更逐步向源頭治理、防患未然的更深層次挺進。

在這一過程中，習近平總書記針對改革的不斷深化做出重要指示：「全面深化改革，既要取勢，又要取實」「確保各項改革取得預期成效、真正解決問題」。黨中央著眼內外統籌、破立結合，破除阻礙對外開放的「絆腳石」，不僅為中國發展開拓更加廣闊的道路，也讓世界看到了我們黨不但敢於進行革命，也勇於對自己進行革命，是一個真正為了人民的福祉和國家的富強和民族的振興敢想敢幹敢說敢做的世界上少有的執政黨。海外輿論評價：「環顧世界，沒有一個國家能夠像當今中國這樣，以一種說到做到、只爭朝夕的方式推進改革。」[1]這是對我們黨及其能力、推行改革的魄力的最好評價。

在以習近平同志為核心的黨中央的領導下，中國的改革在各個領域全面、扎實推進，中國的經濟社會發生了前所未有的變化，取得了豐碩卓著的成果，產生了重大而深遠的影響：蹄疾步穩推進全面深化改革，堅決破除各方面體制機制弊端；改革全面發力、多點突破、縱深推進，著力增強改革系統性、整體性、協同性，壓茬拓展改革廣度和深度，推出一千五百多項改革舉措，重要領域和關鍵環節改革取得突破性進展，主要領域改革主體框架基本確立；中國特色社會主義制度更加完善，國家治理體系和治理能力現代化水準明顯提高，全社會

---

1 金社平：〈全面深化改革三年了〉，《人民日報》2016年11月14日。

發展活力和創新活力明顯增強。[1]

　　中國改革開放的步伐不斷加快，成效越來越明顯，這方面的速度和成效也讓國外人士感到不可思議，大量報導不斷見諸國外報端和媒體。《金融時報》網站撰文稱：「只要在中國待上一個星期，就足以讓任何人相信世界正在『倒轉』。」這一「倒轉」不僅指「中國活力」對世界經濟的拉動作用，也包括中國全面深化改革對人心的提振。有英國媒體的調查顯示，在「民眾對國家發展道路的認可度」排名上，中國連續兩年以近九成高分位居榜首。就連一貫挑剔的西方觀察家也不得不承認，中國改革「在廣泛的領域取得進展，為全球需求提供了重要支援」。在這一背景下，一些曾經質疑中國改革「沒有站在人民大眾的立場上」、主要是「犧牲百姓利益」，試圖否定改革政策目的與方向的人士，在中國改革開放取得的巨大成就面前，都在不斷修正自己曾經的言論，不斷改變著他們對中國的看法。他們的態度也是由質疑逐步轉向對中國快速發展這一「世界奇跡」的接受、對我們國家日益強大的認可。

　　中國進入了新的時代，有許多事情需要我們黨領導全國人民去做，還有許多體制性的機制和障礙需要我們黨帶領全國人民去破除，為經濟社會發展掃除障礙，不斷激發社會活力，讓大家都投入中國特色社會主義建設的偉大事業中來，按照黨的十九大的規劃，從 2020 年到本世紀中葉分兩個階段走的安排——先於 2035 年，在全面建成小康社會的基礎上基本實現社會主義現代化；又於 2050 年，在基本實現現

1 習近平：〈決勝全面建成小康社會 奪取新時代中國特色社會主義偉大勝利〉，《人民日報》2017 年 10 月 28 日。

代化的基礎上把中國建成富強民主文明和諧美麗的社會主義現代化強國——儘早實現黨中央制定的宏偉目標，將起到重大的凝心聚力作用。

為此，習近平總書記在黨的十九大上，代表黨中央，向全國人民指明了全面深化改革總目標是完善和發展中國特色社會主義制度、推進國家治理體系和治理能力現代化，並提出了全面深化改革的總的綱領和具體工作。

總的綱領是：只有社會主義才能救中國，只有改革開放才能發展中國、發展社會主義、發展馬克思主義；必須堅持和完善中國特色社會主義制度，不斷推進國家治理體系和治理能力現代化，堅決破除一切不合時宜的思想觀念和體制機制弊端，突破利益固化的藩籬，吸收人類文明有益成果，構建系統完備、科學規範、運行有效的制度體系，充分發揮中國社會主義制度優越性。

具體工作是：提高黨把方向、謀大局、定政策、促改革的能力和定力，確保黨始終總攬全域、協調各方；積極穩妥推進政治體制改革，推進社會主義民主政治制度化、規範化、法治化、程式化，保證人民依法通過各種途徑和形式管理國家事務，管理經濟文化事業，管理社會事務，鞏固和發展生動活潑、安定團結的政治局面；經濟體制改革必須以完善產權制度和要素市場化配置為重點，以供給側結構性改革為主線，實現產權有效激勵、要素自由流動、價格反應靈活、競爭公平有序、企業優勝劣汰，提高全要素生產率，不斷增強中國經濟創新力和競爭力；深化文化體制改革，完善文化管理體制，加快構建把社會效益放在首位、社會效益和經濟效益相統一的體制機制；深化醫藥衛生體制改革，全面建立中國特色基本醫療衛生制度、醫療保障制度和優質高效的醫療衛生服務體系，健全現代醫院管理制度；加快生態

文明體制改革，堅持節約優先、保護優先、自然恢復為主的方針，形成節約資源和保護環境的空間格局、產業結構、生產方式、生活方式，還自然以寧靜、和諧、美麗，建設美麗中國；深化改革加快東北等老工業基地振興，發揮優勢推動中部地區崛起，創新引領率先實現東部地區優化發展，建立更加有效的區域協調發展新機制；穩固和完善農村基本經營制度，深化農村土地制度改革，完善承包地「三權」分置制度，保持土地承包關係穩定並長久不變；深化司法體制改革，提高全民族法治素養和道德素質；深化科技體制改革，建立以企業為主體、市場為導向、產學研深度融合的技術創新體系，加強對中小企業創新的支援，促進科技成果轉化；繼續深化國防和軍隊改革，深化軍官職業化制度、文職人員制度等重大政策制度改革，推進軍事管理革命，完善和發展中國特色社會主義軍事制度；中國將繼續發揮負責任大國作用，積極參與全球治理體系改革和建設，不斷貢獻中國智慧和力量。[1]

四、全面依法治國設規矩立良法促善治

法者，天下之程式，萬事之儀表。全面依法治國是中國特色社會主義的本質要求和重要保障，是黨領導人民治理國家的基本方略。黨的十八大以來，以習近平同志為核心的黨中央從實現國家治理體系和治理能力現代化的高度提出全面依法治國的重大戰略部署，堅持和拓

---

1 習近平：〈決勝全面建成小康社會 奪取新時代中國特色社會主義偉大勝利〉，《人民日報》2017 年 10 月 28 日。

展中國特色社會主義法治道路，堅定不移全面推進依法治國，顯著增強了我們黨運用法律手段領導和治理國家的能力，使法治中國建設駛入「快車道」。五年來，中國的立法工作更加注重科學立法、民主立法，法律法規更加符合社會發展和人民意願，回應時代命題，引領國家發展；法律的有效實施，讓公民權利落到實處，讓法治精神深入人心；司法體制改革攻堅克難，人權司法保障不斷完善。公平正義，已日益成為人民群眾的切身感受。五年來，十二屆全國人民代表大會及其常委會新制定法律 20 件，通過修改法律的決定 39 件、涉及修改法律 100 件；國務院共提請全國人大常委會審議法律議案 43 件，制定修訂行政法規 43 部；司法機關築牢防範冤假錯案的防線，依法糾正重大冤假錯案 34 件。全國法院實行立案登記制以來，當場登記立案率超過 95%。[1] 站在全面建成小康社會決勝階段的中國，法治的力量為黨和國家長治久安奠定了堅實基礎。

黨的十八大把「法治政府基本建成」確立為 2020 年全面建成小康社會的一項重要目標。各級黨委和政府將權力運行納入法治軌道，推動政府依憲施政、依法行政，用法治思維和法治方式履行職責；各地各部門不斷將建立重大決策終身責任追究制度及責任倒查機制落到實處，為官員套上「緊箍咒」，防止不作為，懲治亂作為。黨內法規體系日趨完善，約束「關鍵少數」標準更嚴，使廣大黨員、幹部將法治內化於心、外踐於行。通過這一系列做法，使一切權力循法而行，依

---

1 丁小溪、羅沙：〈築牢長治久安之基——黨的十八大以來全面推進依法治國成就綜述〉，新華社，2017 年 08 月 11 日，http://www.cssn.cn/zx/yw/201708/t20170811_3607405_2.shtml

憲施政、依法行政的節奏越來越清晰，法治中國建設的步伐越來越穩健，依法治國的成效越來越顯著，法治正在成為 14 億多人民的共同信仰，社會主義法治建設已經邁上新的征程。

文明的社會，是法治的社會，法治社會是法治國家的根基，社會治理是國家治理的關鍵，法律法規更應成為約束、規範人們行為的準則。這不但是社會不斷發展進步對我們黨提出的要求，也是我們在基本實現現代化的基礎上把中國建成富強民主文明和諧美麗的社會主義現代化強國的題中應有之義，所以，在黨的十九大上，以習近平同志為核心的黨中央非常重視法治國家建設，相繼提出「全面推進依法治國」「黨的領導、人民當家作主、依法治國有機統一」「全面推進依法治國的總目標是建設中國特色社會主義法治體系、建設社會主義法治國家」「深化依法治國實踐」等原則、目標和任務：必須把黨的領導貫徹落實到依法治國全過程和各方面，堅定不移走地中國特色社會主義法治道路，完善以憲法為核心的中國特色社會主義法律體系，建設中國特色社會主義法治體系，建設社會主義法治國家，發展中國特色社會主義法治理論，堅持依法治國、依法執政、依法行政共同推進，堅持法治國家、法治政府、法治社會一體建設，堅持依法治國和以德治國相結合，依法治國和依規治黨有機統一，深化司法體制改革，提高全民族法治素養和道德素質。

具體內容是：成立中央全面依法治國領導小組，加強對法治中國建設的統一領導；加強憲法實施和監督，推進合憲性審查工作，維護憲法權威；推進科學立法、民主立法、依法立法，以良法促進發展、保障善治；建設法治政府，推進依法行政，嚴格規範公正文明執法；深化司法體制綜合配套改革，全面落實司法責任制，努力讓人民群眾

在每一個司法案件中感受到公平正義；加大全民普法力度，建設社會
主義法治文化，樹立憲法法律至上、法律面前人人平等的法治理念；
各級黨組織和全體黨員要帶頭尊法學法守法用法，任何組織和個人都
不得有超越憲法法律的特權，絕不允許以言代法、以權壓法、逐利違
法、徇私枉法。[1]最終形成堅持厲行法治，推進科學立法、嚴格執法、
公正司法、全民守法的良好局面。

通過修改、完善、制定法律，為全社會每一位成員設立一套比較
系統的、規範的行為準則，實行人人監督，以形成社會秩序井然，人
人有禮貌、講文明、守規則、有素養，全社會文明程度不斷提升的良
性循環發展態勢，即設規矩、立良法、促善治，為順利實現黨的十九
大制定的中長遠目標提供有力保障。

我們堅信，在以習近平同志為核心的黨中央堅強領導下，法治中
國建設必將繼續助力國家治理體系和治理能力現代化進程的加快和水
準的提升，必將為全面建成小康社會、實現中華民族偉大復興的中國
夢匯聚起更加磅礴的力量。

五、構建人類發展命運共同體凸顯責任體現擔當

「天下為公」「世界大同」向來是中國人民，乃至世界各國人的
美好願望、共同追求。中國北宋大儒、哲學家張載提出的「為生民立
命，為天地立心，為往聖繼絕學，為萬世開太平」自我鞭策名言，著

---

1 習近平：〈決勝全面建成小康社會 奪取新時代中國特色社會主義偉大勝利〉，《人
民日報》，2017 年 10 月 28 日。

名社會學家、人類學家費孝通勾畫的「各美其美、美人之美、美美與
共、天下大同」社會和諧畫卷，德國古典哲學創始人、著名哲學家康
德暢想的「永久和平」理想社會等都是這一美好願望、共同追求的
寫照。習近平總書記當前所積極宣導與極力構建的人類命運共同體目
標及思想就是對古今中外先賢嚮往的理想社會及其思想的創造性轉化
和創新性發展，是以習近平同志為核心的黨中央順應當今世界潮流與
歷史大勢，為解決事關人類前途命運的重大問題所提出的重要理念，
以及在此基礎上提供的中國方案，為 21 世紀國際關係的發展提供了新
思路。表現了以習近平同志為核心的黨中央在加強自身建設、打造堅
強領導核心，把握正確發展方向、引領世界未來走向，擔當人類同發
展共命運歷史使命的偉大氣魄和巨大勇氣。

在 2013 年 4 月 7 日舉行的博鼇亞洲論壇年會開幕式上，習近平
主席向與會各國領導人和代表們語重心長地說，人類只有一個地球，
各國共處一個世界。共同發展是持續發展的重要基礎，符合各國人民
長遠利益和根本利益。國家無論大小、強弱、貧富，都應該做和平的
維護者和促進者，不能這邊搭臺、那邊拆臺，而應該相互補臺、好戲
連臺。國際社會應該宣導綜合安全、共同安全、合作安全的理念，使
我們的地球村成為共謀發展的大舞臺，而不是相互角力的競技場，更
不能為一己之私把一個地區乃至世界搞亂。各國交往頻繁，磕磕碰碰
在所難免，關鍵是要堅持通過對話協商與和平談判，妥善解決矛盾分
歧，維護相互關係發展大局。我們生活在同一個地球村，應該牢固樹
立命運共同體意識，順應時代潮流，把握正確方向，堅持同舟共濟，

推動亞洲和世界發展不斷邁上新臺階。[1] 這一段話，就告訴了我們構建人類命運共同體的核心要旨、首要原則、基本遵循和努力方向、具體內容。

命運共同體的核心要旨就是，世界命運應該由各國共同掌握，國際規則應該由各國共同書寫，全球事務應該由各國共同治理，發展成果應該由各國共同分享。正是抱著這樣的宗旨和目標，所以，習近平總書記構建人類命運共同體的倡議一提出來，就得到了許多發達國家和發展中國家的呼應。從毛澤東同志當年「環球同此涼熱」的朴素設想到今天習近平總書記向世界人民提出「人類命運共同體」的目標，既是中國共產黨人世界觀不斷與時俱進的表現，也標誌著中國逐漸佔據了人類道義制高點。[2]

2017年1月18日，習近平主席在聯合國日內瓦總部發表了題為〈共同構建人類命運共同體〉的主旨演講。在演講中習近平主席開宗明義地指明了構建人類命運共同體應堅持的首要原則、基本遵循，以及世界各國的共同努力方向。[3]

主權平等，是數百年來國與國規範彼此關係最重要的準則，也是聯合國及所有機構、組織共同遵循的首要原則。主權平等，真諦在於國家不分大小、強弱、貧富，主權和尊嚴必須得到尊重，內政不容干涉，都有權自主選擇社會制度和發展道路。在聯合國、世界貿易組

---

1 習近平：〈人類只有一個地球，各國共處一個世界〉，中國新聞網、中國青年網，2013年4月7日，http://news.youth.cn/gn/201304/t20130407_3067154.htm。
2 王一槍：〈習近平人類命運共同體思想的大氣魄〉，《人民論壇》，2017年10月（上）。
3 習近平：〈共同構建人類命運共同體〉，新華社，2017年01月19日。

織、世界衛生組織、世界智慧財產權組織、世界氣象組織、國際電信聯盟、萬國郵政聯盟、國際移民組織、國際勞工組織等機構，各國平等參與決策，構成了完善全球治理的重要力量。新形勢下，我們要堅持主權平等，推動各國權利平等、機會平等、規則平等。

理念引領行動，方向決定出路。縱觀近代以來的歷史，建立公正合理的國際秩序是人類孜孜以求的目標。從 360 多年前《威斯特伐利亞和約》確立的平等和主權原則，到 150 多年前日內瓦公約確立的國際人道主義精神；從 70 多年前聯合國憲章明確的四大宗旨和七項原則，到 60 多年前萬隆會議宣導的和平共處五項原則，國際關係演變積累了一系列公認的原則。這些原則應該成為構建人類命運共同體的基本遵循。

大道至簡，實幹為要。構建人類命運共同體，關鍵在行動。習近平總書記指出，國際社會要從夥伴關係、安全格局、經濟發展、文明交流、生態建設等方面做出努力：堅持對話協商，完善機制和手段，更好化解紛爭和矛盾、消弭戰亂和衝突，建設一個持久和平的世界；堅持共建共用，各方應該樹立共同、綜合、合作、可持續的安全觀，建設一個普遍安全的世界；抓住新一輪科技革命和產業變革的歷史性機遇，轉變經濟發展方式，堅持創新驅動，堅持合作共贏，進一步發展社會生產力、釋放社會創造力，建設一個共同繁榮的世界；每種文明都有其獨特魅力和深厚底蘊，都是人類的精神瑰寶，不同文明要取長補短、共同進步，文明交流互鑑成為推動人類社會進步的動力、維護世界和平的紐帶，堅持交流互鑑，建設一個開放包容的世界；遵循天人合一、道法自然的理念，宣導綠色、低碳、循環、可持續的生產生活方式，堅持綠色低碳，平衡推進 2030 年可持續發展議程，不斷開

拓生產發展、生活富裕、生態良好的文明發展道路，尋求永續發展之路，建設一個清潔美麗的世界。

　　為了創設條件，儘快實現上述目標，習近平主席向世界各國做出了四條「決心不會改變」的莊嚴承諾，即中國維護世界和平的決心不會改變，中國促進共同發展的決心不會改變，中國打造夥伴關係的決心不會改變，中國支持多邊主義的決心不會改變。中國將努力構建總體穩定、均衡發展的大國關係框架，積極同美國發展新型大國關係，同俄羅斯發展全面戰略協作夥伴關係，同歐洲發展和平、增長、改革、文明夥伴關係，同金磚國家發展團結合作的夥伴關係；中國將繼續堅持正確義利觀，深化同發展中國家務實合作，實現同呼吸、共命運、齊發展。中國將按照親誠惠容理念同周邊國家深化互利合作，秉持真實親誠對非政策理念同非洲國家共謀發展，推動中拉全面合作夥伴關係實現新發展，進一步聯結遍佈全球的「朋友圈」。並呼籲，讓和平的薪火代代相傳，讓發展的動力源源不斷，讓文明的光芒熠熠生輝，是各國人民的期待，也是我們這一代政治家應有的擔當，構建人類命運共同體，實現共贏共用——這既是中國的方案，也是中國的擔當。

第五章

實現偉大夢想——明確奮鬥目標

「中國夢」是十八大以來以習近平同志為核心的黨中央提出的宏偉目標，是十八大以來黨中央確定的「兩個一百年」目標的題中應有之義，具有豐富的內涵，重大的意義和作用。特別是 2014 年 3 月 23 日，習近平總書記在莫斯科國際關係學院發表演講時對中國夢的內涵做了更為深入的闡述：「實現中華民族偉大復興，是近代以來中國人民最偉大的夢想，我們稱之為『中國夢』，基本內涵是實現國家富強、民族振興、人民幸福。」[1] 由此可見，「偉大夢想」就是指「實現中華民族偉大復興」的「中國夢」，二者是同一概念的不同表述。

黨的十九大報告把「實現偉大夢想」作為中國特色社會主義新時

---

[1] 習近平：〈順應時代前進潮流，促進世界和平發展〉，《習近平談治國理政》，外文出版社 2014 年版，第 274 頁。

代中國共產黨的歷史使命,「偉大夢想」已成為統領其他「三個偉大」的目標指向。因此,必須全面理解「實現偉大夢想」的價值所在,從實規劃「實現偉大夢想」的戰略舉措,充分發揮「實現偉大夢想」的示範作用,才能更為切實地推進「四個偉大」,肩負起新時代的歷史使命。

第一節　全面理解「實現偉大夢想」的價值所在

黨的十九大報告指出,「實現中華民族偉大復興是近代以來中華民族最偉大的夢想。中國共產黨一經成立,就把實現共產主義作為黨的最高理想和最終目標,義無反顧肩負起實現中華民族偉大復興的歷史使命,團結帶領人民進行了艱苦卓絕的鬥爭,譜寫了氣吞山河的壯麗史詩」。[1]在實現中華民族偉大復興的偉大夢想指引下,我們黨與時俱進,不斷開拓創新,在馬克思主義中國化的道路上不斷深化認識,從實現民族獨立、人民解放、國家統一、社會穩定到確立社會主義基本制度,再到開闢了中國特色社會主義道路,黨始終初心不改、矢志不渝,團結帶領人民歷經千難萬險,付出巨大犧牲,敢於面對曲折,勇於修正錯誤,攻克了一個又一個看似不可攻克的難關,創造了一個又一個彪炳史冊的人間奇跡。這充分體現了「實現偉大夢想」這一目標對於中國革命和建設的巨大價值。黨的十九大確立了新時代中國特

---

1 習近平:〈決勝全面建成小康社會 奪取新時代中國特色社會主義偉大勝利〉,《人民日報》2017 年 10 月 28 日。

色社會主義思想，明確堅持和發展中國特色社會主義的總目標是實現社會主義現代化和中華民族偉大復興，因此實現中華民族偉大復興的「偉大夢想」是新時代中國特色社會主義思想體系的目標導向，具有多個層面的價值與意義。

一、「實現偉大夢想」的歷史價值

習近平總書記最早提出「中國夢」是在 2012 年 11 月參觀《復興之路》展覽時，這本身就體現出「中國夢」的提出源於一種歷史的反思。

第一，實現民族復興的偉大夢想是近代以來中國人民始終不變的追求。正如十九大報告指出的，「中華民族有五千多年的文明歷史，創造了燦爛的中華文明，為人類作出了卓越貢獻，成為世界上偉大的民族」。中華民族在世界上曾長期處於領先水準，對世界文明產生了重大影響，中華文明在世界各主要文明中，是唯一沒有中斷的持續性文明，在人類文明史上佔有極其重要的地位，這些都是中國人民引以為驕傲和自豪的。然而鴉片戰爭以後，中國淪為半殖民地半封建社會，陷入內憂外患的黑暗境地。許多仁人志士，包括洋務派、維新派、民族資產階級的先進代表為了中華民族的復興拋頭顱灑熱血，奔走呼號，寫下了無數可歌可泣的感人故事。但是由於階級軟弱性和思想理論的局限性，他們在帝國主義、封建主義和官僚資本主義三座大山的統治下註定會遭到失敗。中國半殖民地半封建的社會性質在歷經太平天國、洋務運動、戊戌變法、辛亥革命等社會變革後也沒有改變，中國人民反帝反封建的任務沒有完成，民族獨立和人民解放、國家富強與人民富裕始終是那個時代中國人無法實現的夢想。中華兒女

為爭取民族獨立和人民解放而艱苦奮鬥的歷史構成了中國近代史的主線。民族復興、國家富強的熱切期盼，只有在深刻理解了交織著屈辱與抗爭的近代中國歷史之後才能真正懂得。

第二，只有中國共產黨能夠帶領中國人民實現民族復興偉大夢想。十月革命一聲炮響，給中國送來了馬克思列寧主義。中國先進分子從馬克思列寧主義的科學真理中看到了解決中國問題的出路。自從1921年中國共產黨誕生，中國人民謀求民族獨立、人民解放和國家富強、人民幸福的鬥爭就有了主心骨。正如十九大報告指出的，「中國共產黨一經成立，就把實現共產主義作為黨的最高理想和最終目標，義無反顧肩負起實現中華民族偉大復興的歷史使命，團結帶領人民進行了艱苦卓絕的鬥爭，譜寫了氣吞山河的壯麗史詩」。[1]黨團結帶領人民找到了一條以農村包圍城市、武裝奪取政權的正確革命道路，進行了28年浴血奮戰，完成了新民主主義革命，1949年建立了中華人民共和國，實現了中國從幾千年封建專制政治向人民民主的偉大飛躍。黨團結帶領人民完成社會主義革命，確立社會主義基本制度，推進社會主義建設，完成了中華民族有史以來最為廣泛而深刻的社會變革，為當代中國一切發展進步奠定了根本政治前提和制度基礎，實現了中華民族由近代以來的低谷到根本扭轉命運、持續走向繁榮富強的偉大飛躍。黨團結帶領人民進行改革開放新的偉大革命，破除阻礙國家和民族發展的一切思想和體制障礙，開闢了中國特色社會主義道路，使

---

1 習近平：＜決勝全面建成小康社會 奪取新時代中國特色社會主義偉大勝利＞，《人民日報》2017年10月28日。

中國大踏步趕上時代。[1]中國共產黨是歷史的選擇、人民的選擇。98 年來，為了實現中華民族偉大復興的歷史使命，無論是弱小還是強大，無論是順境還是逆境，我們黨都初心不改、矢志不渝，團結帶領人民歷經千難萬險，付出巨大犧牲，敢於面對曲折，勇於修正錯誤，讓近代以來久經磨難的中華民族實現了從站起來、富起來到強起來的歷史性飛躍。今天，我們比歷史上任何時期都更接近、更有信心和能力實現中華民族偉大復興的目標。

第三，實現民族復興的偉大夢想是新時代中國共產黨的偉大歷史使命。十九大報告指出，「經過長期努力，中國特色社會主義進入了新時代，這是我國發展新的歷史方位」。[2]之所以說這是一個新的歷史方位，主要原因在於近年來，我國的經濟發展、社會結構發生了區別於以往不同的歷史性的轉折。這個新時代承前啟後、繼往開來，既要在新的歷史條件下繼續奪取中國特色社會主義偉大勝利，又要決勝全面建成小康社會、實現社會主義現代化，還要實現全體人民共同富裕，不但如此，在新時代，中國還將日益走近世界舞臺中央、不斷為人類做出更大貢獻。新時代賦予了中華民族偉大復興的偉大夢想新的內涵。中國特色社會主義進入新時代的重大判斷，在中華人民共和國發展史上、中華民族發展史上乃至世界社會主義發展史上、人類社會發展史上都具有重大意義。在歷史性轉折的新時代實現民族復興的偉

---

1 董振華：〈擔當起中國共產黨的歷史使命〉，人民網， http://theory.people.
  com.cn/n1/2017/1106/c40531-29628755.html。

2 習近平：〈決勝全面建成小康社會　奪取新時代中國特色社會主義偉大勝利〉，《人民日報》2017 年 10 月 28 日。

大夢想，只有堅持黨的領導、走中國特色社會主義道路才能實現。黨的十九大確立了新時代中國特色社會主義思想，立足新的歷史定位，為偉大夢想的實現明確了總綱領、總路線，順應歷史潮流，合乎歷史規律，為實現中華民族偉大復興的歷史使命奠定了堅實的基礎。

二、「實現偉大夢想」的現實價值

首先，實現民族復興的偉大夢想具有強烈的現實關照。偉大夢想不僅僅是理想追求，更體現了千千萬萬普通中國人對現實社會生活改善的渴望和未來美好生活的嚮往。偉大夢想是國家情懷、民族情懷、人民情懷相統一的夢，把國家的追求、民族的嚮往、人民的期盼融為一體，體現了中國人民和中華民族的整體利益，表達了每個中華兒女的共同願景。中國夢「是國家的、民族的，也是每一個中國人的」。實現中國夢要讓所有中國人「共同享有人生出彩的機會，共同享有夢想成真的機會，共同享有同祖國和時代一起成長與進步的機會」。[1] 因此偉大夢想是人民的、大眾的，具有實實在在的激勵作用。

其次，偉大夢想有其堅實的現實基礎，是理想和現實的統一。新中國成立以來，經過幾代中國共產黨人與全國人民的不懈努力，我們確立了社會主義制度、推進社會主義建設，完成了中華民族有史以來最為廣泛而深刻的社會變革，我們黨團結帶領人民進行改革開放，經過長期努力，中國特色社會主義進入了新時代。黨的十九大報告指

---

1 習近平：〈在第十二屆全國人民代表大會第一次會議上的講話〉，《人民日報》 2013 年 3 月 18 日。

出，從現在到本世紀中葉，分為三個目標、兩個階段、兩步走，將「近期、中期、遠期」目標進行了有機結合。從全面建成小康社會到基本實現社會主義現代化，再到把中國建成富強民主文明和諧美麗的社會主義現代化強國。每一步都是現實的、可行的，雖然實現偉大夢想必然要經歷艱苦努力、攻堅克難，但沒有人會認為它是遙不可及的。

最後，實現偉大夢想具有現實的、科學的途徑。中國特色社會主義道路是歷史為中國人民選定的道路，是黨和人民在長期實踐探索中開闢出來的實現中華民族偉大復興中國夢的正確道路。國家富強、民族振興和人民幸福只有堅持和發展中國特色社會主義道路才能實現。黨的十九大報告指出，「中國特色社會主義道路是實現社會主義現代化、創造人民美好生活的必由之路，中國特色社會主義理論體系是指導黨和人民實現中華民族偉大復興的正確理論，中國特色社會主義制度是當代中國發展進步的根本制度保障，中國特色社會主義文化是激勵全黨全國各族人民奮勇前進的強大精神力量」，[1] 這四者統一於中國特色社會主義偉大實踐。這條復興之路之所以具有科學性，從根本上來說就是因為中國特色社會主義既堅持了科學社會主義基本原則，同時又被賦予了鮮明的中國特色，從而實現了科學社會主義基本原則與中國特色的有機統一。在現實的基礎上，運用科學的理論、方法，偉大夢想的實現必然是科學的、現實的。正如習近平總書記指出的：「我堅信，到中國共產黨成立 100 年時全面建成小康社會的目標一定能實現，到新中國成立 100 年時建成富強民主文明和諧的社會主義現代化

---

1 習近平：〈決勝全面建成小康社會 奪取新時代中國特色社會主義偉大勝利〉，《人民日報》2017 年 10 月 28 日。

國家的目標一定能實現，中華民族偉大復興的夢想一定能實現。」[1]

三、「實現偉大夢想」的理論價值

首先，「實現偉大夢想」是中國特色社會主義理論體系的發展。包括偉大夢想在內的「四個偉大」是新時代中國特色社會主義思想的重要組成部分，代表了馬克思主義中國化認識水準的新高度。黨的十九大報告對於「四個偉大」做出了專門的闡述，足見其理論重要性。「偉大夢想」是「四個偉大」中居於統領地位的一環，是其他「三個偉大」的方向和目標，賦予了中國特色社會主義道路、理論體系、制度和文化新的內容，為堅持和發展中國特色社會主義確定了方向、指明了道路、建立了願景。「實現偉大夢想」回答了「實現什麼樣的目標、怎麼實現目標」這一中國特色社會主義的根本理論與實踐問題，對這一問題的展開就構成了進行偉大鬥爭、建設偉大工程、推進偉大事業的具體內容，也是統籌推進「五位一體」總體佈局、協調推進「四個全面」戰略佈局的各種新思路、新戰略、新舉措。由此可見，「實現偉大夢想」從中華民族偉大復興的視角提供了中國特色社會主義理論與實踐的一個完整的理論構架，具有鮮明的整體性、邏輯性、創新性，是中國特色社會主義的理論體系的重要發展。

其次，「實現偉大夢想」是中國共產黨執政理念的進一步明確和完善。習近平總書記指出：「實現中華民族偉大復興的中國夢，就是

---

1 〈習近平在參觀《復興之路》展覽時強調：承前啟後繼往開來繼續朝著中華民族偉大復興目標奮勇前進〉，《人民日報》2012 年 11 月 30 日。

要實現國家富強、民族振興、人民幸福」。「中國夢」所追求的三大目標，分別從國家、民族和民生的角度，宣示了中國共產黨治國理政的根本出發點和落腳點。國家富強夢、民族振興夢的夢與人民幸福夢相互貫通、相互支撐。「實現偉大夢想」以實現國家國際地位的提升為標誌，以人民的幸福為內涵。人民追求自身的翻身解放與幸福生活是國家獨立、民族解放的根本動力，而國家強盛、民族振興又是人民幸福的前提與保障。國家富強、民族振興、人民幸福三大目標互為表裡、相互支撐，形成了辯證統一的目標體系，體現了中國共產黨勇於擔當的責任意識、光明磊落的政治品格。習近平總書記強調：「中國夢歸根到底是人民的夢」[1]，必須堅持以人民為中心的發展思想，不斷促進人的全面發展、全體人民共同富裕，明確了黨的執政宗旨，回答了為誰執政的問題。習近平總書記指出，實現中國夢必須走中國道路，必須弘揚中國精神，必須凝聚中國力量，實現偉大夢想，必須進行偉大鬥爭、建設偉大工程、推進偉大事業。這是對偉大夢想實現途徑的概括，進一步完善和拓展了黨的執政遵循和執政原則，使黨的執政路徑更加清晰。因此，「實現偉大夢想」是對我們黨的執政理念的昇華，進一步明確了黨的執政目標、執政宗旨、執政路徑。

最後，「實現偉大夢想」具有戰略可行性與實踐操作性。「偉大夢想」勾勒出了中華民族偉大復興的宏偉藍圖。十九大報告指出，從二○二○年到二○三五年，在全面建成小康社會的基礎上，再奮鬥十五年，基本實現社會主義現代化。從二○三五年到本世紀中葉，在

---

1 習近平：〈習近平在十二屆全國人大一次會議閉幕會上發表重要講話〉，人民網，習近平系列重要講話資料庫，http://jhsjk.people.cn/article/20816352。

基本實現現代化的基礎上，再奮鬥十五年，把中國建成富強民主文明和諧美麗的社會主義現代化強國。從全面建成小康社會到基本實現現代化，再到全面建成社會主義現代化強國，是新時代中國特色社會主義發展的戰略步驟。民族復興的光明前景、幸福生活的美好嚮往、國家富強的美好憧憬，給當代中國社會和中國人民樹立了一個既有憧憬有超越又看得見摸得著的目標。「實現偉大夢想」是理想與現實的統一、可行性與操作性的統一、思想意識和目標指向的高度融合統一，是能夠激發中華民族萬眾一心、努力奮鬥的共同理想。

四、「實現偉大夢想」的世界價值

首先，提升國際地位是「實現偉大夢想」的核心主題之一。實現中華民族偉大復興的「偉大夢想」追求國家富強、民族振興，自然包含著建設強大國家、實現中華民族自立於世界民族之林的偉大目標與核心主題。近代以來，中華民族曾經陷入低谷，淪為半封建半殖民地社會，深知國家落後、人民貧困，在世界舞臺上遭受欺凌、任人宰割的屈辱。新中國成立後，我們以趕上和超過世界先進水準為發展目標，確立了社會主義制度，初步建立起獨立完整的工業體系和國民經濟體系。20 世紀 70 年代末，中國共產黨清醒地看到不發展就可能會被開除「球籍」的危險，更以強烈的憂患意識把實現比其他國家更快發展作為目標。2010 年，中國成為世界第二大經濟體，標誌著中國國際地位的歷史性變化。黨的十八大以來，以習近平同志為核心的黨中央全面推進中國特色大國外交，發起並實施「一帶一路」倡議，創辦亞投行，舉辦 G20 峰會、金磚峰會等重要國際會議，宣導構建人類命

運共同體，促進全球治理體系變革，中國國際影響力、感召力、塑造力明顯提高，為進一步發展營造了良好外部條件。國際地位的提升體現了實現偉大夢想的過程中自身發展與對外發展的統一，中國以負責任的大國姿態屹立於世界舞臺，是實現偉大夢想具有國際意義的重要內涵。

其次，推動合作共贏是「實現偉大夢想」的典型國際特徵。世界上一切珍視和平與發展的國家、民族、人民的夢想都是相通的。實現國家發展與人民幸福是人類的共同價值觀，各國之間的目標不是衝突或對立的，而是共存與互補的。中華民族偉大復興的「偉大夢想」不是世界的威脅，而是有利於促進中國與世界各國的和諧，形成共同發展、共同進步的局面。「中國無論發展到什麼程度，永遠不稱霸，永遠不搞擴張。」[1] 中國的和平崛起，依靠的是國內改革營造發展的制度活力而不是對外擴張，中國的開放追求的是互利共贏而不是零和博弈，中國積極融入國際社會，追求的是國內體制與國際體系和諧相容而不是對立抗爭，中國致力於打造人類命運共同體，為各國開闢共同發展空間。

最後，全球格局優化是「實現偉大夢想」的深遠國際影響。實現中華民族偉大復興的「偉大夢想」必然會改變世界政治經濟格局。中國的成功實踐證明社會主義制度與市場經濟體制結合的現實性與優越性，對於更多國家在體制和道路選擇上將產生深刻的國際影響。中國的發展道路是在「摸著石頭過河」中找到並逐步完善的，而中國夢的

---

1 習近平：〈決勝全面建成小康社會　奪取新時代中國特色社會主義偉大勝利〉，《人民日報》2017 年 10 月 28 日。

實現將為各國尋找發展道路提供有益的借鑒。中國以開放戰略實現崛起夢想對世界廣大發展中國家及其新興經濟體都將帶來深刻啟示，從而影響各國的開放模式。中國作為最大新興經濟體改變世界增長格局，創新全球發展機制，中國參與全球治理將使世界體系更有利於均衡發展。十八大以來我們積極推進的「一帶一路」倡議，努力實現政策溝通、設施聯通、貿易暢通、資金融通、民心相通，就是我們堅持打開國門搞建設，國際合作，打造國際合作新平臺，增添共同發展新動力的典範。[1]

第二節　從實規劃「實現偉大夢想」的戰略舉措

　　偉大夢想是宏偉藍圖，實現偉大夢想必須從實規劃周密、科學的戰略舉措。黨的十八大以來，以習近平同志為核心的黨中央毫不動搖堅持和發展中國特色社會主義，緊密結合新的時代條件和實踐要求，以全新的視野深化對共產黨執政規律、社會主義建設規律、人類社會發展規律的認識，進行艱辛理論探索，取得重大理論創新成果，形成了新時代中國特色社會主義思想。實現中華民族偉大復興的「偉大夢想」為新時代堅持發展中國特色社會主義提供了科學理論指導和行動指南。雖然現在我們比歷史上任何時期都更接近、更有信心和能力實現中華民族偉大復興的目標，但實現中華民族偉大復興的「偉大夢

---

1 張幼文：〈中國夢的國際內涵與世界意義〉，《毛澤東鄧小平理論研究》， 2014年第 4 期，第 61-68 頁。

想」絕不是輕輕鬆鬆、敲鑼打鼓就能實現的。全黨必須準備付出更為艱巨、更為艱苦的努力。行百里者半九十，越是接近目標的實現，越需要更加清晰的思路、嚴謹的戰略、科學的舉措。

全面建成小康社會，實現第一個百年目標，是「實現偉大夢想」的重要里程碑，是實現偉大夢想的遠期目標與近期目標的統一。因此，全面建成小康社會的戰略舉措，就是現階段「實現偉大夢想」的具體行動。對此，黨的十九大報告指出，「從現在到二〇二〇年，是全面建成小康社會決勝期。要按照十六大、十七大、十八大提出的全面建成小康社會各項要求，緊扣中國社會主要矛盾變化，統籌推進經濟建設、政治建設、文化建設、社會建設、生態文明建設，堅定實施科教興國戰略、人才強國戰略、創新驅動發展戰略、鄉村振興戰略、區域協調發展戰略、可持續發展戰略、軍民融合發展戰略，突出抓重點、補短板、強弱項，特別是要堅決打好防範化解重大風險、精准脫貧、污染防治的攻堅戰，使全面建成小康社會得到人民認可、經得起歷史檢驗」。這裡強調的「抓重點、補短板、強弱項」，是全面建成小康社會的重要抓手和發力點。

「抓重點、補短板、強弱項」既是進行每項工作的方法論，又是全面建成小康決勝階段的明確任務指向。其中，方法論的含義，就是既要在工作中抓住重點，以點帶面，以重點突破牽引和帶動全域，又要及時補齊短板、強化弱項，避免出現重大戰略漏洞，為全面發展打下堅實的基礎，為更高層次的發展補足後勁。明確任務指向則指明關係到能否決勝全面建成小康社會的一些重大工作，著力解決這些最突出的問題、最大的威脅、最大的難題，才能全面建成小康社會，否則全面建成小康社會的品質就會大打折扣，就會無法得到人民的認可、

經受不起歷史的檢驗。

一、抓重點

抓重點是分析和解決問題的科學方法。全面建成小康社會，實現中華民族偉大復興的偉大夢想，是長期、複雜、艱巨的任務，涉及的問題千頭萬緒，如果沒有主次，不加區別，眉毛鬍子一把抓，是做不好工作的。習近平總書記多次強調抓重點、抓關鍵，認為重要領域「牽一髮而動全身」，關係到改革大局，因此是改革的重中之重。因此，搞改革「要有強烈的問題意識，以重大問題為導向，抓住關鍵問題進一步研究思考，著力推動解決中國發展面臨的一系列突出矛盾和問題」。[1] 這表明，堅持「抓重點」是解決矛盾和分析問題的科學方法，抓住關鍵環節和重點問題，是我們改革開放多年來的重要經驗，也是今後以重點突破牽引和帶動全域，不斷開創改革新局面，決勝全面建成小康社會的重要方法。

（一）堅持全面深化改革，解放和發展社會生產力

堅持解放和發展社會生產力，是貫穿於整個社會主義初級階段的重點工作。抓住了生產力，就抓住了解決社會基本矛盾的核心，意義極其重大。所以，在新的形勢下，面對如期實現「兩個百年」目標的

---

1 習近平：〈關於《中共中央關於全面深化改革若干重大問題的決定》的說明〉，《人民日報》2013 年 11 月 16 日。

艱巨任務，習近平總書記多次強調：「全面建成小康社會，實現社會主義現代化，實現中華民族偉大復興，最根本最緊迫的任務還是進一步解放和發展社會生產力。解放思想，解放和增強社會活力，是為了更好解放和發展社會生產力」。[1] 進一步解放和發展生產力的根本途徑是全面深化改革，全面深化改革又是「四個全面」戰略佈局中具有突破性和先導性的關鍵環節，必須堅持不懈。

回顧改革開放以來的歷程，每一次重大改革都給黨和國家的發展注入新的活力、給我們所進行的偉大事業增添了強大動力，不斷將黨領導全國人民所進行的中國特色社會主義建設事業推向前進。特別是十八大以來，以習近平同志為核心的黨中央「蹄疾步穩推進全面深化改革，堅決破除各方面體制機制弊端。改革全面發力、多點突破、縱深推進，著力增強改革系統性、整體性、協同性，壓茬拓展改革廣度和深度，推出一千五百多項改革舉措，重要領域和關鍵環節改革取得突破性進展，主要領域改革主體框架基本確立。中國特色社會主義制度更加完善，國家治理體系和治理能力現代化水準明顯提高，全社會發展活力和創新活力明顯增強」。[2]

中國特色社會主義進入新時代，全面深化改革要破除一切不合時宜的思想觀念和體制機制弊端，突破利益固化的藩籬，需要牢牢把握重點和方向。發展是基礎，經濟不發展，一切都無從談起。因此必須

---

1 習近平：〈切實把思想統一到黨的十八屆三中全會精神上來〉，《十八大以來重要文獻選編》（上），中央文獻出版社 2014 年版，第 549-550 頁。

2 習近平：〈決勝全面建成小康社會 奪取新時代中國特色社會主義偉大勝利〉，《人民日報》2017 年 10 月 28 日。

堅持以經濟體制改革為重點，發揮經濟體制改革牽引作用。目前中國還處在社會主義初級階段，仍是世界上最大的發展中國家，客觀實際決定了經濟體制改革的基礎作用，發展社會主義生產力仍然是社會主義的根本任務。同時，改革開放三十多年的實踐也證明，不斷深化的經濟體制改革，極大促進了中國生產力的提升，為其他領域的改革提供了強大的物質動力並不斷創造出改革的條件。經濟體制改革決定著其他方面很多體制改革的進度，因此具有重要傳導作用，牽一髮而動全身，這就要求我們必須通過經濟體制改革取得的新突破去引領帶動其他領域的改革，從而為打開新的工作局面奠定良好的基礎。

（二）加快建設創新型國家

習近平總書記多次強調，創新是引領發展的第一動力，「抓住了創新，就抓住了牽動經濟社會發展全域的『牛鼻子』」。[1] 經濟發展的驅動力是隨著社會發展階段的不同而不斷轉化的，從要素驅動、投資驅動轉向創新驅動是發展規律的必然要求。勞動力、資本、資源是我們改革開放以來經濟發展模式所依賴的傳統資源，但隨著勞動力、資源、土地等價格的不斷上揚，要素驅動型增長模式已難以為繼，因此要適應和引領新常態，必須要轉向依靠創新驅動的發展動力模式。

當前中國經濟面臨下行壓力的根本原因之一在於創新乏力、創新不足。對此，習近平總書記指出，「世界經濟長遠發展的動力源自創新。

---

1 習近平：〈習近平在省部級主要領導幹部學習貫徹黨的十八屆五中全會精神專題研討班上的講話〉，《人民日報》2016 年 5 月 10 日。

總結歷史經驗，我們會發現，體制機制變革釋放出的活力和創造力，科技進步造就的新產業和新產品，是歷次重大危機後世界經濟走出困境、實現復蘇的根本」。[1]創新是改造升級傳統產業和加快培育新興產業的重要動力源泉，產業結構升級離開創新是沒有出路的。中國目前發展面臨的動力不足、發展方式粗放、產業層次偏低、資源環境約束趨緊等發展不平衡不充分的突出問題在很大程度上要依靠創新能力的提升才能得到解決。因此，轉變經濟發展方式、優化經濟結構、改善生態環境、提高發展品質和效益都需要創新引領，堅持創新發展理念。

黨的十九大報告指出，「創新是引領發展的第一動力，是建設現代化經濟體系的戰略支撐」[2]。因此，必須強化基礎研究、加強應用基礎研究、加強國家創新體系建設、深化科技體制改革、宣導創新文化、加強創新人才隊伍建設，加快建設創新型國家，加快形成以創新為引領和支撐的新經濟體系和新發展模式，推動中國經濟持續健康快速發展。

（三）實施鄉村振興戰略，解決好「三農」問題

「三農」問題是全黨工作的重中之重。經過我們黨長期不懈的努力，一些突出的「三農」問題基本上得到了解決，但依然面臨很多新的「三農」問題需要解決。習近平總書記指出：「沒有農村的全面小

---

1 習近平：〈習近平總書記談創新〉，《人民日報》2016 年 3 月 3 日。

2 習近平：〈決勝全面建成小康社會 奪取新時代中國特色社會主義偉大勝利〉，《人民日報》2017 年 10 月 28 日。

康和欠發達地區的全面小康，就沒有全國的全面小康」。[1]「三農」問題能否得到妥善解決，關係到全面建成小康社會能否被人民認可、能否經受住歷史的考驗，「中國要強，農業必須強；中國要美，農村必須美；中國要富，農民必須富。農業基礎穩固，農村和諧穩定，農民安居樂業，整個大局就有保障，各項工作都會比較主動」。[2]

　　要讓農業強，首先要不斷解放和發展農業生產力，通過不斷深化改革和制度創新，激發農村發展活力。其次要不斷提高農業技術水準，加快農業現代化步伐。最後要提高農民教育水準，培養農業技術專家和知識型的新農民。要讓農民富，一方面要通過體制機制創新，資源的投入提供農民致富的機會；另一方面要充分發揮廣大農民的積極性和首創精神，挖掘致富的內生動力。要讓農村美，首先，要加快推進城鄉公共服務均等化。基礎設施和基本公共服務供給不足和品質不高是農村發展的重要瓶頸，要改善這種狀況，需要在基礎設施方面加大財政支持力度，社會事業的發展也需要向農村地區給予一定的傾斜。重點是改善農村水電路氣網等生產生活條件，大力發展農村教育、文化、衛生和社保等社會事業，穩步提高城鄉基本公共服務均等化水準。其次要改善農村生態環境。當前農村面臨的生態環境惡化問題突出，一方面過度開發導致的農業資源的過度透支，使得農業可持續的前景面臨嚴峻的挑戰；另一方面土地污染嚴重，農業生態系統退化，農業

---

1 習近平：〈在廣東考察工作時的講話〉，人民網，習近平系列重要講話資料庫，http://jhsjk.people.cn/article/27793747。

2 習近平：〈在中央農村工作會議上的講話〉，《十八大以來重要文獻選編》（上），中央文獻出版社 2014 年版，第 658 頁。

發展環境約束緊張。因此，有必要對耕地和水資源堅持最嚴格的保護制度和管理制度，嚴格「紅線約束」，對農業生態進行綜合治理。

黨的十九大提出實施鄉村振興戰略，指出解決「三農」問題，要堅持農業農村優先發展、鞏固和完善農村基本經營制度、保持土地承包關係穩定並長久不變、深化農村集體產權制度改革、確保國家糧食安全、構建現代農業產業體系、生產體系、經營體系、促進農村一二三產業融合發展、加強農村基層基礎工作、培養造就一支「三農」工作隊伍等舉措，為新時代解決「三農」問題提供科學的指南。

二、補短板

短板主要指的是發展不平衡、不協調的問題。「木桶理論」說明存在問題的短板會影響整個系統的品質和功能。長期以來，中國發展存在不均衡、不協調的問題，在區域、城鄉、經濟和社會、物質文明和精神文明等方面都有突出的表現，如在經濟發展水準落後的情況下，「快」是追求的首要目標，但發展到一定水準，突出的短板就會成為快速發展的阻礙，發展的整體效能就會受到抑制，「木桶」效應就會愈加顯現，一系列社會矛盾就會不斷加深。

習近平總書記指出，「全面建成小康社會，強調的不僅是『小康』，而且更重要的也是更難做到的是『全面』。『小康』講的是發展水準，『全面』講的是發展的平衡性、協調性、可持續性。如果到2020年我們在總量和速度上完成了目標，但發展不平衡、不協調、不可持續問題更加嚴重，短板更加突出，就算不上真正實現了目標，即使最

後宣佈實現了，也無法得到人民群眾和國際社會認可」。[1] 由此不難看出，經濟建設、政治建設、文化建設、社會建設、生態文明建設各個領域不可能完全均衡發展，雖然一定程度的不平衡處於發展的正常範圍內，但是如果「長」的很長、「短」的很短，就可能產生系統性問題，損害發展的平衡性、協調性、可持續性。對此，習近平總書記在十八屆五中全會上所做的關於「十三五」規劃建議的說明中強調：「必須緊緊扭住全面建成小康社會存在的短板，在補齊短板上多用力」「必須全力做好補齊短板這篇大文章，著力提高發展的協調性和平衡性」。[2] 從中國的發展來看，生態文明建設、民生建設都是突出的短板，習近平總書記尤為強調的是：「農村貧困人口脫貧是最突出的短板」[3]。

（一）堅決打贏脫貧攻堅戰

新中國成立以來，我們黨帶領人民持續向貧困宣戰。特別是經過改革開放三十多年來的努力，我們成功走出了一條中國特色扶貧開發道路，中國的扶貧開發在世界人類反貧困歷史上譜寫了輝煌篇章，已有7億農村貧困人口擺脫貧困，取得了舉世矚目的偉大成就。但是直到目前，中西部一些地區貧困人口規模依然較大，這些貧困人口貧困

---

1 〈在黨的十八屆五中全會第二次全體會議上的講話（節選）〉，《求是》，2016年第1期。

2 習近平：〈關於《中共中央關於制定國民經濟和社會發展第十三個五年規劃的建議》的說明〉，《人民日報》2015年11月4日。

3 〈在黨的十八屆五中全會第二次全體會議上的講話（節選）〉，《求是》，2016年第1期。

程度較深，減貧成本更高，脫貧難度更大。可以說，中國扶貧開發已進入啃硬骨頭、攻堅拔寨的衝刺期，必須充分認識到扶貧開發事關全面建成小康社會，事關人民福祉，事關鞏固黨的執政基礎，事關國家長治久安，事關中國國際形象。打贏脫貧攻堅戰，是促進全體人民共用改革發展成果、實現共同富裕的重大舉措，是體現中國特色社會主義制度優越性的重要標誌，也是經濟發展新常態下擴大國內需求、促進經濟增長的重要途徑。

十八大以來，以習近平同志為核心的黨中央對扶貧工作高度重視。先後制定和實施了《中共中央國務院關於打贏脫貧攻堅戰的決定》《「十三五」脫貧攻堅規劃》等重大方針、政策，對扶貧脫貧工作進行了全面、系統、周密的部署。習近平總書記強調，要堅持精准扶貧、精准脫貧，重在提高脫貧攻堅成效。關鍵是要找准路子、構建好的體制機制，在精准施策上出實招、在精准推進上下實功、在精准落地上見實效。要解決好「扶持誰」的問題，確保把真正的貧困人口弄清楚，把貧困人口、貧困程度、致貧原因等搞清楚，以便做到因戶施策、因人施策。要解決好「誰來扶」的問題，加快形成中央統籌、省（自治區、直轄市）負總責、市（地）縣抓落實的扶貧開發工作機制，做到分工明確、責任清晰、任務到人、考核到位。要解決好「怎麼扶」的問題，按照貧困地區和貧困人口的具體情況，實施「五個一批」工程。[1] 十九大報告則進一步明確打贏脫貧攻堅戰的重要舉措，「要動

---

1 習近平：〈脫貧攻堅戰衝鋒號已經吹響　全黨全國咬定目標苦幹實幹〉，新華網 2015 年 11 月 28 日，http://news.xinhuanet.com/politics/2015-11/28/c_1117292150.htm。

員全黨全國全社會力量，堅持精准扶貧、精准脫貧，堅持中央統籌省負總責市縣抓落實的工作機制，強化黨政一把手負總責的責任制，堅持大扶貧格局，注重扶貧同扶志、扶智相結合，深入實施東西部扶貧協作，重點攻克深度貧困地區脫貧任務，確保到二〇二〇年我國現行標準下農村貧困人口實現脫貧，貧困縣全部摘帽，解決區域性整體貧困，做到脫真貧、真脫貧」。[1]

（二）補齊民生建設短板

對於民生工作中存在的不足，面臨的困難和挑戰，十九大報告總結指出，「民生領域還有不少短板，脫貧攻堅任務艱巨，城鄉區域發展和收入分配差距依然較大，群眾在就業、教育、醫療、居住、養老等方面面臨不少難題」。習近平總書記多次強調，「全面小康，覆蓋的人口要全面，是惠及全體人民的小康。全面建成小康社會突出的短板主要在民生領域，發展不全面的問題很大程度上也表現在不同社會群體民生保障方面」。[2]

帶領人民創造幸福生活，是黨始終不渝的奮鬥目標。習近平總書記指出：「我們的人民熱愛生活，期盼有更好的教育、更穩定的工作、更滿意的收入、更可靠的社會保障、更高水準的醫療衛生服務、更舒適的居住條件、更優美的環境，期盼著孩子們能成長得更好、工作得

---

1 習近平：〈決勝全面建成小康社會 奪取新時代中國特色社會主義偉大勝利〉，《人民日報》2017年10月28日。

2 〈在黨的十八屆五中全會第二次全體會議上的講話（節選）〉，《求是》，2016年第1期。

更好、生活得更好。人民對美好生活的嚮往，就是我們的奮鬥目標」。[1]
中國特色社會主義進入新時代，中國社會主要矛盾已經轉化為人民日
益增長的美好生活需要和不平衡不充分的發展之間的矛盾，這對於民
生建設提出了更高的要求。中國特色社會主義的制度優越性，歸根結
底要體現為國家綜合實力不斷增強和人民生活較快改善。因此，補齊
這些短板是全面建成小康社會必須完成的任務。

當前民生領域的短板主要體現在：第一，城鄉之間、區域之間、
社會成員之間的收入差距較大；第二，大學生就業難成為社會熱點問
題；第三，覆蓋城鄉的社會保障體系還不夠健全。

針對這些問題，十九大報告都做出了明確的回答。在促進就業方
面，十九大報告強調，「就業是最大的民生」。要堅持就業優先戰略
和積極就業政策，實現更高品質和更充分就業。大規模開展職業技能
培訓，注重解決結構性就業矛盾，鼓勵創業帶動就業。提供全方位公
共就業服務，促進高校畢業生等青年群體、農民工多管道就業創業。
破除妨礙勞動力、人才社會性流動的體制機制弊端，使人人都有通過
辛勤勞動實現自身發展的機會。完善政府、工會、企業共同參與的協
商協調機制，構建和諧勞動關係。

在收入分配方面，將進一步強化分配的調節，注重公平與效率的
統一。十九大報告指出，要堅持按勞分配原則，完善按要素分配的體
制機制，促進收入分配更合理、更有序。鼓勵勤勞守法致富，擴大中
等收入群體，增加低收入者收入，調節過高收入，取締非法收入。堅

---

1 習近平：〈人民對美好生活的嚮往，就是我們的奮鬥目標〉，《習近平談治國理政》，
　外文出版社 2014 年版，第 4 頁。

持在經濟增長的同時實現居民收入同步增長、在勞動生產率提高的同時實現勞動報酬同步提高。拓寬居民勞動收入和財產性收入管道。履行好政府再分配調節職能，加快推進基本公共服務均等化，縮小收入分配差距。

在社會保障方面，加強社會保障體系建設。十九大報告指出，按照兜底線、織密網、建機制的要求，全面建成覆蓋全民、城鄉統籌、權責清晰、保障適度、可持續的多層次社會保障體系。全面實施全民參保計畫。完善城鎮職工基本養老保險和城鄉居民基本養老保險制度，儘快實現養老保險全國統籌。完善統一的城鄉居民基本醫療保險制度和大病保險制度。完善失業、工傷保險制度。建立全國統一的社會保險公共服務平臺。統籌城鄉社會救助體系，完善最低生活保障制度 堅持男女平等基本國策，保障婦女兒童合法權益 完善社會救助、社會福利、慈善事業、優撫安置等制度，健全農村留守兒童和婦女、老年人關愛服務體系。發展殘疾人事業，加強殘疾康復服務。堅持房子是用來住的、不是用來炒的定位，加快建立多主體供給、多管道保障、租購並舉的住房制度，讓全體人民住有所居。[1]

（三）深化供給側結構性改革

推進供給側結構性改革，是十八大以來以習近平同志為核心的黨中央適應和引領經濟發展新常態的重大創新。近年來中國經濟增速下

---

1 習近平：〈決勝全面建成小康社會 奪取新時代中國特色社會主義偉大勝利〉，《人民日報》2017 年 10 月 28 日。

降有總體性、週期性和外部大環境的原因，但是導致實體經濟萎縮等一系列突出矛盾和問題的根源還在於重大結構性失衡以及經濟循環的無法順利進行。習近平總書記指出：「經濟下行壓力加大，表面上是有效需求不足，實際上是有效供給不足。總體上我國產能很大，但其中一部分是無效供給，而高品質、高水準的有效供給又不足。我國是製造大國和出口大國，但主要是低端產品和技術，科技含量高、品質高、附加值高的產品並不多。我們既要著力擴大需求，也要注重提高供給品質和水準」。[1] 因此必須從供給側結構性改革上想辦法，努力實現供求關係的新動態均衡。要解決世界經濟深層次問題，單純靠貨幣刺激政策是不夠的，必須下決心在推進經濟結構性改革方面做更大努力，使供給體系更適應需求結構的變化。因此，供給側結構性改革，最終目的是滿足廣大人民的需求，主攻方向是改善供給結構和提高供給品質，根本途徑是深化改革。

　　黨的十九大報告提出，建設現代化經濟體系要以供給側結構性改革為主線。2017 年是供給側結構性改革的深化之年，中央經濟工作會議從深入推進「三去一降一補」、農業供給側結構性改革、振興實體經濟、促進房地產市場平穩健康發展四個方面，對供給側結構性改革做出具體部署，推動這項重大改革向更廣維度、更深層次、更大空間深化拓展。從「三去一降一補」五大任務拓展為四個方面重點工作，以習近平同志為核心的黨中央把握發展規律、順應實踐要求，為供給側結構性改革注入新內涵、擘畫新圖景，為做好經濟工作提供了科學

---

1 〈在黨的十八屆五中全會第二次全體會議上的講話（節選）〉，《求是》，2016 年第 1 期。

指南。

此外，中國經濟發展進入新常態的一個重要特徵就是，經濟高速增長階段開始轉向高品質發展階段，迫切需要建設現代化經濟體系。而建設現代化經濟體系，必須把發展經濟的著力點放在實體經濟上，把主攻方向設定為提高供給體系品質，增強經濟運行的整體品質。對此，十九大報告做出了新的部署：要加快建設製造強國，加快發展先進製造業，推動互聯網、大數據、人工智慧和實體經濟深度融合，在中高端消費、創新引領、綠色低碳、共用經濟、現代供應鏈、人力資本服務等領域培育新增長點、形成新動能。支持傳統產業優化升級，加快發展現代服務業，瞄準國際標準提高水準。促進中國產業邁向全球價值鏈中高端，培育若干世界級先進製造業集群。加強水利、鐵路、公路、水運、航空、管道、電網、資訊、物流等基礎設施網路建設。堅持「三去一降一補」，優化存量資源配置，擴大優質增量供給，實現供需動態平衡。同時還要激發和保護企業家精神，鼓勵更多社會主體投身創新創業。建設知識型、技能型、創新型勞動者大軍，弘揚勞模精神和工匠精神，營造勞動光榮的社會風尚和精益求精的敬業風氣。

三、強弱項

弱項與短板都是與發展不均衡相關的因素，但是兩個概念的內涵不同。短板主要強調發展不均衡導致的結果，因此需要通過調整發展方式予以補齊；而弱項則主要強調導致發展不均衡的因素，由於原來重視不夠或發展時間太短，還無法發揮正常的功能，需要通過強化，

使其與其他各種因素均衡發揮作用，從而實現整體系統的平衡。當前
全面建成小康社會主要的弱項是生態文明建設，突出的問題是污染防
治，艱巨任務是妥善化解重大風險隱患。

（一）打贏污染防治攻堅戰

污染問題既是發展問題，又是民生問題，關係到全面建成小康
社會的成效。沒有生態文明的小康，就不是全面小康；錢多環境差
的小康，也不是人民所要的小康。中國經濟在改革開放 40 多年來的
高速增長是舉世矚目的，但高能耗、高排放的粗放式生產方式也造
成了對資源的過度利用，導致生態環境迅速惡化，環境問題越來越
嚴重，已經開始危及人民健康生活甚至人類生存。習近平總書記指
出：「生態環境特別是大氣、水、土壤污染嚴重，已成為全面建成
小康社會的突出短板。扭轉環境惡化、提高環境品質是廣大人民群
眾的熱切期盼，是『十三五』時期必須高度重視並切實推進的一項
重要工作。」

良好的生態環境不僅是社會持續發展的基礎，而且是人民健康幸
福的基礎，還是我們留給後人最好的財富。打好污染防治攻堅戰，就
是為了保發展、保健康、保幸福。十八大以來，以習近平同志為核心
的黨中央提出「創新、協調、綠色、開放、共用」新發展理念，綠色
發展理念成為五大發展理念之一，成為未來發展必須遵循的重要原則。
習近平總書記指出：「推進生態文明建設，解決資源約束趨緊、環境
污染嚴重、生態系統退化的問題，必須採取一些硬措施，真抓實幹才

能見效。」[1] 十九大報告提出，著力解決突出環境問題，具體舉措包括堅持全民共治、源頭防治，持續實施大氣污染防治行動，打贏藍天保衛戰。加快水污染防治，實施流域環境和近岸海域綜合治理。強化土壤污染管控和修復，加強農業面源污染防治，開展農村人居環境整治行動。加強固體廢棄物和垃圾處置。提高污染排放標準，強化排汙者責任，健全環保信用評價、資訊強制性披露、嚴懲重罰等制度。構建政府為主導、企業為主體、社會組織和公眾共同參與的環境治理體系。積極參與全球環境治理，落實減排承諾。正如 2014 年 11 月習近平總書記在 APEC 歡迎宴會上所說：「我們正在全力進行污染治理，力度之大，前所未有，我希望北京乃至全中國都能夠藍天常在，青山常在，綠水常在，讓孩子們都生活在良好的生態環境之中，這也是中國夢中很重要的內容。」[2]

（二）加快生態文明建設，建設美麗中國

建設生態文明是中華民族永續發展的千年大計。黨的十九大報告正式提出了「富強民主文明和諧美麗的社會主義現代化強國」的新提法，把生態文明建設放到了更高的位置。新時代堅持和發展中國特色社會主義的基本方略把「堅持人與自然和諧共生」作為十四條之一，指出「必須樹立和踐行綠水青山就是金山銀山的理念，堅持節約資源

---

1 習近平：〈關於《中共中央關於制定國民經濟和社會發展第十三個五年規劃的建議》的說明〉，《求是》，2015 年第 22 期。

2 習近平：〈下更大決心保護生態環境〉，人民網，習近平系列重要講話資料庫，http://jhsjk.people.cn/article/26017747。

和保護環境的基本國策，像對待生命一樣對待生態環境，統籌山水林田湖草系統治理，實行最嚴格的生態環境保護制度，形成綠色發展方式和生活方式，堅定走生產發展、生活富裕、生態良好的文明發展道路，建設美麗中國，為人民創造良好生產生活環境，為全球生態安全作出貢獻」。[1]

人與自然是生命共同體，人類必須尊重自然、順應自然、保護自然。恩格斯說：「我們每走一步都要記住：我們統治自然界，決不像征服者統治異族人那樣，決不是像站在自然界之外的人似的，相反地，我們連同我們的肉、血和頭腦都是屬於自然界和存在于自然之中的。」[2] 人類只有遵循自然規律才能有效防止在開發利用自然上走彎路，人類對大自然的傷害最終會傷及人類自身，這是無法抗拒的規律。

我們要建設的現代化是人與自然和諧共生的現代化，既要創造更多物質財富和精神財富以滿足人民日益增長的美好生活需要，也要提供更多優質生態產品以滿足人民日益增長的優美生態環境需要。經濟發展決定著人民的生活水準，生態環境決定著人民的生活品質。「良好生態環境是最公平的公共產品，是最普惠的民生福祉。」習近平總書記指出：「要正確處理好經濟發展同生態環境保護的關係，牢固樹立保護生態環境就是保護生產力、改善生態環境就是發展生產力的理

---

1 習近平：〈決勝全面建成小康社會 奪取新時代中國特色社會主義偉大勝利〉，《人民日報》2017 年 10 月 28 日。
2《馬克思恩格斯全集》第 20 卷，人民出版社 1971 年版，第 519 頁。

念。」[1] 十九大報告從推進綠色發展、著力解決突出環境問題、加大生態系統保護力度、改革生態環境監管體制四個方面闡述了生態文明建設的重點工作，為加快生態文明體制改革，建設美麗中國提供了科學指南。

（三）妥善化解重大風險隱患

全面建成小康社會具有光明前景，但也面臨艱巨任務。當前，國內外形勢正在發生深刻複雜變化，不確定因素增多，經濟社會發展面臨諸多風險挑戰。自 2008 年美國爆發金融危機之後，西方發達國家經濟嚴重衰退、內部矛盾激化、用給其他國家和地區製造麻煩甚至災難的危險性做法向外轉移矛盾和轉嫁危機成本，中國發展的外部環境有所惡化，和平演變中國的活動有所加強，否定中國共產黨的領導和中國社會主義制度的歷史虛無主義一度氾濫，同時中國經濟進入了新常態，處於增長速度換擋期、結構調整陣痛期、前期刺激政策消化期三期疊加的矛盾激化、隱患醞釀、風險多發的特殊時期。這些風險隱患如果應對不好，極有可能發生系統性風險、犯顛覆性錯誤，導致全面建成小康社會進程的延誤甚至中斷。

首先，要增強風險防控意識。風險意識淡薄是最大的風險。中國經濟社會發展面臨的各種風險在當前和今後一個時期可能會不斷積累

---

1 習近平：〈堅持節約資源和保護環境基本國策　努力走向社會主義生態文明新時代〉，人民網，習近平系列重要講話資料庫，http://jhsjk.people.cn/article/21608764。

甚至集中爆發,因此在這種關鍵時期必須增強風險防控意識,築牢安全防線。2015 年 10 月 29 日,習近平總書記在黨的十八屆五中全會第二次全體會議上指出:「我們面臨的重大風險,既包括國內的經濟、政治、意識形態、社會風險以及來自自然界的風險,也包括國際經濟、政治、軍事風險等。如果發生重大風險又扛不住,國家安全就可能面臨重大威脅,全面建成小康社會進程就可能被迫中斷。我們必須把防風險擺在突出位置,『圖之於未萌,慮之於未有』,力爭不出現重大風險或在出現重大風險時扛得住、過得去。」[1]防控風險、維護國家安全是全社會共同責任,需要各方共同參與,共築安全防線,對此,習近平總書記強調:「對可能發生的各種風險,各級黨委和政府要增強責任感和自覺性,把自己職責範圍內的風險防控好,不能把防風險的責任都推給上面,也不能把防風險的責任都留給後面,更不能在工作中不負責任地製造風險」。[2]

其次,要提高風險防控能力。提高防範化解重大風險的能力對於穩定持續的發展極為重要。習近平總書記指出:「要加強對各種風險源的調查研判,提高動態監測、即時預警能力,推進風險防控工作科學化、精細化,對各種可能的風險及其原因都要心中有數、對症下藥、綜合施策,出手及時有力,力爭把風險化解在源頭,不讓小風險演化為大風險,不讓個別風險演化為綜合風險,不讓局部風險演化為

---

1 習近平:〈在黨的十八屆五中全會第二次全體會議上的講話(節選)〉,《求是》,2016 年第 1 期。

2 習近平:〈在黨的十八屆五中全會第二次全體會議上的講話(節選)〉,《求是》,2016 年第 1 期。

區域性或系統性風險，不讓經濟風險演化為社會政治風險，不讓國際風險演化為國內風險。」[1] 首先要加強防範能力，做到動態監測、即時預警。從風險到危險是一個過程，早識別、早預警、早發現、早處置，就能明顯降低風險造成的負面衝擊。其次要加強控制化解能力，對症下藥、綜合施策。風險必有原因，防範必有規律，要找准癥結所在，有的放矢，對症下藥。確保把風險苗頭消滅在萌芽狀態，對於風險隱患要贏得主動，對於各種風險相互交織並形成一個風險綜合體，要加強系統性預判和防範。

最後，有效防控和妥善化解金融與國家安全領域的風險。十九大報告中，對於具體領域的風險，主要強調了金融與國家安全領域，「健全金融監管體系，守住不發生系統性金融風險的底線」，「健全國家安全體系，加強國家安全法治保障，提高防範和抵禦安全風險能力」。[2]金融領域是系統性風險的多發地。隨著中國經濟發展進入新常態，經濟增速下降、新舊產業轉型，中國金融風險逐步顯現，過熱的房地產行業及相關不良貸款、地方政府債務違約風險、資本外逃、人民幣貶值壓力、互聯網金融違約事件頻發等問題都在考驗著中國金融系統的穩定性，習近平總書記指出：「總體看，我國金融形勢是良好的，金融風險是可控的。同時，在國際國內經濟下行壓力因素綜合影響下，我國金融發展面臨不少風險和挑戰。在經濟全球化深入發展的今天，

---

1 習近平：〈在黨的十八屆五中全會第二次全體會議上的講話（節選）〉，《求是》，2016 年第 1 期。

2 習近平：〈決勝全面建成小康社會 奪取新時代中國特色社會主義偉大勝利〉，《人民日報》2017 年 10 月 28 日。

金融危機外溢性突顯，國際金融風險點仍然不少。一些國家的貨幣政策和財政政策調整形成的風險外溢效應，有可能對我國金融安全形成外部衝擊。」[1]因此，要把防控金融風險放到更加重要的位置，下決心處置一批風險點，著力防控資產泡沫，提高和改進監管能力，確保不發生系統性金融風險，習近平總書記在中共中央政治局第四十次集體學習時指出：「維護金融安全，要堅持底線思維，堅持問題導向，在全面做好金融工作基礎上，著力深化金融改革，加強金融監管，科學防範風險，強化安全能力建設，不斷提高金融業競爭能力、抗風險能力、可持續發展能力，堅決守住不發生系統性金融風險的底線。」[2]

國家安全是安邦定國的重要基石，維護國家安全是全國各族人民根本利益所在。十九大報告指出，「要完善國家安全戰略和國家安全政策，堅決維護國家政治安全，統籌推進各項安全工作。健全國家安全體系，加強國家安全法治保障，提高防範和抵禦安全風險能力。嚴密防範和堅決打擊各種滲透顛覆破壞活動、暴力恐怖活動、民族分裂活動、宗教極端活動。加強國家安全教育，增強全黨全國人民國家安全意識，推動全社會形成維護國家安全的強大合力」。[3]

---

1 〈習近平主持中共中央政治局第四十次集體學習〉，中國政府網，http://www.gov.cn/xinwen/2017-04/26/content_5189103.htm

2 〈習近平主持中共中央政治局第四十次集體學習〉，中國政府網，http://www.gov.cn/xinwen/2017-04/26/content_5189103.htm。

3 習近平：〈決勝全面建成小康社會 奪取新時代中國特色社會主義偉大勝利〉，《人民日報》2017年10月28日。

第三節　充分發揮「實現偉大夢想」的示範作用

　　雖然實現中華民族偉大復興的「偉大夢想」首先表現為中國崛起，但「偉大夢想」卻不是出自狹隘的民族主義心態。「偉大夢想」基於中國實踐，但從來不局限於中國視野，而是把中國放在全人類、全世界發展的宏大歷史畫卷中，因此中國夢也是人類之夢、世界之夢。習近平總書記在 7‧26 講話中用「三個意味著」闡述了「實現偉大夢想」的偉大意義，在十九大報告中，「三個意味著」被再次強調：中國特色社會主義進入新時代，「意味著近代以來久經磨難的中華民族迎來了從站起來、富起來到強起來的偉大飛躍，迎來了實現中華民族偉大復興的光明前景；意味著科學社會主義在二十一世紀的中國煥發出強大生機活力，在世界上高高舉起了中國特色社會主義偉大旗幟；意味著中國特色社會主義道路、理論、制度、文化不斷發展，拓展了發展中國家走向現代化的途徑，給世界上那些既希望加快發展又希望保持自身獨立性的國家和民族提供了全新選擇，為解決人類問題貢獻了中國智慧和中國方案」。[1] 偉大夢想是自立自強、自我完善、自我超越之夢，也是合作共贏、構建「人類命運共同體」的世界之夢，還是一切珍視和平、憧憬美好未來的發展中國家的希望之夢。

---

1 習近平：＜決勝全面建成小康社會 奪取新時代中國特色社會主義偉大勝利＞，《人民日報》2017 年 10 月 28 日。

一、為加快中國特色社會主義建設提供強大精神動力

時代是思想之母，實踐是理論之源。體現中華民族偉大復興特定內涵的「偉大夢想」，是建立在當今時代特徵和時代主題基礎上、體現當今時代發展要求的時代夢。習近平總書記指出，中國夢是「中華民族近代以來最偉大的夢想」「這個夢想凝聚了幾代中國人的夙願，體現了中華民族和中國人民的整體利益」，[1] 因此具有凝心聚力的激勵價值，能夠為中國特色社會主義實踐注入強大的精神動力。

「偉大夢想」是中華民族的共同理想，具有強大的包容性，全體中國人，無論哪個階層、哪個領域、哪個民族，都能在「中國夢」中實現自己對更美好生活、更全面發展嚮往的夢想。國家富強、民族振興與人民的幸福生活是相互貫通、和諧統一的，從而有利於把全國人民更好地凝結成「利益共同體」和「命運共同體」，形成實現共同理想、共同目標、共同事業所需的強大凝聚力。[2]「偉大夢想」能夠激發強大的思路力量，馬克思曾指出：「理論一經掌握群眾，也會變成物質力量。理論只要說服人，就能掌握群眾；而理論只要徹底，就能說服人」[3]，這說明理性的認識和科學的理論能夠轉化為物質的力量。雖然馬克思主義的觀點認為物質是第一性的，精神是第二性的，歷史發展歸根結底由物質力量決定，但並不否認精神因素在歷史發展中的作

---

1 〈習近平在參觀《復興之路》展覽時強調：承前啟後繼往開來繼續朝著中華民族偉大復興目標奮勇前進〉，《人民日報》，2012 年 11 月 30 日。
2 張浩：〈深刻領會「中國夢」的重大意義〉，《南方日報》2013 年 09 月 16 日。
3 《馬克思恩格斯全集》第 1 卷，人民出版社 1956 年版，第 460 頁。

用。當前中國的改革逐步進入深水區，各種利益與矛盾衝突不斷加深，「觸動利益比觸動靈魂還難」，如果只用物質的力量推進改革，用利益方式去解決利益矛盾，成本必然越來越大，改革的阻力也會越來越大。可如果能把利益與理想、物質驅動與精神驅動有效結合起來，必然能夠降低成本和難度，提高效率，取得事半功倍的效果。理想、信念和理性等精神因素轉化為物質力量是需要滿足特定條件的，只有那些符合社會發展要求與深得民心的精神、理想才可能達到這一目的。而「偉大夢想」反映的正是黨、國家與人民的共同心願，易於形成具有廣泛共識的理想信念。因此，它一經提出就被人們廣為接受並自覺轉化為行動指南，就會匯成氣勢磅礴的精神動力，進而轉變成強大的物質洪流，有力推動中國朝著富強民主文明和諧的社會主義現代化強國邁進。[1]

二、為解決人類面臨的共同問題貢獻中國智慧

當今世界充滿著矛盾和挑戰，在全球化時代，很多問題成為人類面臨的共同問題。習近平總書記指出：「從歷史維度看，人類社會正處在一個大發展大變革大調整時代。世界多極化、經濟全球化、社會資訊化、文化多樣化深入發展，和平發展的大勢日益強勁，變革創新的步伐持續向前。各國之間的聯繫從來沒有像今天這樣緊密，世界人民對美好生活的嚮往從來沒有像今天這樣強烈，人類戰勝困難的手段

---

1 楊生平：〈中國夢的當代意義〉，《前線》，2014 年第 3 期。

從來沒有像今天這樣豐富。從現實維度看，我們正處在一個挑戰頻發的世界。世界經濟增長需要新動力，發展需要更加普惠平衡，貧富差距鴻溝有待彌合，地區熱點持續動盪，恐怖主義蔓延肆虐，和平赤字、發展赤字、治理赤字，是擺在全人類面前的嚴峻挑戰。這是我一直思考的問題」。[1] 黨的十九大報告指出，世界正處於大發展大變革大調整時期，和平與發展仍然是時代主題。世界多極化、經濟全球化、社會資訊化、文化多樣化深入發展，全球治理體系和國際秩序變革加速推進，各國相互聯繫和依存日益加深，國際力量對比更趨平衡，和平發展大勢不可逆轉。同時，世界面臨的不穩定性不確定性突出，世界經濟增長動能不足，貧富分化日益嚴重，地區熱點問題此起彼伏，恐怖主義、網路安全、重大傳染性疾病、氣候變化等非傳統安全威脅持續蔓延，人類面臨許多共同挑戰。

　　解決人類面臨的共同問題需要全球治理的新思路。當前全球治理體系是基於近代以來西方文明主導全球化、西方話語體系佔據主導地位的基礎上形成的。從近幾十年國際形勢的演變可以看到，冷戰結束後，全球治理的核心一直是美國，但是美國並不是一個全球治理的合格者。特別是 2008 年國際金融危機爆發以來，全球性問題增多，治理需求加大，但美國主導的全球治理體系卻令人失望。從當前國際社會面對的問題看，難民危機惡化、債務危機持續、逆全球化回潮、孤立主義勢頭重現、地緣政治緊張、全球氣候治理久拖不決、「非對稱威脅」層出不窮，可以說，當前的全球治理已經無法跟上全球問題擴散

---

1 〈習近平在「一帶一路」國際合作高峰論壇開幕式上的演講〉，《人民日報》2017年 5 月 15 日。

的腳步。歷史與現實暴露了西方大國主導下的全球治理把「私利物品」偽裝成「公共物品」的本質，因此受到國際社會的質疑和反對是很自然的事情。[1]

　　解決人類面臨的共同問題的「中國智慧」正是世界迫切需要的。全球化、資訊化與網路化的快速發展正重塑全球經濟、社會結構，世界經濟、政治、社會和文化均需經歷全面轉型，而國際權力格局的深刻變化，又使得世界各種力量之間的競爭、博弈和較量愈加激烈。一個國家治理的現代化水準，決定了該國參與全球治理的方式和能力。中國在改革開放不到 40 年的時間內解決了從全球化、現代化的邊緣走到全球化中心，正是中國國內治理體系和治理能力水準提高的結果，是中國出現「中國奇跡」的結果。習近平總書記在主持中央政治局第二十七次學習時指出：「要推動全球治理理念創新發展，積極發掘中華文化中積極的處世之道和治理理念同當今時代的共鳴點，繼續豐富打造人類命運共同體等主張，弘揚共商共建共用的全球治理理念。」[2]中國提出了走出全球化困境的路徑，提出了共商共建共用的「人類命運共同體」理念及「一帶一路」倡議，這些都正是當今全球治理迫切需要的。黨的十九大報告進一步強調，中國要「秉持共商共建共用的全球治理觀，宣導國際關係民主化，堅持國家不分大小、強弱、貧富一律平等，支持聯合國發揮積極作用，支援擴大發展中國家在國際事

1　于軍，王發龍：〈全球治理的制度困境與中國的戰略選擇〉，《行政管理改革》，2016 年第 11 期。

2　〈積極有為，推進全球治理體制變革──解讀習近平在中共中央政治局第二十七次集體學習時的講話〉，新華網，http://news.xinhuanet.com/politics/2015-10/14/c_128318652.htm。

務中的代表性和發言權。中國將繼續發揮負責任大國作用，積極參與全球治理體系改革和建設，不斷貢獻中國智慧和力量」。[1]

三、為世界各國發展提供可資借鑑的中國方案

發展是硬道理，發展是每個國家最關心和渴望解決的問題。各國人民有自主選擇發展道路的權利，但在資本主義主導的全球格局中，自由選擇經濟制度和政治體制實際上存在著巨大障礙。一方面，20 世紀 90 年代以來，以美國為代表的西方發達國家把帶有「普世價值」包裝的所謂民主、自由、人權等新自由主義意識形態推銷給發展中國家，反對發展中國家走自己的道路和按照自己國情採取不同於西方的方式實現人類共同的價值追求。如果發展中國家的發展不符合西方國家的「要求」，就通過發動「顏色革命」改變這些國家的政治、經濟制度。另一方面，即使一些發展中國家具有獨立發展的勇氣，卻也缺乏成功的模式學習借鑑。蘇聯曾經是世界上最強大的社會主義國家，但東歐劇變之後，很多發展中國家打消了學習蘇聯模式的念頭。因此中國發展的成功、中國特色社會主義進入新時代具有巨大發展意義和示範意義，這不僅是中國的成功，也是社會主義的成功，意味著科學社會主義在 21 世紀的中國煥發出強大生機活力，在世界上高高舉起了中國特色社會主義偉大旗幟。因此中國特色社會主義道路、理論、制度、文化不斷發展，拓展了發展中國家走向現代化的途徑，給世界上

---

1 習近平：〈決勝全面建成小康社會奪取新時代中國特色社會主義偉大勝利〉，《人民日報》2017 年 11 月 28 日。

那些既希望加快發展又希望保持自身獨立性的國家和民族提供了全新選擇。

　　中國特色社會主義是馬克思主義基本原理同中國具體實際和時代特徵相結合的產物，「中國特色」是其特殊性，但作為一種實現現代化的發展模式，又具有一般性。鄧小平同志曾指出，「我們的改革不僅在中國，而且在世界範圍內也是一種試驗，我們相信會成功。如果成功了，可以對世界上的社會主義事業和不發達國家的發展提供某些經驗」。[1]中國特色社會主義所回答和解決的不僅僅是關於中國社會主義建設的問題，也是經濟文化相對落後國家如何發展的一般性問題。中國道路具有深刻內涵，一方面，原來作為經濟發展水準、科技文化水準都比較落後的地區，通過獨立自主、和平發展的道路，成為世界上數一數二的大國、強國，這無疑為發展中國家樹立了典範。另一方面，中國作為社會主義國家，在全世界資本主義居於主導地位的環境中，堅持和發展中國特色社會主義，在短短三十幾年完成了發達國家幾百年走過的路，正在向民族復興、國家富強、人民幸福的偉大夢想邁進，這也是每個發展中國家渴望和追求的夢想。因此，中國特色社會主義不僅對中國社會主義事業的健康發展具有重大的指導意義，也必將超出一國範圍而對世界產生積極的示範影響，尤其是對於那些既希望加快發展又希望保持自身獨立性的國家和民族具有重要的借鑑意義。十八大以來，習近平總書記提出並積極推動人類「命運共同體」，必將進一步提升中國特色社會主義的世界影響，為世界提供了一條

1《鄧小平文選》（第3卷），人民出版社1993年版，第135頁。

不同於西方現代化模式的中國道路，為廣大發展中國家實現現代化拓寬思路提供了中國方案。因此，隨著中國特色社會主義事業的不斷發展、不斷完善、不斷取得成功，中國特色社會主義對於人類社會發展的重大而深遠意義，必將不斷地展現出來。

附錄

決勝全面建成小康社會奪取新時代中國特色社會主義偉大勝利

——在中國共產黨第十九次全國代表大會上的報告

（2017 年 10 月 18 日）習近平

同志們：

現在，我代表第十八屆中央委員會向大會作報告。中國共產黨第十九次全國代表大會，是在全面建成小康社會決勝階段、中國特色社會主義進入新時代的關鍵時期召開的一次十分重要的大會。

大會的主題是：不忘初心，牢記使命，高舉中國特色社會主義偉大旗幟，決勝全面建成小康社會，奪取新時代中國特色社會主義偉大勝利，為實現中華民族偉大復興的中國夢不懈奮鬥。

不忘初心，方得始終。中國共產黨人的初心和使命，就是為中國人民謀幸福，為中華民族謀復興。這個初心和使命是激勵中國共產黨人不斷前進的根本動力。全黨同志一定要永遠與人民同呼吸、共命運、心連心，永遠把人民對美好生活的嚮往作為奮鬥目標，以永不懈

怠的精神狀態和一往無前的奮鬥姿態，繼續朝著實現中華民族偉大復興的宏偉目標奮勇前進。

當前，國內外形勢正在發生深刻複雜變化，我國發展仍處於重要戰略機遇期，前景十分光明，挑戰也十分嚴峻。全黨同志一定要登高望遠、居安思危，勇於變革、勇於創新，永不僵化、永不停滯，團結帶領全國各族人民決勝全面建成小康社會，奮力奪取新時代中國特色社會主義偉大勝利。

一、過去五年的工作和歷史性變革

十八大以來的五年，是黨和國家發展進程中極不平凡的五年。面對世界經濟復蘇乏力、局部衝突和動盪頻發、全球性問題加劇的外部環境，面對我國經濟發展進入新常態等一系列深刻變化，我們堅持穩中求進工作總基調，迎難而上，開拓進取，取得了改革開放和社會主義現代化建設的歷史性成就。

為貫徹十八大精神，黨中央召開七次全會，分別就政府機構改革和職能轉變、全面深化改革、全面推進依法治國、制定「十三五」規劃、全面從嚴治黨等重大問題作出決定和部署。五年來，我們統籌推進「五位一體」總體佈局、協調推進「四個全面」戰略佈局，「十二五」規劃勝利完成，「十三五」規劃順利實施，黨和國家事業全面開創新局面。

經濟建設取得重大成就。堅定不移貫徹新發展理念，堅決端正發展觀念、轉變發展方式，發展品質和效益不斷提升。經濟保持中高速增長，在世界主要國家中名列前茅，國內生產總值從五十四萬億元增

長到八十萬億元，穩居世界第二，對世界經濟增長貢獻率超過百分之三十。供給側結構性改革深入推進，經濟結構不斷優化，數位經濟等新興產業蓬勃發展，高鐵、公路、橋樑、港口、機場等基礎設施建設快速推進。農業現代化穩步推進，糧食生產能力達到一萬二千億斤。城鎮化率年均提高一點二個百分點，八千多萬農業轉移人口成為城鎮居民。區域發展協調性增強，「一帶一路」建設、京津冀協同發展、長江經濟帶發展成效顯著。創新驅動發展戰略大力實施，創新型國家建設成果豐碩，天宮、蛟龍、天眼、悟空、墨子、大飛機等重大科技成果相繼問世。南海島礁建設積極推進。開放型經濟新體制逐步健全，對外貿易、對外投資、外匯儲備穩居世界前列。

全面深化改革取得重大突破。蹄疾步穩推進全面深化改革，堅決破除各方面體制機制弊端。改革全面發力、多點突破、縱深推進，著力增強改革系統性、整體性、協同性，壓茬拓展改革廣度和深度，推出一千五百多項改革舉措，重要領域和關鍵環節改革取得突破性進展，主要領域改革主體框架基本確立。中國特色社會主義制度更加完善，國家治理體系和治理能力現代化水準明顯提高，全社會發展活力和創新活力明顯增強。

民主法治建設邁出重大步伐。積極發展社會主義民主政治，推進全面依法治國，黨的領導、人民當家作主、依法治國有機統一的制度建設全面加強，黨的領導體制機制不斷完善，社會主義民主不斷發展，黨內民主更加廣泛，社會主義協商民主全面展開，愛國統一戰線鞏固發展，民族宗教工作創新推進。科學立法、嚴格執法、公正司法、全民守法深入推進，法治國家、法治政府、法治社會建設相互促進，中國特色社會主義法治體系日益完善，全社會法治觀念明顯增強。

國家監察體制改革試點取得實效，行政體制改革、司法體制改革、權力運行制約和監督體系建設有效實施。

思想文化建設取得重大進展。加強黨對意識形態工作的領導，黨的理論創新全面推進，馬克思主義在意識形態領域的指導地位更加鮮明，中國特色社會主義和中國夢深入人心，社會主義核心價值觀和中華優秀傳統文化廣泛弘揚，群眾性精神文明創建活動扎實開展。公共文化服務水準不斷提高，文藝創作持續繁榮，文化事業和文化產業蓬勃發展，互聯網建設管理運用不斷完善，全民健身和競技體育全面發展。主旋律更加響亮，正能量更加強勁，文化自信得到彰顯，國家文化軟實力和中華文化影響力大幅提升，全黨全社會思想上的團結統一更加鞏固。

人民生活不斷改善。深入貫徹以人民為中心的發展思想，一大批惠民舉措落地實施，人民獲得感顯著增強。脫貧攻堅戰取得決定性進展，六千多萬貧困人口穩定脫貧，貧困發生率從百分之十點二下降到百分之四以下。教育事業全面發展，中西部和農村教育明顯加強。就業狀況持續改善，城鎮新增就業年均一千三百萬人以上。城鄉居民收入增速超過經濟增速，中等收入群體持續擴大。覆蓋城鄉居民的社會保障體系基本建立，人民健康和醫療衛生水準大幅提高，保障性住房建設穩步推進。社會治理體系更加完善，社會大局保持穩定，國家安全全面加強。

生態文明建設成效顯著。大力度推進生態文明建設，全黨全國貫徹綠色發展理念的自覺性和主動性顯著增強，忽視生態環境保護的狀況明顯改變。生態文明制度體系加快形成，主體功能區制度逐步健全，國家公園體制試點積極推進。全面節約資源有效推進，能源資源

消耗強度大幅下降。重大生態保護和修復工程進展順利，森林覆蓋率持續提高。生態環境治理明顯加強，環境狀況得到改善。引導應對氣候變化國際合作，成為全球生態文明建設的重要參與者、貢獻者、引領者。強軍興軍開創新局面。著眼于實現中國夢強軍夢，制定新形勢下軍事戰略方針，全力推進國防和軍隊現代化。召開古田全軍政治工作會議，恢復和發揚我黨我軍光榮傳統和優良作風，人民軍隊政治生態得到有效治理。國防和軍隊改革取得歷史性突破，形成軍委管總、戰區主戰、軍種主建新格局，人民軍隊組織架構和力量體系實現革命性重塑。加強練兵備戰，有效遂行海上維權、反恐維穩、搶險救災、國際維和、亞丁灣護航、人道主義救援等重大任務，武器裝備加快發展，軍事鬥爭準備取得重大進展。人民軍隊在中國特色強軍之路上邁出堅定步伐。

港澳臺工作取得新進展。全面準確貫徹「一國兩制」方針，牢牢掌握憲法和基本法賦予的中央對香港、澳門全面管治權，深化內地和港澳地區交流合作，保持香港、澳門繁榮穩定。堅持一個中國原則和「九二共識」，推動兩岸關係和平發展，加強兩岸經濟文化交流合作，實現兩岸領導人歷史性會晤。妥善應對臺灣局勢變化，堅決反對和遏制「臺獨」分裂勢力，有力維護臺海和平穩定。

全方位外交佈局深入展開。全面推進中國特色大國外交，形成全方位、多層次、立體化的外交佈局，為我國發展營造了良好外部條件。實施共建「一帶一路」倡議，發起創辦亞洲基礎設施投資銀行，設立絲路基金，舉辦首屆「一帶一路」國際合作高峰論壇、亞太經合組織領導人非正式會議、二十國集團領導人杭州峰會、金磚國家領導人廈門會晤、亞信峰會。宣導構建人類命運共同體，促進全球治理體系變

革。我國國際影響力、感召力、塑造力進一步提高,為世界和平與發展作出新的重大貢獻。

全面從嚴治黨成效卓著。全面加強黨的領導和黨的建設,堅決改變管黨治黨寬鬆軟狀況。推動全黨尊崇黨章,增強政治意識、大局意識、核心意識、看齊意識,堅決維護黨中央權威和集中統一領導,嚴明黨的政治紀律和政治規矩,層層落實管黨治黨政治責任。堅持照鏡子、正衣冠、洗洗澡、治治病的要求,開展黨的群眾路線教育實踐活動和「三嚴三實」專題教育,推進「兩學一做」學習教育常態化制度化,全黨理想信念更加堅定、黨性更加堅強。貫徹新時期好幹部標准,選人用人狀況和風氣明顯好轉。黨的建設制度改革深入推進,黨內法規制度體系不斷完善。把紀律挺在前面,著力解決人民群眾反映最強烈、對黨的執政基礎威脅最大的突出問題。出臺中央八項規定,嚴厲整治形式主義、官僚主義、享樂主義和奢靡之風,堅決反對特權。巡視利劍作用彰顯,實現中央和省級黨委巡視全覆蓋。堅持反腐敗無禁區、全覆蓋、零容忍,堅定不移「打虎」「拍蠅」「獵狐」,不敢腐的目標初步實現,不能腐的籠子越紮越牢,不想腐的堤壩正在構築,反腐敗鬥爭壓倒性態勢已經形成並鞏固發展。

五年來的成就是全方位的、開創性的,五年來的變革是深層次的、根本性的。五年來,我們黨以巨大的政治勇氣和強烈的責任擔當,提出一系列新理念新思想新戰略,出臺一系列重大方針政策,推出一系列重大舉措,推進一系列重大工作,解決了許多長期想解決而沒有解決的難題,辦成了許多過去想辦而沒有辦成的大事,推動黨和國家事業發生歷史性變革。這些歷史性變革,對黨和國家事業發展具有重大而深遠的影響。

使命

五年來，我們勇於面對黨面臨的重大風險考驗和黨內存在的突出問題，以頑強意志品質正風肅紀、反腐懲惡，消除了黨和國家內部存在的嚴重隱患，黨內政治生活氣象更新，黨內政治生態明顯好轉，黨的創造力、凝聚力、戰鬥力顯著增強，黨的團結統一更加鞏固，黨群關係明顯改善，黨在革命性鍛造中更加堅強，煥發出新的強大生機活力，為黨和國家事業發展提供了堅強政治保證。

同時，必須清醒看到，我們的工作還存在許多不足，也面臨不少困難和挑戰。主要是：發展不平衡不充分的一些突出問題尚未解決，發展品質和效益還不高，創新能力不夠強，實體經濟水準有待提高，生態環境保護任重道遠；民生領域還有不少短板，脫貧攻堅任務艱巨，城鄉區域發展和收入分配差距依然較大，群眾在就業、教育、醫療、居住、養老等方面面臨不少難題；社會文明水準尚需提高；社會矛盾和問題交織疊加，全面依法治國任務依然繁重，國家治理體系和治理能力有待加強；意識形態領域鬥爭依然複雜，國家安全面臨新情況；一些改革部署和重大政策措施需要進一步落實；黨的建設方面還存在不少薄弱環節。這些問題，必須著力加以解決。

五年來的成就，是黨中央堅強領導的結果，更是全黨全國各族人民共同奮鬥的結果。我代表中共中央，向全國各族人民，向各民主黨派、各人民團體和各界愛國人士，向香港特別行政區同胞、澳門特別行政區同胞和臺灣同胞以及廣大僑胞，向關心和支援中國現代化建設的各國朋友，表示衷心的感謝！

同志們！改革開放之初，我們黨發出了走自己的路、建設中國特色社會主義的偉大號召。從那時以來，我們黨團結帶領全國各族人民不懈奮鬥，推動我國經濟實力、科技實力、國防實力、綜合國力進入

世界前列，推動我國國際地位實現前所未有的提升，黨的面貌、國家的面貌、人民的面貌、軍隊的面貌、中華民族的面貌發生了前所未有的變化，中華民族正以嶄新姿態屹立於世界的東方。經過長期努力，中國特色社會主義進入了新時代，這是我國發展新的歷史方位。中國特色社會主義進入新時代，意味著近代以來久經磨難的中華民族迎來了從站起來、富起來到強起來的偉大飛躍，迎來了實現中華民族偉大復興的光明前景；意味著科學社會主義在二十一世紀的中國煥發出強大生機活力，在世界上高高舉起了中國特色社會主義偉大旗幟；意味著中國特色社會主義道路、理論、制度、文化不斷發展，拓展了發展中國家走向現代化的途徑，給世界上那些既希望加快發展又希望保持自身獨立性的國家和民族提供了全新選擇，為解決人類問題貢獻了中國智慧和中國方案。

這個新時代，是承前啟後、繼往開來、在新的歷史條件下繼續奪取中國特色社會主義偉大勝利的時代，是決勝全面建成小康社會、進而全面建設社會主義現代化強國的時代，是全國各族人民團結奮鬥、不斷創造美好生活、逐步實現全體人民共同富裕的時代，是全體中華兒女勠力同心、奮力實現中華民族偉大復興中國夢的時代，是我國日益走近世界舞臺中央、不斷為人類作出更大貢獻的時代。

中國特色社會主義進入新時代，我國社會主要矛盾已經轉化為人民日益增長的美好生活需要和不平衡不充分的發展之間的矛盾。我國穩定解決了十幾億人的溫飽問題，總體上實現小康，不久將全面建成小康社會，人民美好生活需要日益廣泛，不僅對物質文化生活提出了更高要求，而且在民主、法治、公平、正義、安全、環境等方面的要求日益增長。同時，我國社會生產力水準總體上顯著提高，社會生

產能力在很多方面進入世界前列，更加突出的問題是發展不平衡不充分，這已經成為滿足人民日益增長的美好生活需要的主要制約因素。必須認識到，我國社會主要矛盾的變化是關係全域的歷史性變化，對黨和國家工作提出了許多新要求。我們要在繼續推動發展的基礎上，著力解決好發展不平衡不充分問題，大力提升發展品質和效益，更好滿足人民在經濟、政治、文化、社會、生態等方面日益增長的需要，更好推動人的全面發展、社會全面進步。

必須認識到，我國社會主要矛盾的變化，沒有改變我們對我國社會主義所處歷史階段的判斷，我國仍處於並將長期處於社會主義初級階段的基本國情沒有變，我國是世界最大發展中國家的國際地位沒有變。全黨要牢牢把握社會主義初級階段這個基本國情，牢牢立足社會主義初級階段這個最大實際，牢牢堅持黨的基本路線這個黨和國家的生命線、人民的幸福線，領導和團結全國各族人民，以經濟建設為中心，堅持四項基本原則，堅持改革開放，自力更生，艱苦創業，為把我國建設成為富強民主文明和諧美麗的社會主義現代化強國而奮鬥。

同志們！中國特色社會主義進入新時代，在中華人民共和國發展史上、中華民族發展史上具有重大意義，在世界社會主義發展史上、人類社會發展史上也具有重大意義。全黨要堅定信心、奮發有為，讓中國特色社會主義展現出更加強大的生命力！

二、新時代中國共產黨的歷史使命

一百年前，十月革命一聲炮響，給中國送來了馬克思列寧主義。中國先進分子從馬克思列寧主義的科學真理中看到了解決中國問題的

出路。在近代以後中國社會的劇烈運動中，在中國人民反抗封建統治和外來侵略的激烈鬥爭中，在馬克思列寧主義同中國工人運動的結合過程中，一九二一年中國共產黨應運而生。從此，中國人民謀求民族獨立、人民解放和國家富強、人民幸福的鬥爭就有了主心骨，中國人民就從精神上由被動轉為主動。

中華民族有五千多年的文明歷史，創造了燦爛的中華文明，為人類作出了卓越貢獻，成為世界上偉大的民族。鴉片戰爭後，中國陷入內憂外患的黑暗境地，中國人民經歷了戰亂頻仍、山河破碎、民不聊生的深重苦難。為了民族復興，無數仁人志士不屈不撓、前仆後繼，進行了可歌可泣的鬥爭，進行了各式各樣的嘗試，但終究未能改變舊中國的社會性質和中國人民的悲慘命運。

實現中華民族偉大復興是近代以來中華民族最偉大的夢想。中國共產黨一經成立，就把實現共產主義作為黨的最高理想和最終目標，義無反顧肩負起實現中華民族偉大復興的歷史使命，團結帶領人民進行了艱苦卓絕的鬥爭，譜寫了氣吞山河的壯麗史詩。

我們黨深刻認識到，實現中華民族偉大復興，必須推翻壓在中國人民頭上的帝國主義、封建主義、官僚資本主義三座大山，實現民族獨立、人民解放、國家統一、社會穩定。我們黨團結帶領人民找到了一條以農村包圍城市、武裝奪取政權的正確革命道路，進行了二十八年浴血奮戰，完成了新民主主義革命，一九四九年建立了中華人民共和國，實現了中國從幾千年封建專制政治向人民民主的偉大飛躍。

我們黨深刻認識到，實現中華民族偉大復興，必須建立符合我國實際的先進社會制度。我們黨團結帶領人民完成社會主義革命，確立社會主義基本制度，推進社會主義建設，完成了中華民族有史以來最

為廣泛而深刻的社會變革，為當代中國一切發展進步奠定了根本政治前提和制度基礎，實現了中華民族由近代不斷衰落到根本扭轉命運、持續走向繁榮富強的偉大飛躍。

我們黨深刻認識到，實現中華民族偉大復興，必須合乎時代潮流、順應人民意願，勇於改革開放，讓黨和人民事業始終充滿奮勇前進的強大動力。我們黨團結帶領人民進行改革開放新的偉大革命，破除阻礙國家和民族發展的一切思想和體制障礙，開闢了中國特色社會主義道路，使中國大踏步趕上時代。

九十六年來，為了實現中華民族偉大復興的歷史使命，無論是弱小還是強大，無論是順境還是逆境，我們黨都初心不改、矢志不渝，團結帶領人民歷經千難萬險，付出巨大犧牲，敢於面對曲折，勇於修正錯誤，攻克了一個又一個看似不可攻克的難關，創造了一個又一個彪炳史冊的人間奇跡。

同志們！今天，我們比歷史上任何時期都更接近、更有信心和能力實現中華民族偉大復興的目標。

行百里者半九十。中華民族偉大復興，絕不是輕輕鬆鬆、敲鑼打鼓就能實現的。全黨必須準備付出更為艱巨、更為艱苦的努力。

實現偉大夢想，必須進行偉大鬥爭。社會是在矛盾運動中前進的，有矛盾就會有鬥爭。我們黨要團結帶領人民有效應對重大挑戰、抵禦重大風險、克服重大阻力、解決重大矛盾，必須進行具有許多新的歷史特點的偉大鬥爭，任何貪圖享受、消極懈怠、回避矛盾的思想和行為都是錯誤的。全黨要更加自覺地堅持黨的領導和我國社會主義制度，堅決反對一切削弱、歪曲、否定黨的領導和我國社會主義制度的言行；更加自覺地維護人民利益，堅決反對一切損害人民利益、脫

離群眾的行為；更加自覺地投身改革創新時代潮流，堅決破除一切頑癥痼疾；更加自覺地維護我國主權、安全、發展利益，堅決反對一切分裂祖國、破壞民族團結和社會和諧穩定的行為；更加自覺地防範各種風險，堅決戰勝一切在政治、經濟、文化、社會等領域和自然界出現的困難和挑戰。全黨要充分認識這場偉大鬥爭的長期性、複雜性、艱巨性，發揚鬥爭精神，提高鬥爭本領，不斷奪取偉大鬥爭新勝利。

實現偉大夢想，必須建設偉大工程。這個偉大工程就是我們黨正在深入推進的黨的建設新的偉大工程。歷史已經並將繼續證明，沒有中國共產黨的領導，民族復興必然是空想。我們黨要始終成為時代先鋒、民族脊梁，始終成為馬克思主義執政黨，自身必須始終過硬。全黨要更加自覺地堅定黨性原則，勇於直面問題，敢於刮骨療毒，消除一切損害黨的先進性和純潔性的因素，清除一切侵蝕黨的健康肌體的病毒，不斷增強黨的政治領導力、思想引領力、群眾組織力、社會號召力，確保我們黨永葆旺盛生命力和強大戰鬥力。

實現偉大夢想，必須推進偉大事業。中國特色社會主義是改革開放以來黨的全部理論和實踐的主題，是黨和人民歷盡千辛萬苦、付出巨大代價取得的根本成就。中國特色社會主義道路是實現社會主義現代化、創造人民美好生活的必由之路，中國特色社會主義理論體系是指導黨和人民實現中華民族偉大復興的正確理論，中國特色社會主義制度是當代中國發展進步的根本制度保障，中國特色社會主義文化是激勵全黨全國各族人民奮勇前進的強大精神力量。全黨要更加自覺地增強道路自信、理論自信、制度自信、文化自信，既不走封閉僵化的老路，也不走改旗易幟的邪路，保持政治定力，堅持實幹興邦，始終堅持和發展中國特色社會主義。

　　偉大鬥爭，偉大工程，偉大事業，偉大夢想，緊密聯繫、相互貫通、相互作用，其中起決定性作用的是黨的建設新的偉大工程。推進偉大工程，要結合偉大鬥爭、偉大事業、偉大夢想的實踐來進行，確保黨在世界形勢深刻變化的歷史進程中始終走在時代前列，在應對國內外各種風險和考驗的歷史進程中始終成為全國人民的主心骨，在堅持和發展中國特色社會主義的歷史進程中始終成為堅強領導核心。

　　同志們！使命呼喚擔當，使命引領未來。我們要不負人民重托、無愧歷史選擇，在新時代中國特色社會主義的偉大實踐中，以黨的堅強領導和頑強奮鬥，激勵全體中華兒女不斷奮進，凝聚起同心共築中國夢的磅礴力量！

三、新時代中國特色社會主義思想和基本方略

　　十八大以來，國內外形勢變化和我國各項事業發展都給我們提出了一個重大時代課題，這就是必須從理論和實踐結合上系統回答新時代堅持和發展什麼樣的中國特色社會主義、怎樣堅持和發展中國特色社會主義，包括新時代堅持和發展中國特色社會主義的總目標、總任務、總體佈局、戰略佈局和發展方向、發展方式、發展動力、戰略步驟、外部條件、政治保證等基本問題，並且要根據新的實踐對經濟、政治、法治、科技、文化、教育、民生、民族、宗教、社會、生態文明、國家安全、國防和軍隊、「一國兩制」和祖國統一、統一戰線、外交、黨的建設等各方面作出理論分析和政策指導，以利於更好堅持和發展中國特色社會主義。

　　圍繞這個重大時代課題，我們黨堅持以馬克思列寧主義、毛澤

東思想、鄧小平理論、「三個代表」重要思想、科學發展觀為指導，堅持解放思想、實事求是、與時俱進、求真務實，堅持辯證唯物主義和歷史唯物主義，緊密結合新的時代條件和實踐要求，以全新的視野深化對共產黨執政規律、社會主義建設規律、人類社會發展規律的認識，進行艱辛理論探索，取得重大理論創新成果，形成了新時代中國特色社會主義思想。

新時代中國特色社會主義思想，明確堅持和發展中國特色社會主義，總任務是實現社會主義現代化和中華民族偉大復興，在全面建成小康社會的基礎上，分兩步走在本世紀中葉建成富強民主文明和諧美麗的社會主義現代化強國；明確新時代我國社會主要矛盾是人民日益增長的美好生活需要和不平衡不充分的發展之間的矛盾，必須堅持以人民為中心的發展思想，不斷促進人的全面發展、全體人民共同富裕；明確中國特色社會主義事業總體佈局是「五位一體」、戰略佈局是「四個全面」，強調堅定道路自信、理論自信、制度自信、文化自信；明確全面深化改革總目標是完善和發展中國特色社會主義制度、推進國家治理體系和治理能力現代化；明確全面推進依法治國總目標是建設中國特色社會主義法治體系、建設社會主義法治國家；明確黨在新時代的強軍目標是建設一支聽黨指揮、能打勝仗、作風優良的人民軍隊，把人民軍隊建設成為世界一流軍隊；明確中國特色大國外交要推動構建新型國際關係，推動構建人類命運共同體；明確中國特色社會主義最本質的特徵是中國共產黨領導，中國特色社會主義制度的最大優勢是中國共產黨領導，黨是最高政治領導力量，提出新時代黨的建設總要求，突出政治建設在黨的建設中的重要地位。

新時代中國特色社會主義思想，是對馬克思列寧主義、毛澤東思

想、鄧小平理論、「三個代表」重要思想、科學發展觀的繼承和發展，是馬克思主義中國化最新成果，是黨和人民實踐經驗和集體智慧的結晶，是中國特色社會主義理論體系的重要組成部分，是全黨全國人民為實現中華民族偉大復興而奮鬥的行動指南，必須長期堅持並不斷發展。

全黨要深刻領會新時代中國特色社會主義思想的精神實質和豐富內涵，在各項工作中全面準確貫徹落實。

（一）堅持黨對一切工作的領導。黨政軍民學，東西南北中，黨是領導一切的。必須增強政治意識、大局意識、核心意識、看齊意識，自覺維護黨中央權威和集中統一領導，自覺在思想上政治上行動上同黨中央保持高度一致，完善堅持黨的領導的體制機制，堅持穩中求進工作總基調，統籌推進「五位一體」總體佈局，協調推進「四個全面」戰略佈局，提高黨把方向、謀大局、定政策、促改革的能力和定力，確保黨始終總攬全域、協調各方。

（二）堅持以人民為中心。人民是歷史的創造者，是決定黨和國家前途命運的根本力量。必須堅持人民主體地位，堅持立黨為公、執政為民，踐行全心全意為人民服務的根本宗旨，把黨的群眾路線貫徹到治國理政全部活動之中，把人民對美好生活的嚮往作為奮鬥目標，依靠人民創造歷史偉業。

（三）堅持全面深化改革。只有社會主義才能救中國，只有改革開放才能發展中國、發展社會主義、發展馬克思主義。必須堅持和完善中國特色社會主義制度，不斷推進國家治理體系和治理能力現代化，堅決破除一切不合時宜的思想觀念和體制機制弊端，突破利益固化的藩籬，吸收人類文明有益成果，構建系統完備、科學規範、運行

有效的制度體系,充分發揮我國社會主義制度優越性。

（四）堅持新發展理念。發展是解決我國一切問題的基礎和關鍵,發展必須是科學發展,必須堅定不移貫徹創新、協調、綠色、開放、共用的發展理念。必須堅持和完善我國社會主義基本經濟制度和分配制度,毫不動搖鞏固和發展公有制經濟,毫不動搖鼓勵、支持、引導非公有制經濟發展,使市場在資源配置中起決定性作用,更好發揮政府作用,推動新型工業化、資訊化、城鎮化、農業現代化同步發展,主動參與和推動經濟全球化進程,發展更高層次的開放型經濟,不斷壯大我國經濟實力和綜合國力。

（五）堅持人民當家作主。堅持黨的領導、人民當家作主、依法治國有機統一是社會主義政治發展的必然要求。必須堅持中國特色社會主義政治發展道路,堅持和完善人民代表大會制度、中國共產黨領導的多黨合作和政治協商制度、民族區域自治制度、基層群眾自治制度,鞏固和發展最廣泛的愛國統一戰線,發展社會主義協商民主,健全民主制度,豐富民主形式,拓寬民主管道,保證人民當家作主落實到國家政治生活和社會生活之中。

（六）堅持全面依法治國。全面依法治國是中國特色社會主義的本質要求和重要保障。必須把黨的領導貫徹落實到依法治國全過程和各方面,堅定不移走中國特色社會主義法治道路,完善以憲法為核心的中國特色社會主義法律體系,建設中國特色社會主義法治體系,建設社會主義法治國家,發展中國特色社會主義法治理論,堅持依法治國、依法執政、依法行政共同推進,堅持法治國家、法治政府、法治社會一體建設,堅持依法治國和以德治國相結合,依法治國和依規治黨有機統一,深化司法體制改革,提高全民族法治素養和道德素質。

（七）堅持社會主義核心價值體系。文化自信是一個國家、一個民族發展中更基本、更深沉、更持久的力量。必須堅持馬克思主義，牢固樹立共產主義遠大理想和中國特色社會主義共同理想，培育和踐行社會主義核心價值觀，不斷增強意識形態領域主導權和話語權，推動中華優秀傳統文化創造性轉化、創新性發展，繼承革命文化，發展社會主義先進文化，不忘本來、吸收外來、面向未來，更好構築中國精神、中國價值、中國力量，為人民提供精神指引。

（八）堅持在發展中保障和改善民生。增進民生福祉是發展的根本目的。必須多謀民生之利、多解民生之憂，在發展中補齊民生短板、促進社會公平正義，在幼有所育、學有所教、勞有所得、病有所醫、老有所養、住有所居、弱有所扶上不斷取得新進展，深入開展脫貧攻堅，保證全體人民在共建共用發展中有更多獲得感，不斷促進人的全面發展、全體人民共同富裕。建設平安中國，加強和創新社會治理，維護社會和諧穩定，確保國家長治久安、人民安居樂業。

（九）堅持人與自然和諧共生。建設生態文明是中華民族永續發展的千年大計。必須樹立和踐行綠水青山就是金山銀山的理念，堅持節約資源和保護環境的基本國策，像對待生命一樣對待生態環境，統籌山水林田湖草系統治理，實行最嚴格的生態環境保護制度，形成綠色發展方式和生活方式，堅定走生產發展、生活富裕、生態良好的文明發展道路，建設美麗中國，為人民創造良好生產生活環境，為全球生態安全作出貢獻。

（十）堅持總體國家安全觀。統籌發展和安全，增強憂患意識，做到居安思危，是我們黨治國理政的一個重大原則。必須堅持國家利益至上，以人民安全為宗旨，以政治安全為根本，統籌外部安全和內

部安全、國土安全和國民安全、傳統安全和非傳統安全、自身安全和共同安全，完善國家安全制度體系，加強國家安全能力建設，堅決維護國家主權、安全、發展利益。

（十一）堅持黨對人民軍隊的絕對領導。建設一支聽黨指揮、能打勝仗、作風優良的人民軍隊，是實現「兩個一百年」奮鬥目標、實現中華民族偉大復興的戰略支撐。必須全面貫徹黨領導人民軍隊的一系列根本原則和制度，確立新時代黨的強軍思想在國防和軍隊建設中的指導地位，堅持政治建軍、改革強軍、科技興軍、依法治軍，更加注重聚焦實戰，更加注重創新驅動，更加注重體系建設，更加注重集約高效，更加注重軍民融合，實現黨在新時代的強軍目標。

（十二）堅持「一國兩制」和推進祖國統一。保持香港、澳門長期繁榮穩定，實現祖國完全統一，是實現中華民族偉大復興的必然要求。必須把維護中央對香港、澳門特別行政區全面管治權和保障特別行政區高度自治權有機結合起來，確保「一國兩制」方針不會變、不動搖，確保「一國兩制」實踐不變形、不走樣。必須堅持一個中國原則，堅持「九二共識」，推動兩岸關係和平發展，深化兩岸經濟合作和文化往來，推動兩岸同胞共同反對一切分裂國家的活動，共同為實現中華民族偉大復興而奮鬥。

（十三）堅持推動構建人類命運共同體。中國人民的夢想同各國人民的夢想息息相通，實現中國夢離不開和平的國際環境和穩定的國際秩序。必須統籌國內國際兩個大局，始終不渝走和平發展道路、奉行互利共贏的開放戰略，堅持正確義利觀，樹立共同、綜合、合作、可持續的新安全觀，謀求開放創新、包容互惠的發展前景，促進和而不同、兼收並蓄的文明交流，構築尊崇自然、綠色發展的生態體系，

始終做世界和平的建設者、全球發展的貢獻者、國際秩序的維護者。

（十四）堅持全面從嚴治黨。勇於自我革命，從嚴管黨治黨，是我們黨最鮮明的品格。必須以黨章為根本遵循，把黨的政治建設擺在首位，思想建黨和制度治黨同向發力，統籌推進黨的各項建設，抓住「關鍵少數」，堅持「三嚴三實」，堅持民主集中制，嚴肅黨內政治生活，嚴明黨的紀律，強化黨內監督，發展積極健康的黨內政治文化，全面淨化黨內政治生態，堅決糾正各種不正之風，以零容忍態度懲治腐敗，不斷增強黨自我淨化、自我完善、自我革新、自我提高的能力，始終保持黨同人民群眾的血肉聯繫。

以上十四條，構成新時代堅持和發展中國特色社會主義的基本方略。全黨同志必須全面貫徹黨的基本理論、基本路線、基本方略，更好引領黨和人民事業發展。

實踐沒有止境，理論創新也沒有止境。世界每時每刻都在發生變化，中國也每時每刻都在發生變化，我們必須在理論上跟上時代，不斷認識規律，不斷推進理論創新、實踐創新、制度創新、文化創新以及其他各方面創新。

同志們！時代是思想之母，實踐是理論之源。只要我們善於聆聽時代聲音，勇於堅持真理、修正錯誤，二十一世紀中國的馬克思主義一定能夠展現出更強大、更有說服力的真理力量！

四、決勝全面建成小康社會，開啟全面建設社會主義現代化國家新征程

改革開放之後，我們黨對我國社會主義現代化建設作出戰略安

排，提出「三步走」戰略目標。解決人民溫飽問題、人民生活總體上達到小康水準這兩個目標已提前實現。在這個基礎上，我們黨提出，到建黨一百年時建成經濟更加發展、民主更加健全、科教更加進步、文化更加繁榮、社會更加和諧、人民生活更加殷實的小康社會，然後再奮鬥三十年，到新中國成立一百年時，基本實現現代化，把我國建成社會主義現代化國家。

從現在到二〇二〇年，是全面建成小康社會決勝期。要按照十六大、十七大、十八大提出的全面建成小康社會各項要求，緊扣我國社會主要矛盾變化，統籌推進經濟建設、政治建設、文化建設、社會建設、生態文明建設，堅定實施科教興國戰略、人才強國戰略、創新驅動發展戰略、鄉村振興戰略、區域協調發展戰略、可持續發展戰略、軍民融合發展戰略，突出抓重點、補短板、強弱項，特別是要堅決打好防範化解重大風險、精准脫貧、污染防治的攻堅戰，使全面建成小康社會得到人民認可、經得起歷史檢驗。

從十九大到二十大，是「兩個一百年」奮鬥目標的歷史交匯期。我們既要全面建成小康社會、實現第一個百年奮鬥目標，又要乘勢而上開啟全面建設社會主義現代化國家新征程，向第二個百年奮鬥目標進軍。

綜合分析國際國內形勢和我國發展條件，從二〇二〇年到本世紀中葉可以分兩個階段來安排。

第一個階段，從二〇二〇年到二〇三五年，在全面建成小康社會的基礎上，再奮鬥十五年，基本實現社會主義現代化。到那時，我國經濟實力、科技實力將大幅躍升，躋身創新型國家前列；人民平等參與、平等發展權利得到充分保障，法治國家、法治政府、法治社會基

本建成，各方面制度更加完善，國家治理體系和治理能力現代化基本實現；社會文明程度達到新的高度，國家文化軟實力顯著增強，中華文化影響更加廣泛深入；人民生活更為寬裕，中等收入群體比例明顯提高，城鄉區域發展差距和居民生活水準差距顯著縮小，基本公共服務均等化基本實現，全體人民共同富裕邁出堅實步伐；現代社會治理格局基本形成，社會充滿活力又和諧有序；生態環境根本好轉，美麗中國目標基本實現。

第二個階段，從二〇三五年到本世紀中葉，在基本實現現代化的基礎上，再奮鬥十五年，把我國建成富強民主文明和諧美麗的社會主義現代化強國。到那時，我國物質文明、政治文明、精神文明、社會文明、生態文明將全面提升，實現國家治理體系和治理能力現代化，成為綜合國力和國際影響力領先的國家，全體人民共同富裕基本實現，我國人民將享有更加幸福安康的生活，中華民族將以更加昂揚的姿態屹立於世界民族之林。

同志們！從全面建成小康社會到基本實現現代化，再到全面建成社會主義現代化強國，是新時代中國特色社會主義發展的戰略安排。我們要堅忍不拔、鍥而不捨，奮力譜寫社會主義現代化新征程的壯麗篇章！

五、貫徹新發展理念，建設現代化經濟體系

實現「兩個一百年」奮鬥目標、實現中華民族偉大復興的中國夢，不斷提高人民生活水準，必須堅定不移把發展作為黨執政興國的第一要務，堅持解放和發展社會生產力，堅持社會主義市場經濟改革方

向,推動經濟持續健康發展。

我國經濟已由高速增長階段轉向高品質發展階段,正處在轉變發展方式、優化經濟結構、轉換增長動力的攻關期,建設現代化經濟體系是跨越關口的迫切要求和我國發展的戰略目標。必須堅持品質第一、效益優先,以供給側結構性改革為主線,推動經濟發展品質變革、效率變革、動力變革,提高全要素生產率,著力加快建設實體經濟、科技創新、現代金融、人力資源協同發展的產業體系,著力構建市場機制有效、微觀主體有活力、宏觀調控有度的經濟體制,不斷增強我國經濟創新力和競爭力。

(一)深化供給側結構性改革。建設現代化經濟體系,必須把發展經濟的著力點放在實體經濟上,把提高供給體系品質作為主攻方向,顯著增強我國經濟品質優勢。加快建設製造強國,加快發展先進製造業,推動互聯網、大數據、人工智慧和實體經濟深度融合,在中高端消費、創新引領、綠色低碳、共用經濟、現代供應鏈、人力資本服務等領域培育新增長點、形成新動能。支持傳統產業優化升級,加快發展現代服務業,瞄準國際標準提高水準。促進我國產業邁向全球價值鏈中高端,培育若干世界級先進製造業集群。加強水利、鐵路、公路、水運、航空、管道、電網、資訊、物流等基礎設施網路建設。堅持去產能、去庫存、去杠桿、降成本、補短板,優化存量資源配置,擴大優質增量供給,實現供需動態平衡。激發和保護企業家精神,鼓勵更多社會主體投身創新創業。建設知識型、技能型、創新型勞動者大軍,弘揚勞模精神和工匠精神,營造勞動光榮的社會風尚和精益求精的敬業風氣。

(二)加快建設創新型國家。創新是引領發展的第一動力,是建

設現代化經濟體系的戰略支撐。要瞄準世界科技前沿，強化基礎研究，實現前瞻性基礎研究、引領性原創成果重大突破。加強應用基礎研究，拓展實施國家重大科技專案，突出關鍵共性技術、前沿引領技術、現代工程技術、顛覆性技術創新，為建設科技強國、品質強國、航天強國、網路強國、交通強國、數位中國、智慧社會提供有力支撐。加強國家創新體系建設，強化戰略科技力量。深化科技體制改革，建立以企業為主體、市場為導向、產學研深度融合的技術創新體系，加強對中小企業創新的支援，促進科技成果轉化。宣導創新文化，強化智慧財產權創造、保護、運用。培養造就一大批具有國際水準的戰略科技人才、科技領軍人才、青年科技人才和高水準創新團隊。

（三）實施鄉村振興戰略。農業農村農民問題是關係國計民生的根本性問題，必須始終把解決好「三農」問題作為全黨工作重中之重。要堅持農業農村優先發展，按照產業興旺、生態宜居、鄉風文明、治理有效、生活富裕的總要求，建立健全城鄉融合發展體制機制和政策體系，加快推進農業農村現代化。鞏固和完善農村基本經營制度，深化農村土地制度改革，完善承包地「三權」分置制度。保持土地承包關係穩定並長久不變，第二輪土地承包到期後再延長三十年。深化農村集體產權制度改革，保障農民財產權益，壯大集體經濟。確保國家糧食安全，把中國人的飯碗牢牢端在自己手中。構建現代農業產業體系、生產體系、經營體系，完善農業支持保護制度，發展多種形式適度規模經營，培育新型農業經營主體，健全農業社會化服務體系，實現小農戶和現代農業發展有機銜接。促進農村一二三產業融合發展，支持和鼓勵農民就業創業，拓寬增收管道。加強農村基層基礎工作，健全自治、法治、德治相結合的鄉村治理體系。培養造就一支懂農

業、愛農村、愛農民的「三農」工作隊伍。

（四）實施區域協調發展戰略。加大力度支持革命老區、民族地區、邊疆地區、貧困地區加快發展，強化舉措推進西部大開發形成新格局，深化改革加快東北等老工業基地振興，發揮優勢推動中部地區崛起，創新引領率先實現東部地區優化發展，建立更加有效的區域協調發展新機制。以城市群為主體構建大中小城市和小城鎮協調發展的城鎮格局，加快農業轉移人口市民化。以疏解北京非首都功能為「牛鼻子」推動京津冀協同發展，高起點規劃、高標準建設雄安新區。以共抓大保護、不搞大開發為導向推動長江經濟帶發展。支持資源型地區經濟轉型發展。加快邊疆發展，確保邊疆鞏固、邊境安全。堅持陸海統籌，加快建設海洋強國。

（五）加快完善社會主義市場經濟體制。經濟體制改革必須以完善產權制度和要素市場化配置為重點，實現產權有效激勵、要素自由流動、價格反應靈活、競爭公平有序、企業優勝劣汰。要完善各類國有資產管理體制，改革國有資本授權經營體制，加快國有經濟佈局優化、結構調整、戰略性重組，促進國有資產保值增值，推動國有資本做強做優做大，有效防止國有資產流失。深化國有企業改革，發展混合所有制經濟，培育具有全球競爭力的世界一流企業。全面實施市場准入負面清單制度，清理廢除妨礙統一市場和公平競爭的各種規定和做法，支援民營企業發展，激發各類市場主體活力。深化商事制度改革，打破行政性壟斷，防止市場壟斷，加快要素價格市場化改革，放寬服務業准入限制，完善市場監管體制。創新和完善宏觀調控，發揮國家發展規劃的戰略導向作用，健全財政、貨幣、產業、區域等經濟政策協調機制。完善促進消費的體制機制，增強消費對經濟發展的基

礎性作用。深化投融資體制改革，發揮投資對優化供給結構的關鍵性作用。加快建立現代財政制度，建立權責清晰、財力協調、區域均衡的中央和地方財政關係。建立全面規範透明、標準科學、約束有力的預算制度，全面實施績效管理。深化稅收制度改革，健全地方稅體系。深化金融體制改革，增強金融服務實體經濟能力，提高直接融資比重，促進多層次資本市場健康發展。健全貨幣政策和宏觀審慎政策雙支柱調控框架，深化利率和匯率市場化改革。健全金融監管體系，守住不發生系統性金融風險的底線。

（六）推動形成全面開放新格局。開放帶來進步，封閉必然落後。中國開放的大門不會關閉，只會越開越大。要以「一帶一路」建設為重點，堅持引進來和走出去並重，遵循共商共建共用原則，加強創新能力開放合作，形成陸海內外聯動、東西雙向互濟的開放格局。拓展對外貿易，培育貿易新業態新模式，推進貿易強國建設。實行高水準的貿易和投資自由化便利化政策，全面實行准入前國民待遇加負面清單管理制度，大幅度放寬市場准入，擴大服務業對外開放，保護外商投資合法權益。凡是在我國境內註冊的企業，都要一視同仁、平等對待。優化區域開放佈局，加大西部開放力度。賦予自由貿易試驗區更大改革自主權，探索建設自由貿易港。創新對外投資方式，促進國際產能合作，形成面向全球的貿易、投融資、生產、服務網路，加快培育國際經濟合作和競爭新優勢。

同志們！解放和發展社會生產力，是社會主義的本質要求。我們要激發全社會創造力和發展活力，努力實現更高品質、更有效率、更加公平、更可持續的發展！

六、健全人民當家作主制度體系，發展社會主義民主政治

我國是工人階級領導的、以工農聯盟為基礎的人民民主專政的社會主義國家，國家一切權力屬於人民。我國社會主義民主是維護人民根本利益的最廣泛、最真實、最管用的民主。發展社會主義民主政治就是要體現人民意志、保障人民權益、激發人民創造活力，用制度體系保證人民當家作主。中國特色社會主義政治發展道路，是近代以來中國人民長期奮鬥歷史邏輯、理論邏輯、實踐邏輯的必然結果，是堅持黨的本質屬性、踐行黨的根本宗旨的必然要求。世界上沒有完全相同的政治制度模式，政治制度不能脫離特定社會政治條件和歷史文化傳統來抽象評判，不能定於一尊，不能生搬硬套外國政治制度模式。要長期堅持、不斷發展我國社會主義民主政治，積極穩妥推進政治體制改革，推進社會主義民主政治制度化、規範化、程式化，保證人民依法通過各種途徑和形式管理國家事務，管理經濟文化事業，管理社會事務，鞏固和發展生動活潑、安定團結的政治局面。

（一）堅持黨的領導、人民當家作主、依法治國有機統一。黨的領導是人民當家作主和依法治國的根本保證，人民當家作主是社會主義民主政治的本質特徵，依法治國是黨領導人民治理國家的基本方式，三者統一於我國社會主義民主政治偉大實踐。在我國政治生活中，黨是居於領導地位的，加強黨的集中統一領導，支持人大、政府、政協和法院、檢察院依法依章程履行職能、開展工作、發揮作用，這兩個方面是統一的。要改進黨的領導方式和執政方式，保證黨領導人民有效治理國家；擴大人民有序政治參與，保證人民依法實行民主選舉、民主協商、民主決策、民主管理、民主監督；維護國家法

制統一、尊嚴、權威，加強人權法治保障，保證人民依法享有廣泛權利和自由。鞏固基層政權，完善基層民主制度，保障人民知情權、參與權、表達權、監督權。健全依法決策機制，構建決策科學、執行堅決、監督有力的權力運行機制。各級領導幹部要增強民主意識，發揚民主作風，接受人民監督，當好人民公僕。

（二）加強人民當家作主制度保障。人民代表大會制度是堅持黨的領導、人民當家作主、依法治國有機統一的根本政治制度安排，必須長期堅持、不斷完善。要支持和保證人民通過人民代表大會行使國家權力。發揮人大及其常委會在立法工作中的主導作用，健全人大組織制度和工作制度，支持和保證人大依法行使立法權、監督權、決定權、任免權，更好發揮人大代表作用，使各級人大及其常委會成為全面擔負起憲法法律賦予的各項職責的工作機關，成為同人民群眾保持密切聯繫的代表機關。完善人大專門委員會設置，優化人大常委會和專門委員會組成人員結構。

（三）發揮社會主義協商民主重要作用。有事好商量，眾人的事情由眾人商量，是人民民主的真諦。協商民主是實現黨的領導的重要方式，是我國社會主義民主政治的特有形式和獨特優勢。要推動協商民主廣泛、多層、制度化發展，統籌推進政黨協商、人大協商、政府協商、政協協商、人民團體協商、基層協商以及社會組織協商。加強協商民主制度建設，形成完整的制度程式和參與實踐，保證人民在日常政治生活中有廣泛持續深入參與的權利。

人民政協是具有中國特色的制度安排，是社會主義協商民主的重要管道和專門協商機構。人民政協工作要聚焦黨和國家中心任務，圍繞團結和民主兩大主題，把協商民主貫穿政治協商、民主監督、參政

議政全過程，完善協商議政內容和形式，著力增進共識、促進團結。加強人民政協民主監督，重點監督黨和國家重大方針政策和重要決策部署的貫徹落實。增強人民政協界別的代表性，加強委員隊伍建設。

（四）深化依法治國實踐。全面依法治國是國家治理的一場深刻革命，必須堅持厲行法治，推進科學立法、嚴格執法、公正司法、全民守法。成立中央全面依法治國領導小組，加強對法治中國建設的統一領導。加強憲法實施和監督，推進合憲性審查工作，維護憲法權威。推進科學立法、民主立法、依法立法，以良法促進發展、保障善治。建設法治政府，推進依法行政，嚴格規範公正文明執法。深化司法體制綜合配套改革，全面落實司法責任制，努力讓人民群眾在每一個司法案件中感受到公平正義。加大全民普法力度，建設社會主義法治文化，樹立憲法法律至上、法律面前人人平等的法治理念。各級黨組織和全體黨員要帶頭尊法學法守法用法，任何組織和個人都不得有超越憲法法律的特權，絕不允許以言代法、以權壓法、逐利違法、徇私枉法。

（五）深化機構和行政體制改革。統籌考慮各類機構設置，科學配置黨政部門及內設機構權力、明確職責。統籌使用各類編制資源，形成科學合理的管理體制，完善國家機構組織法。轉變政府職能，深化簡政放權，創新監管方式，增強政府公信力和執行力，建設人民滿意的服務型政府。賦予省級及以下政府更多自主權。在省市縣對職能相近的黨政機關探索合併設立或合署辦公。深化事業單位改革，強化公益屬性，推進政事分開、事企分開、管辦分離。

（六）鞏固和發展愛國統一戰線。統一戰線是黨的事業取得勝利的重要法寶，必須長期堅持。要高舉愛國主義、社會主義旗幟，牢牢

把握大團結大聯合的主題，堅持一致性和多樣性統一，找到最大公約數，畫出最大同心圓。堅持長期共存、互相監督、肝膽相照、榮辱與共，支持民主黨派按照中國特色社會主義參政黨要求更好履行職能。全面貫徹黨的民族政策，深化民族團結進步教育，鑄牢中華民族共同體意識，加強各民族交往交流交融，促進各民族像石榴籽一樣緊緊抱在一起，共同團結奮鬥、共同繁榮發展。全面貫徹黨的宗教工作基本方針，堅持我國宗教的中國化方向，積極引導宗教與社會主義社會相適應。加強黨外知識份子工作，做好新的社會階層人士工作，發揮他們在中國特色社會主義事業中的重要作用。構建親清新型政商關係，促進非公有制經濟健康發展和非公有制經濟人士健康成長。廣泛團結聯繫海外僑胞和歸僑僑眷，共同致力於中華民族偉大復興。

同志們！中國特色社會主義政治制度是中國共產黨和中國人民的偉大創造。我們完全有信心、有能力把我國社會主義民主政治的優勢和特點充分發揮出來，為人類政治文明進步作出充滿中國智慧的貢獻！

七、堅定文化自信，推動社會主義文化繁榮興盛

文化是一個國家、一個民族的靈魂。文化興國運興，文化強民族強。沒有高度的文化自信，沒有文化的繁榮興盛，就沒有中華民族偉大復興。要堅持中國特色社會主義文化發展道路，激發全民族文化創新創造活力，建設社會主義文化強國。

中國特色社會主義文化，源自於中華民族五千多年文明歷史所孕育的中華優秀傳統文化，熔鑄于黨領導人民在革命、建設、改革中創

造的革命文化和社會主義先進文化，植根於中國特色社會主義偉大實踐。發展中國特色社會主義文化，就是以馬克思主義為指導，堅守中華文化立場，立足當代中國現實，結合當今時代條件，發展面向現代化、面向世界、面向未來的，民族的科學的大眾的社會主義文化，推動社會主義精神文明和物質文明協調發展。要堅持為人民服務、為社會主義服務，堅持百花齊放、百家爭鳴，堅持創造性轉化、創新性發展，不斷鑄就中華文化新輝煌。

（一）牢牢掌握意識形態工作領導權。意識形態決定文化前進方向和發展道路。必須推進馬克思主義中國化時代化大眾化，建設具有強大凝聚力和引領力的社會主義意識形態，使全體人民在理想信念、價值理念、道德觀念上緊緊團結在一起。要加強理論武裝，推動新時代中國特色社會主義思想深入人心。深化馬克思主義理論研究和建設，加快構建中國特色哲學社會科學，加強中國特色新型智庫建設。堅持正確輿論導向，高度重視傳播手段建設和創新，提高新聞輿論傳播力、引導力、影響力、公信力。加強互聯網內容建設，建立網路綜合治理體系，營造清朗的網路空間。落實意識形態工作責任制，加強陣地建設和管理，注意區分政治原則問題、思想認識問題、學術觀點問題，旗幟鮮明反對和抵制各種錯誤觀點。

（二）培育和踐行社會主義核心價值觀。社會主義核心價值觀是當代中國精神的集中體現，凝結著全體人民共同的價值追求。要以培養擔當民族復興大任的時代新人為著眼點，強化教育引導、實踐養成、制度保障，發揮社會主義核心價值觀對國民教育、精神文明創建、精神文化產品創作生產傳播的引領作用，把社會主義核心價值觀融入社會發展各方面，轉化為人們的情感認同和行為習慣。堅持全

民行動、幹部帶頭，從家庭做起，從娃娃抓起。深入挖掘中華優秀傳統文化蘊含的思想觀念、人文精神、道德規範，結合時代要求繼承創新，讓中華文化展現出永久魅力和時代風采。

（三）加強思想道德建設。人民有信仰，國家有力量，民族有希望。要提高人民思想覺悟、道德水準、文明素養，提高全社會文明程度。廣泛開展理想信念教育，深化中國特色社會主義和中國夢宣傳教育，弘揚民族精神和時代精神，加強愛國主義、集體主義、社會主義教育，引導人們樹立正確的歷史觀、民族觀、國家觀、文化觀。深入實施公民道德建設工程，推進社會公德、職業道德、家庭美德、個人品德建設，激勵人們向上向善、孝老愛親，忠於祖國、忠於人民。加強和改進思想政治工作，深化群眾性精神文明創建活動。弘揚科學精神，普及科學知識，開展移風易俗、弘揚時代新風行動，抵制腐朽落後文化侵蝕。推進誠信建設和志願服務制度化，強化社會責任意識、規則意識、奉獻意識。

（四）繁榮發展社會主義文藝。社會主義文藝是人民的文藝，必須堅持以人民為中心的創作導向，在深入生活、扎根人民中進行無愧於時代的文藝創造。要繁榮文藝創作，堅持思想精深、藝術精湛、制作精良相統一，加強現實題材創作，不斷推出謳歌黨、謳歌祖國、謳歌人民、謳歌英雄的精品力作。發揚學術民主、藝術民主，提升文藝原創力，推動文藝創新。宣導講品位、講格調、講責任，抵制低俗、庸俗、媚俗。加強文藝隊伍建設，造就一大批德藝雙馨名家大師，培育一大批高水準創作人才。

（五）推動文化事業和文化產業發展。滿足人民過上美好生活的新期待，必須提供豐富的精神食糧。要深化文化體制改革，完善文

化管理體制，加快構建把社會效益放在首位、社會效益和經濟效益相統一的體制機制。完善公共文化服務體系，深入實施文化惠民工程，豐富群眾性文化活動。加強文物保護利用和文化遺產保護傳承。健全現代文化產業體系和市場體系，創新生產經營機制，完善文化經濟政策，培育新型文化業態。廣泛開展全民健身活動，加快推進體育強國建設，籌辦好北京冬奧會、冬殘奧會。加強中外人文交流，以我為主、兼收並蓄。推進國際傳播能力建設，講好中國故事，展現真實、立體、全面的中國，提高國家文化軟實力。

同志們！中國共產黨從成立之日起，既是中國先進文化的積極引領者和踐行者，又是中華優秀傳統文化的忠實傳承者和弘揚者。當代中國共產黨人和中國人民應該而且一定能夠擔負起新的文化使命，在實踐創造中進行文化創造，在歷史進步中實現文化進步！

八、提高保障和改善民生水準，加強和創新社會治理

全黨必須牢記，為什麼人的問題，是檢驗一個政黨、一個政權性質的試金石。帶領人民創造美好生活，是我們黨始終不渝的奮鬥目標。必須始終把人民利益擺在至高無上的地位，讓改革發展成果更多更公平惠及全體人民，朝著實現全體人民共同富裕不斷邁進。

保障和改善民生要抓住人民最關心最直接最現實的利益問題，既盡力而為，又量力而行，一件事情接著一件事情辦，一年接著一年幹。堅持人人盡責、人人享有，堅守底線、突出重點、完善制度、引導預期，完善公共服務體系，保障群眾基本生活，不斷滿足人民日益增長的美好生活需要，不斷促進社會公平正義，形成有效的社會治理、

良好的社會秩序，使人民獲得感、幸福感、安全感更加充實、更有保障、更可持續。

（一）優先發展教育事業。建設教育強國是中華民族偉大復興的基礎工程，必須把教育事業放在優先位置，深化教育改革，加快教育現代化，辦好人民滿意的教育。要全面貫徹黨的教育方針，落實立德樹人根本任務，發展素質教育，推進教育公平，培養德智體美全面發展的社會主義建設者和接班人。推動城鄉義務教育一體化發展，高度重視農村義務教育，辦好學前教育、特殊教育和網路教育，普及高中階段教育，努力讓每個孩子都能享有公平而有品質的教育。完善職業教育和培訓體系，深化產教融合、校企合作。加快一流大學和一流學科建設，實現高等教育內涵式發展。健全學生資助制度，使絕大多數城鄉新增勞動力接受高中階段教育、更多接受高等教育。支援和規範社會力量興辦教育。加強師德師風建設，培養高素質教師隊伍，宣導全社會尊師重教。辦好繼續教育，加快建設學習型社會，大力提高國民素質。

（二）提高就業品質和人民收入水準。就業是最大的民生。要堅持就業優先戰略和積極就業政策，實現更高品質和更充分就業。大規模開展職業技能培訓，注重解決結構性就業矛盾，鼓勵創業帶動就業。提供全方位公共就業服務，促進高校畢業生等青年群體、農民工多管道就業創業。破除妨礙勞動力、人才社會性流動的體制機制弊端，使人人都有通過辛勤勞動實現自身發展的機會。完善政府、工會、企業共同參與的協商協調機制，構建和諧勞動關係。堅持按勞分配原則，完善按要素分配的體制機制，促進收入分配更合理、更有序。鼓勵勤勞守法致富，擴大中等收入群體，增加低收入者收入，調節過高收

入，取締非法收入。堅持在經濟增長的同時實現居民收入同步增長、在勞動生產率提高的同時實現勞動報酬同步提高。拓寬居民勞動收入和財產性收入管道。履行好政府再分配調節職能，加快推進基本公共服務均等化，縮小收入分配差距。

（三）加強社會保障體系建設。按照兜底線、織密網、建機制的要求，全面建成覆蓋全民、城鄉統籌、權責清晰、保障適度、可持續的多層次社會保障體系。全面實施全民參保計畫。完善城鎮職工基本養老保險和城鄉居民基本養老保險制度，儘快實現養老保險全國統籌。完善統一的城鄉居民基本醫療保險制度和大病保險制度。完善失業、工傷保險制度。建立全國統一的社會保險公共服務平臺。統籌城鄉社會救助體系，完善最低生活保障制度。堅持男女平等基本國策，保障婦女兒童合法權益。完善社會救助、社會福利、慈善事業、優撫安置等制度，健全農村留守兒童和婦女、老年人關愛服務體系。發展殘疾人事業，加強殘疾康復服務。堅持房子是用來住的、不是用來炒的定位，加快建立多主體供給、多管道保障、租購並舉的住房制度，讓全體人民住有所居。

（四）堅決打贏脫貧攻堅戰。讓貧困人口和貧困地區同全國一道進入全面小康社會是我們黨的莊嚴承諾。要動員全黨全國全社會力量，堅持精准扶貧、精准脫貧，堅持中央統籌省負總責市縣抓落實的工作機制，強化黨政一把手負總責的責任制，堅持大扶貧格局，注重扶貧同扶志、扶智相結合，深入實施東西部扶貧協作，重點攻克深度貧困地區脫貧任務，確保到二○二○年我國現行標準下農村貧困人口實現脫貧，貧困縣全部摘帽，解決區域性整體貧困，做到脫真貧、真脫貧。

（五）實施健康中國戰略。人民健康是民族昌盛和國家富強的重要標誌。要完善國民健康政策，為人民群眾提供全方位全週期健康服務。深化醫藥衛生體制改革，全面建立中國特色基本醫療衛生制度、醫療保障制度和優質高效的醫療衛生服務體系，健全現代醫院管理制度。加強基層醫療衛生服務體系和全科醫生隊伍建設。全面取消以藥養醫，健全藥品供應保障制度。堅持預防為主，深入開展愛國衛生運動，宣導健康文明生活方式，預防控制重大疾病。實施食品安全戰略，讓人民吃得放心。堅持中西醫並重，傳承發展中醫藥事業。支持社會辦醫，發展健康產業。促進生育政策和相關經濟社會政策配套銜接，加強人口發展戰略研究。積極應對人口老齡化，構建養老、孝老、敬老政策體系和社會環境，推進醫養結合，加快老齡事業和產業發展。

（六）打造共建共治共用的社會治理格局。加強社會治理制度建設，完善黨委領導、政府負責、社會協同、公眾參與、法治保障的社會治理體制，提高社會治理社會化、法治化、智慧化、專業化水準。加強預防和化解社會矛盾機制建設，正確處理人民內部矛盾。樹立安全發展理念，弘揚生命至上、安全第一的思想，健全公共安全體系，完善安全生產責任制，堅決遏制重特大安全事故，提升防災減災救災能力。加快社會治安防控體系建設，依法打擊和懲治黃賭毒黑拐騙等違法犯罪活動，保護人民人身權、財產權、人格權。加強社會心理服務體系建設，培育自尊自信、理性平和、積極向上的社會心態。加強社區治理體系建設，推動社會治理重心向基層下移，發揮社會組織作用，實現政府治理和社會調節、居民自治良性互動。

（七）有效維護國家安全。國家安全是安邦定國的重要基石，維

護國家安全是全國各族人民根本利益所在。要完善國家安全戰略和國家安全政策，堅決維護國家政治安全，統籌推進各項安全工作。健全國家安全體系，加強國家安全法治保障，提高防範和抵禦安全風險能力。嚴密防範和堅決打擊各種滲透顛覆破壞活動、暴力恐怖活動、民族分裂活動、宗教極端活動。加強國家安全教育，增強全黨全國人民國家安全意識，推動全社會形成維護國家安全的強大合力。

同志們！黨的一切工作必須以最廣大人民根本利益為最高標準。我們要堅持把人民群眾的小事當作自己的大事，從人民群眾關心的事情做起，從讓人民群眾滿意的事情做起，帶領人民不斷創造美好生活！

九、加快生態文明體制改革，建設美麗中國

人與自然是生命共同體，人類必須尊重自然、順應自然、保護自然。人類只有遵循自然規律才能有效防止在開發利用自然上走彎路，人類對大自然的傷害最終會傷及人類自身，這是無法抗拒的規律。

我們要建設的現代化是人與自然和諧共生的現代化，既要創造更多物質財富和精神財富以滿足人民日益增長的美好生活需要，也要提供更多優質生態產品以滿足人民日益增長的優美生態環境需要。必須堅持節約優先、保護優先、自然恢復為主的方針，形成節約資源和保護環境的空間格局、產業結構、生產方式、生活方式，還自然以寧靜、和諧、美麗。

（一）推進綠色發展。加快建立綠色生產和消費的法律制度和政策導向，建立健全綠色低碳循環發展的經濟體系。構建市場導向的

綠色技術創新體系，發展綠色金融，壯大節能環保產業、清潔生產產業、清潔能源產業。推進能源生產和消費革命，構建清潔低碳、安全高效的能源體系。推進資源全面節約和循環利用，實施國家節水行動，降低能耗、物耗，實現生產系統和生活系統循環連結。宣導簡約適度、綠色低碳的生活方式，反對奢侈浪費和不合理消費，開展創建節約型機關、綠色家庭、綠色學校、綠色社區和綠色出行等行動。

　　（二）著力解決突出環境問題。堅持全民共治、源頭防治，持續實施大氣污染防治行動，打贏藍天保衛戰。加快水污染防治，實施流域環境和近岸海域綜合治理。強化土壤污染管控和修復，加強農業面源污染防治，開展農村人居環境整治行動。加強固體廢棄物和垃圾處置。提高污染排放標準，強化排汙者責任，健全環保信用評價、資訊強制性披露、嚴懲重罰等制度。構建政府為主導、企業為主體、社會組織和公眾共同參與的環境治理體系。積極參與全球環境治理，落實減排承諾。

　　（三）加大生態系統保護力度。實施重要生態系統保護和修復重大工程，優化生態安全屏障體系，構建生態廊道和生物多樣性保護網絡，提升生態系統品質和穩定性。完成生態保護紅線、永久基本農田、城鎮開發邊界三條控制線劃定工作。開展國土綠化行動，推進荒漠化、石漠化、水土流失綜合治理，強化濕地保護和恢復，加強地質災害防治。完善天然林保護制度，擴大退耕還林還草。嚴格保護耕地，擴大輪作休耕試點，健全耕地草原森林河流湖泊休養生息制度，建立市場化、多元化生態補償機制。

　　（四）改革生態環境監管體制。加強對生態文明建設的總體設計和組織領導，設立國有自然資源資產管理和自然生態監管機構，完善

生態環境管理制度，統一行使全民所有自然資源資產所有者職責，統一行使所有國土空間用途管制和生態保護修復職責，統一行使監管城鄉各類污染排放和行政執法職責。構建國土空間開發保護制度，完善主體功能區配套政策，建立以國家公園為主體的自然保護地體系。堅決制止和懲處破壞生態環境行為。

同志們！生態文明建設功在當代、利在千秋。我們要牢固樹立社會主義生態文明觀，推動形成人與自然和諧發展現代化建設新格局，為保護生態環境作出我們這代人的努力！

十、堅持走中國特色強軍之路，全面推進國防和軍隊現代化

國防和軍隊建設正站在新的歷史起點上。面對國家安全環境的深刻變化，面對強國強軍的時代要求，必須全面貫徹新時代黨的強軍思想，貫徹新形勢下軍事戰略方針，建設強大的現代化陸軍、海軍、空軍、火箭軍和戰略支援部隊，打造堅強高效的戰區聯合作戰指揮機構，構建中國特色現代作戰體系，擔當起黨和人民賦予的新時代使命任務。

適應世界新軍事革命發展趨勢和國家安全需求，提高建設品質和效益，確保到二〇二〇年基本實現機械化，資訊化建設取得重大進展，戰略能力有大的提升。同國家現代化進程相一致，全面推進軍事理論現代化、軍隊組織形態現代化、軍事人員現代化、武器裝備現代化，力爭到二〇三五年基本實現國防和軍隊現代化，到本世紀中葉把人民軍隊全面建成世界一流軍隊。

使命

　　加強軍隊黨的建設，開展「傳承紅色基因、擔當強軍重任」主題教育，推進軍人榮譽體系建設，培養有靈魂、有本事、有血性、有品德的新時代革命軍人，永葆人民軍隊性質、宗旨、本色。繼續深化國防和軍隊改革，深化軍官職業化制度、文職人員制度、兵役制度等重大政策制度改革，推進軍事管理革命，完善和發展中國特色社會主義軍事制度。樹立科技是核心戰鬥力的思想，推進重大技術創新、自主創新，加強軍事人才培養體系建設，建設創新型人民軍隊。全面從嚴治軍，推動治軍方式根本性轉變，提高國防和軍隊建設法治化水準。

　　軍隊是要準備打仗的，一切工作都必須堅持戰鬥力標準，向能打仗、打勝仗聚焦。扎實做好各戰略方向軍事鬥爭準備，統籌推進傳統安全領域和新型安全領域軍事鬥爭準備，發展新型作戰力量和保障力量，開展實戰化軍事訓練，加強軍事力量運用，加快軍事智慧化發展，提高基於網路資訊體系的聯合作戰能力、全域作戰能力，有效塑造態勢、管控危機、遏制戰爭、打贏戰爭。

　　堅持富國和強軍相統一，強化統一領導、頂層設計、改革創新和重大項目落實，深化國防科技工業改革，形成軍民融合深度發展格局，構建一體化的國家戰略體系和能力。完善國防動員體系，建設強大穩固的現代邊海空防。組建退役軍人管理保障機構，維護軍人軍屬合法權益，讓軍人成為全社會尊崇的職業。深化武警部隊改革，建設現代化武裝員警部隊。

　　同志們！我們的軍隊是人民軍隊，我們的國防是全民國防。我們要加強全民國防教育，鞏固軍政軍民團結，為實現中國夢強軍夢凝聚強大力量！

十一、堅持「一國兩制」，推進祖國統一

香港、澳門回歸祖國以來，「一國兩制」實踐取得舉世公認的成功。事實證明，「一國兩制」是解決歷史遺留的香港、澳門問題的最佳方案，也是香港、澳門回歸後保持長期繁榮穩定的最佳制度。

保持香港、澳門長期繁榮穩定，必須全面準確貫徹「一國兩制」、「港人治港」、「澳人治澳」、高度自治的方針，嚴格依照憲法和基本法辦事，完善與基本法實施相關的制度和機制。要支持特別行政區政府和行政長官依法施政、積極作為，團結帶領香港、澳門各界人士齊心協力謀發展、促和諧，保障和改善民生，有序推進民主，維護社會穩定，履行維護國家主權、安全、發展利益的憲制責任。

香港、澳門發展同內地發展緊密相連。要支持香港、澳門融入國家發展大局，以粵港澳大灣區建設、粵港澳合作、泛珠三角區域合作等為重點，全面推進內地同香港、澳門互利合作，制定完善便利香港、澳門居民在內地發展的政策措施。

我們堅持愛國者為主體的「港人治港」、「澳人治澳」，發展壯大愛國愛港愛澳力量，增強香港、澳門同胞的國家意識和愛國精神，讓香港、澳門同胞同祖國人民共擔民族復興的歷史責任、共用祖國繁榮富強的偉大榮光。

解決臺灣問題、實現祖國完全統一，是全體中華兒女共同願望，是中華民族根本利益所在。必須繼續堅持「和平統一、一國兩制」方針，推動兩岸關係和平發展，推進祖國和平統一進程。

一個中國原則是兩岸關係的政治基礎。體現一個中國原則的「九二共識」明確界定了兩岸關係的根本性質，是確保兩岸關係和平發展的

關鍵。承認「九二共識」的歷史事實，認同兩岸同屬一個中國，兩岸雙方就能開展對話，協商解決兩岸同胞關心的問題，臺灣任何政黨和團體同大陸交往也不會存在障礙。

兩岸同胞是命運與共的骨肉兄弟，是血濃於水的一家人。我們秉持「兩岸一家親」理念，尊重臺灣現有的社會制度和臺灣同胞生活方式，願意率先同臺灣同胞分享大陸發展的機遇。我們將擴大兩岸經濟文化交流合作，實現互利互惠，逐步為臺灣同胞在大陸學習、創業、就業、生活提供與大陸同胞同等的待遇，增進臺灣同胞福祉。我們將推動兩岸同胞共同弘揚中華文化，促進心靈契合。

我們堅決維護國家主權和領土完整，絕不容忍國家分裂的歷史悲劇重演。一切分裂祖國的活動都必將遭到全體中國人堅決反對。我們有堅定的意志、充分的信心、足夠的能力挫敗任何形式的「臺獨」分裂圖謀。我們絕不允許任何人、任何組織、任何政黨、在任何時候、以任何形式、把任何一塊中國領土從中國分裂出去！

同志們！實現中華民族偉大復興，是全體中國人共同的夢想。我們堅信，只要包括港澳臺同胞在內的全體中華兒女順應歷史大勢、共擔民族大義，把民族命運牢牢掌握在自己手中，就一定能夠共創中華民族偉大復興的美好未來！

十二、堅持和平發展道路，推動構建人類命運共同體

中國共產黨是為中國人民謀幸福的政黨，也是為人類進步事業而奮鬥的政黨。中國共產黨始終把為人類作出新的更大的貢獻作為自己的使命。

　　中國將高舉和平、發展、合作、共贏的旗幟，恪守維護世界和平、促進共同發展的外交政策宗旨，堅定不移在和平共處五項原則基礎上發展同各國的友好合作，推動建設相互尊重、公平正義、合作共贏的新型國際關係。

　　世界正處於大發展大變革大調整時期，和平與發展仍然是時代主題。世界多極化、經濟全球化、社會資訊化、文化多樣化深入發展，全球治理體系和國際秩序變革加速推進，各國相互聯繫和依存日益加深，國際力量對比更趨平衡，和平發展大勢不可逆轉。同時，世界面臨的不穩定性不確定性突出，世界經濟增長動能不足，貧富分化日益嚴重，地區熱點問題此起彼伏，恐怖主義、網路安全、重大傳染性疾病、氣候變化等非傳統安全威脅持續蔓延，人類面臨許多共同挑戰。

　　我們生活的世界充滿希望，也充滿挑戰。我們不能因現實複雜而放棄夢想，不能因理想遙遠而放棄追求。沒有哪個國家能夠獨自應對人類面臨的各種挑戰，也沒有哪個國家能夠退回到自我封閉的孤島。我們呼籲，各國人民同心協力，構建人類命運共同體，建設持久和平、普遍安全、共同繁榮、開放包容、清潔美麗的世界。要相互尊重、平等協商，堅決摒棄冷戰思維和強權政治，走對話而不對抗、結伴而不結盟的國與國交往新路。要堅持以對話解決爭端、以協商化解分歧，統籌應對傳統和非傳統安全威脅，反對一切形式的恐怖主義。要同舟共濟，促進貿易和投資自由化便利化，推動經濟全球化朝著更加開放、包容、普惠、平衡、共贏的方向發展。要尊重世界文明多樣性，以文明交流超越文明隔閡、文明互鑒超越文明衝突、文明共存超越文明優越。要堅持環境友好，合作應對氣候變化，保護好人類賴以生存的地球家園。

中國堅定奉行獨立自主的和平外交政策，尊重各國人民自主選擇發展道路的權利，維護國際公平正義，反對把自己的意志強加於人，反對干涉別國內政，反對以強淩弱。中國決不會以犧牲別國利益為代價來發展自己，也決不放棄自己的正當權益，任何人不要幻想讓中國吞下損害自身利益的苦果。中國奉行防禦性的國防政策。中國發展不對任何國家構成威脅。中國無論發展到什麼程度，永遠不稱霸，永遠不搞擴張。

中國積極發展全球夥伴關係，擴大同各國的利益交匯點，推進大國協調和合作，構建總體穩定、均衡發展的大國關係框架，按照親誠惠容理念和與鄰為善、以鄰為伴周邊外交方針深化同周邊國家關係，秉持正確義利觀和真實親誠理念加強同發展中國家團結合作。加強同各國政黨和政治組織的交流合作，推進人大、政協、軍隊、地方、人民團體等的對外交往。中國堅持對外開放的基本國策，堅持打開國門搞建設，積極促進「一帶一路」國際合作，努力實現政策溝通、設施聯通、貿易暢通、資金融通、民心相通，打造國際合作新平臺，增添共同發展新動力。加大對發展中國家特別是最不發達國家援助力度，促進縮小南北發展差距。中國支援多邊貿易體制，促進自由貿易區建設，推動建設開放型世界經濟。

中國秉持共商共建共用的全球治理觀，宣導國際關係民主化，堅持國家不分大小、強弱、貧富一律平等，支持聯合國發揮積極作用，支援擴大發展中國家在國際事務中的代表性和發言權。中國將繼續發揮負責任大國作用，積極參與全球治理體系改革和建設，不斷貢獻中國智慧和力量。

同志們！世界命運握在各國人民手中，人類前途繫於各國人民的

抉擇。中國人民願同各國人民一道，推動人類命運共同體建設，共同創造人類的美好未來！

十三、堅定不移全面從嚴治黨，不斷提高黨的執政能力和領導水準

中國特色社會主義進入新時代，我們黨一定要有新氣象新作為。打鐵必須自身硬。黨要團結帶領人民進行偉大鬥爭、推進偉大事業、實現偉大夢想，必須毫不動搖堅持和完善黨的領導，毫不動搖把黨建設得更加堅強有力。

全面從嚴治黨永遠在路上。一個政黨，一個政權，其前途命運取決于人心向背。人民群眾反對什麼、痛恨什麼，我們就要堅決防範和糾正什麼。全黨要清醒認識到，我們黨面臨的執政環境是複雜的，影響黨的先進性、弱化黨的純潔性的因素也是複雜的，黨內存在的思想不純、組織不純、作風不純等突出問題尚未得到根本解決。要深刻認識黨面臨的執政考驗、改革開放考驗、市場經濟考驗、外部環境考驗的長期性和複雜性，深刻認識黨面臨的精神懈怠危險、能力不足危險、脫離群眾危險、消極腐敗危險的尖銳性和嚴峻性，堅持問題導向，保持戰略定力，推動全面從嚴治黨向縱深發展。

新時代黨的建設總要求是：堅持和加強黨的全面領導，堅持黨要管黨、全面從嚴治黨，以加強黨的長期執政能力建設、先進性和純潔性建設為主線，以黨的政治建設為統領，以堅定理想信念宗旨為根基，以調動全黨積極性、主動性、創造性為著力點，全面推進黨的政治建設、思想建設、組織建設、作風建設、紀律建設，把制度建設貫

穿其中，深入推進反腐敗鬥爭，不斷提高黨的建設品質，把黨建設成為始終走在時代前列、人民衷心擁護、勇於自我革命、經得起各種風浪考驗、朝氣蓬勃的馬克思主義執政黨。

（一）把黨的政治建設擺在首位。旗幟鮮明講政治是我們黨作為馬克思主義政黨的根本要求。黨的政治建設是黨的根本性建設，決定黨的建設方向和效果。保證全黨服從中央，堅持黨中央權威和集中統一領導，是黨的政治建設的首要任務。全黨要堅定執行黨的政治路線，嚴格遵守政治紀律和政治規矩，在政治立場、政治方向、政治原則、政治道路上同黨中央保持高度一致。要尊崇黨章，嚴格執行新形勢下黨內政治生活若干準則，增強黨內政治生活的政治性、時代性、原則性、戰鬥性，自覺抵制商品交換原則對黨內生活的侵蝕，營造風清氣正的良好政治生態。完善和落實民主集中制的各項制度，堅持民主基礎上的集中和集中指導下的民主相結合，既充分發揚民主，又善于集中統一。弘揚忠誠老實、公道正派、實事求是、清正廉潔等價值觀，堅決防止和反對個人主義、分散主義、自由主義、本位主義、好人主義，堅決防止和反對宗派主義、圈子文化、碼頭文化，堅決反對搞兩面派、做兩面人。全黨同志特別是高級幹部要加強黨性鍛煉，不斷提高政治覺悟和政治能力，把對黨忠誠、為黨分憂、為黨盡職、為民造福作為根本政治擔當，永葆共產黨人政治本色。

（二）用新時代中國特色社會主義思想武裝全黨。思想建設是黨的基礎性建設。革命理想高於天。共產主義遠大理想和中國特色社會主義共同理想，是中國共產黨人的精神支柱和政治靈魂，也是保持黨的團結統一的思想基礎。要把堅定理想信念作為黨的思想建設的首要任務，教育引導全黨牢記黨的宗旨，挺起共產黨人的精神脊梁，解決

好世界觀、人生觀、價值觀這個「總開關」問題，自覺做共產主義遠大理想和中國特色社會主義共同理想的堅定信仰者和忠實實踐者。弘揚馬克思主義學風，推進「兩學一做」學習教育常態化制度化，以縣處級以上領導幹部為重點，在全黨開展「不忘初心、牢記使命」主題教育，用黨的創新理論武裝頭腦，推動全黨更加自覺地為實現新時代黨的歷史使命不懈奮鬥。

（三）建設高素質專業化幹部隊伍。黨的幹部是黨和國家事業的中堅力量。要堅持黨管幹部原則，堅持德才兼備、以德為先，堅持五湖四海、任人唯賢，堅持事業為上、公道正派，把好幹部標準落到實處。堅持正確選人用人導向，匡正選人用人風氣，突出政治標準，提拔重用牢固樹立「四個意識」和「四個自信」、堅決維護黨中央權威、全面貫徹執行黨的理論和路線方針政策、忠誠乾淨擔當的幹部，選優配強各級領導班子。注重培養專業能力、專業精神，增強幹部隊伍適應新時代中國特色社會主義發展要求的能力。大力發現儲備年輕幹部，注重在基層一線和困難艱苦的地方培養鍛煉年輕幹部，源源不斷選拔使用經過實踐考驗的優秀年輕幹部。統籌做好培養選拔女幹部、少數民族幹部和黨外幹部工作。認真做好離退休幹部工作。堅持嚴管和厚愛結合、激勵和約束並重，完善幹部考核評價機制，建立激勵機制和容錯糾錯機制，旗幟鮮明為那些敢於擔當、踏實做事、不謀私利的幹部撐腰鼓勁。各級黨組織要關心愛護基層幹部，主動為他們排憂解難。

人才是實現民族振興、贏得國際競爭主動的戰略資源。要堅持黨管人才原則，聚天下英才而用之，加快建設人才強國。實行更加積極、更加開放、更加有效的人才政策，以識才的慧眼、愛才的誠意、

用才的膽識、容才的雅量、聚才的良方，把黨內和黨外、國內和國外各方面優秀人才集聚到黨和人民的偉大奮鬥中來，鼓勵引導人才向邊遠貧困地區、邊疆民族地區、革命老區和基層一線流動，努力形成人人渴望成才、人人努力成才、人人皆可成才、人人盡展其才的良好局面，讓各類人才的創造活力競相迸發、聰明才智充分湧流。

（四）加強基層組織建設。黨的基層組織是確保黨的路線方針政策和決策部署貫徹落實的基礎。要以提升組織力為重點，突出政治功能，把企業、農村、機關、學校、科研院所、街道社區、社會組織等基層黨組織建設成為宣傳黨的主張、貫徹黨的決定、領導基層治理、團結動員群眾、推動改革發展的堅強戰鬥堡壘。黨支部要擔負好直接教育黨員、管理黨員、監督黨員和組織群眾、宣傳群眾、凝聚群眾、服務群眾的職責，引導廣大黨員發揮先鋒模範作用。堅持「三會一課」制度，推進黨的基層組織設置和活動方式創新，加強基層黨組織帶頭人隊伍建設，擴大基層黨組織覆蓋面，著力解決一些基層黨組織弱化、虛化、邊緣化問題。擴大黨內基層民主，推進黨務公開，暢通黨員參與黨內事務、監督黨的組織和幹部、向上級黨組織提出意見和建議的管道。注重從產業工人、青年農民、高知識群體中和在非公有制經濟組織、社會組織中發展黨員。加強黨內激勵關懷幫扶。增強黨員教育管理針對性和有效性，穩妥有序開展不合格黨員組織處置工作。

（五）持之以恆正風肅紀。我們黨來自人民、植根人民、服務人民，一旦脫離群眾，就會失去生命力。加強作風建設，必須緊緊圍繞保持黨同人民群眾的血肉聯繫，增強群眾觀念和群眾感情，不斷厚植黨執政的群眾基礎。凡是群眾反映強烈的問題都要嚴肅認真對待，凡是損害群眾利益的行為都要堅決糾正。堅持以上率下，鞏固拓展落實

中央八項規定精神成果，繼續整治「四風」問題，堅決反對特權思想和特權現象。重點強化政治紀律和組織紀律，帶動廉潔紀律、群眾紀律、工作紀律、生活紀律嚴起來。堅持開展批評和自我批評，堅持懲前毖後、治病救人，運用監督執紀「四種形態」，抓早抓小、防微杜漸。賦予有幹部管理許可權的黨組相應紀律處分權限，強化監督執紀問責。加強紀律教育，強化紀律執行，讓黨員、幹部知敬畏、存戒懼、守底線，習慣在受監督和約束的環境中工作生活。

（六）奪取反腐敗鬥爭壓倒性勝利。人民群眾最痛恨腐敗現象，腐敗是我們黨面臨的最大威脅。只有以反腐敗永遠在路上的堅韌和執著，深化標本兼治，保證幹部清正、政府清廉、政治清明，才能跳出歷史週期率，確保黨和國家長治久安。當前，反腐敗鬥爭形勢依然嚴峻複雜，鞏固壓倒性態勢、奪取壓倒性勝利的決心必須堅如磐石。要堅持無禁區、全覆蓋、零容忍，堅持重遏制、強高壓、長震懾，堅持受賄行賄一起查，堅決防止黨內形成利益集團。在市縣黨委建立巡察制度，加大整治群眾身邊腐敗問題力度。不管腐敗分子逃到哪裡，都要緝拿歸案、繩之以法。推進反腐敗國家立法，建設覆蓋紀檢監察系統的檢舉舉報平臺。強化不敢腐的震懾，紮牢不能腐的籠子，增強不想腐的自覺，通過不懈努力換來海晏河清、朗朗乾坤。

（七）健全黨和國家監督體系。增強黨自我淨化能力，根本靠強化黨的自我監督和群眾監督。要加強對權力運行的制約和監督，讓人民監督權力，讓權力在陽光下運行，把權力關進制度的籠子。強化自上而下的組織監督，改進自下而上的民主監督，發揮同級相互監督作用，加強對黨員領導幹部的日常管理監督。深化政治巡視，堅持發現問題、形成震懾不動搖，建立巡視巡察上下聯動的監督網。深化國家

監察體制改革，將試點工作在全國推開，組建國家、省、市、縣監察委員會，同黨的紀律檢查機關合署辦公，實現對所有行使公權力的公職人員監察全覆蓋。制定國家監察法，依法賦予監察委員會職責許可權和調查手段，用留置取代「兩規」措施。改革審計管理體制，完善統計體制。構建黨統一指揮、全面覆蓋、權威高效的監督體系，把黨內監督同國家機關監督、民主監督、司法監督、群眾監督、輿論監督貫通起來，增強監督合力。

（八）全面增強執政本領。領導十三億多人的社會主義大國，我們黨既要政治過硬，也要本領高強。要增強學習本領，在全黨營造善於學習、勇於實踐的濃厚氛圍，建設馬克思主義學習型政黨，推動建設學習大國。增強政治領導本領，堅持戰略思維、創新思維、辯證思維、法治思維、底線思維，科學制定和堅決執行黨的路線方針政策，把黨總攬全域、協調各方落到實處。增強改革創新本領，保持銳意進取的精神風貌，善於結合實際創造性推動工作，善於運用互聯網技術和資訊化手段開展工作。增強科學發展本領，善於貫徹新發展理念，不斷開創發展新局面。增強依法執政本領，加快形成覆蓋黨的領導和黨的建設各方面的黨內法規制度體系，加強和改善對國家政權機關的領導。增強群眾工作本領，創新群眾工作體制機制和方式方法，推動工會、共青團、婦聯等群團組織增強政治性、先進性、群眾性，發揮聯繫群眾的橋樑紐帶作用，組織動員廣大人民群眾堅定不移跟黨走。增強狠抓落實本領，堅持說實話、謀實事、出實招、求實效，把雷厲風行和久久為功有機結合起來，勇於攻堅克難，以釘釘子精神做實做細做好各項工作。增強駕馭風險本領，健全各方面風險防控機制，善於處理各種複雜矛盾，勇於戰勝前進道路上的各種艱難險阻，牢牢把

握工作主動權。

同志們！偉大的事業必須有堅強的黨來領導。只要我們黨把自身建設好、建設強，確保黨始終同人民想在一起、幹在一起，就一定能夠引領承載著中國人民偉大夢想的航船破浪前進，勝利駛向光輝的彼岸！

同志們！中華民族是歷經磨難、不屈不撓的偉大民族，中國人民是勤勞勇敢、自強不息的偉大人民，中國共產黨是敢於鬥爭、敢於勝利的偉大政黨。歷史車輪滾滾向前，時代潮流浩浩蕩蕩。歷史只會眷顧堅定者、奮進者、搏擊者，而不會等待猶豫者、懈怠者、畏難者。全黨一定要保持艱苦奮鬥、戒驕戒躁的作風，以時不我待、只爭朝夕的精神，奮力走好新時代的長征路。全黨一定要自覺維護黨的團結統一，保持黨同人民群眾的血肉聯繫，鞏固全國各族人民大團結，加強海內外中華兒女大團結，團結一切可以團結的力量，齊心協力走向中華民族偉大復興的光明前景。青年興則國家興，青年強則國家強。青年一代有理想、有本領、有擔當，國家就有前途，民族就有希望。中國夢是歷史的、現實的，也是未來的；是我們這一代的，更是青年一代的。中華民族偉大復興的中國夢終將在一代代青年的接力奮鬥中變為現實。全黨要關心和愛護青年，為他們實現人生出彩搭建舞臺。廣大青年要堅定理想信念，志存高遠，腳踏實地，勇做時代的弄潮兒，在實現中國夢的生動實踐中放飛青春夢想，在為人民利益的不懈奮鬥中書寫人生華章！

大道之行，天下為公。站立在九百六十多萬平方公里的廣袤土地上，吸吮著五千多年中華民族漫長奮鬥積累的文化養分，擁有十三億多中國人民聚合的磅礴之力，我們走中國特色社會主義道路，具有無

使命

比廣闊的時代舞臺，具有無比深厚的歷史底蘊，具有無比強大的前進
定力。全黨全國各族人民要緊密團結在黨中央周圍，高舉中國特色社
會主義偉大旗幟，銳意進取，埋頭苦幹，為實現推進現代化建設、完
成祖國統一、維護世界和平與促進共同發展三大歷史任務，為決勝全
面建成小康社會、奪取新時代中國特色社會主義偉大勝利、實現中華
民族偉大復興的中國夢、實現人民對美好生活的嚮往繼續奮鬥！

（新華社北京 10 月 27 日電）

（《人民日報》2017 年 10 月 28 日 01 版）

新社會主義研究叢刊　AA201031

使命——新時代中國共產黨的歷史使命

作　　者　楊　靜　哈戰榮
版權策劃　李換芹

發 行 人　林慶彰
總 經 理　梁錦興
總 編 輯　張晏瑞
編 輯 所　萬卷樓圖書（股）公司
排　　版　小漁
封面設計　小漁
印　　刷　百通科技（股）公司

出　　版　昌明文化有限公司
　　　　　桃園市龜山區中原街 32 號
電　　話　(02)23216565
發　　行　萬卷樓圖書（股）公司
　　　　　臺北市羅斯福路二段 41 號 6 樓之 3
電　　話　(02)23216565
傳　　真　(02)23218698
電　　郵　SERVICE@WANJUAN.COM.TW
大陸經銷
廈門外圖臺灣書店有限公司
電郵 JKB188@188.COM

ISBN 978-986-496-564-9（平裝）
2020 年 4 月初版一刷
定價：新臺幣 400 元

如何購買本書：
1. 劃撥購書，請透過以下帳號
　　帳號：15624015
　　戶名：萬卷樓圖書股份有限公司
2. 轉帳購書，請透過以下帳戶
　　合作金庫銀行古亭分行
　　戶名：萬卷樓圖書股份有限公司
　　帳號：0877717092596
3. 網路購書，請透過萬卷樓網站
　　網址 WWW.WANJUAN.COM.TW
　　大量購書，請直接聯繫，將有專人
　　為您服務。(02)23216565 分機 610

如有缺頁、破損或裝訂錯誤，請寄回
更換

國家圖書館出版品預行編目資料

使命：新時代中國共產黨的歷史使命／
楊靜，哈戰榮著 .— 初版 .— 桃園市：
昌明文化出版；臺北市：萬卷樓發行，
2020.04
面 ；　 公分
ISBN 978-986-496-564-9（平裝）
1. 中國共產黨　2. 歷史

576.25　　　　　　　　　　109003882